周易全书

卷二

林之满 主编

吉林出版集团有限责任公司

图书在版编目（CIP）数据

周易全书 / 林之满主编. -- 长春 ：吉林出版集团有限责任公司，2011.7

ISBN 978-7-5463-5945-8

Ⅰ. ①周… Ⅱ. ①林… Ⅲ. ①周易 Ⅳ. ①B221.1

中国版本图书馆CIP数据核字(2011)第139935号

周易全书

主　　编：林之满
出 版 人：周殿富
责任编辑：耿　宏　冯　雪
书装设计：张立娟
出版发行：吉林出版集团有限责任公司
电　　话：0431-86012613
印　　刷：三河市文通印刷包装有限公司
开　　本：850mm×1168mm　　1/16
字　　数：1013千字
印　　张：51
版　　次：2011年7月第1版
印　　次：2011年7月第1次印刷
书　　号：ISBN 978-7-5463-5945-8
定　　价：395.00元（古典函套线装 全四册）

前　言

《周易》是先秦儒家重要经典之一，是关于人类思想和宇宙本质规律的学问，是我国最古老、最有权威、最著名的一部经典，是中华民族聪明智慧的结晶，被尊为“群经之首，诸子百家之源”。西方文明有《圣经》，东方文明有《周易》。周易文化是中华文化发展的根本与源头，对中国后代历代的政治、经济、文化诸方面都产生了巨大而又深远的影响，中国的建筑、医学、音乐、绘画、日常生活等无不与《周易》有着千丝万缕的联系。

关于《周易》的作者和成书时间，旧传伏羲始画先天八卦，“文王拘而演周易”（《史记》司马迁语），故古人多依司马迁之说而认同《周易》乃周文王被商王囚禁期间在狱中所著。今人则有不同观点，认为《周易》不是出自一人之手，而是商周之际的一批巫官、史官和卜官，参照世代相传、不断积累的占筮资料和社会生活经验逐步整理加工而成的。现代长沙马王堆三号汉墓出土的《周易》帛书，就与现存的《周易》不尽相同，就是一个例证。不过，把《周易》定为商周之际成书，是没有争议的。

《周易》包括《易经》与《易传》两个部分。

《易经》由六十四卦组成，每卦里有卦画、标题、卦辞、爻辞四个部分。它不仅讲占筮、预见吉凶成败，而且涉及古代的历史事件、战争情况、生产经验、商业贸易、婚姻习俗、宗教祭祀、民间歌谣等广泛内容，从而具有相当丰富的历史文化内涵，蕴藏着古代占筮、宗教、神话、艺术、文学、科学、哲学、史学等诸方面的资料。其中，最有价值的是，它通过一种特殊的图像符号系统和文学解释系统表达独特的朴素的辩证思维方法——阴阳互补方法。

《易传》主要是对《易经》所蕴涵的哲学思想和思维方法进行新的阐发，以揭示六十四卦的内在根据与联系，包括《彖传》上下、《象传》上下、《系辞》上下、《文言传》、《说卦传》、《序卦传》、《杂卦传》十篇。《易传》将《易经》中的“— —”、“——”两个符号代之以“阴”、“阳”一对范畴，将经验的具体转化为哲学的抽象，更明确地阐发了阴阳互补方法的内涵与实质。

《周易》历经数千年之沧桑，已成为中华文化之根。《周易》之神奇奥妙，引起了越来越多人的注意。我们研究《周易》的态度，应该是“继承”和“创新”。继承《周易》丰富的文化遗产，必须把它与新的东西融合，赋予它原来所没有的新东西。

正如许多专家学者所共识的那样，“创新”是对传统的更新，而更新不仅用当代人的习惯用语解释《周易》，更重要的是以现代科学思维，说明传统哲学思想的特点，参照最新的西方思维模式，发掘中国传统哲学思想的真知灼见，创建适应时代要求的、中国特色的易学体系，为现代社会服务。

本书分三部分：一、周易注译与解析；二、周易研究；三、易经的智慧。其中，周易注译与解析，对《周易》运用辩证思维方法论述阴阳变化规律作了深入的解析，通过对卦例分析，探索卦爻义理，取其精华，剥去迷信外衣，意在使初接触《周易》的人们对易学获得一个整体的概念。周易研究，对《周易》内容做了全方位的象数探索和义理发挥，以现代人的全新视角回答了如下问题：为什么《周易》能够以其强大永恒的魅力，吸引着历代帝王将相、平民百姓、鸿儒学者、江湖术士？为什么奇人智者、凡夫俗子能够从中找出国家治乱振兴，个人生死得失的合理解释？又为什么能令现代人追寻到对“天、地、人”的本质认识，决定“当为”抑或“不当为”，以便趋吉避凶，得到事业的成功。易经的智慧，通过具体的故事，讲解《周易》的基本思想，使读者能更好地理解《周易》。

为满足广大读者对易学研究的要求，我们编印了这本《周易全书》，旨在帮助读者了解和认识《周易》。但是《周易》思想博大精深，我们的努力还不够尽善尽美，不当之处，敬请读者不吝指教。

编　者

目录

（第一册）

周易注译与解析

上经

下经

传　文

文言传

彖辞传

彖辞上传

彖辞下传

象辞传

象辞上传

象辞下传

系辞传

系辞上传

系辞下传

说卦传

序卦传

杂卦传

（第二册）

周易研究

第一篇　《易》名辨

第二篇　三与四和不三不四

第三篇　先阴后阳

第四篇 “一君二民”与“二君一民”辨释

第五篇 卦，是什么

第六篇 何谓“天地之心”

第七篇 “制器尚象”与“居则观象”

第八篇 囫囵吞《易》

第九篇　大《易》是否不言有无

第十篇　象乎　辞乎

第十一篇　《易》苑漫步

第十二篇　《易》立于交

第十三篇　"大人"屑谈

第十四篇 《易》卦的功能及《易》与蓍的关系

（第三册）

第十五篇 周易的本性

第十六篇　周易思维论概

(第四册)

易经的智慧

引　言

易经的做人智慧

易经的处世智慧

周易注译与解析

上　　经

乾卦第一 ䷀

乾下乾上　乾[①]元亨，利贞。[②]

初九　潜龙，勿用。[③]

九二　见龙在田，利见大人。[④]

九三　君子终日乾乾，夕惕若，厉无咎。[⑤]

九四　或跃在渊，无咎。[⑥]

九五　飞龙在天，利见大人。[⑦]

上九　亢龙，有悔。[⑧]

用九　见群龙无首，吉。[⑨]

【注释】①乾卦：上卦下卦均为乾，象征天，纯阳至健之美德。“乾”即健，即天，指日影移动的法则，“坤”是地，“有天地万物生焉”。②元亨：顺利大吉。“元”表示天地万物之本始，元气、太初，都由此而来；“亨”指古代祭祀的供品，包括六畜、稻菽和酒。利：即收获、有利的意思；贞：卜问、预测，“贞”在此有“纯正”的含义。乾卦中的“元、亨、利、贞”是古代大型祭典中太宰的赞辞（祝词），以示天地接同。③潜龙：龙是古代人崇信的代表神祇的动物，它是三栖动物：能翱游太空，潜藏海底，又可行动如飞，云游西方。龙也意味着一种阳刚之气，是正的化身。④见：现，发现，通“现”。田：指垄亩大田之间。大人：有大才大德之人。⑤君子：指德高之人。乾乾：努力不懈。即健行不息。惕：警惕，小心谨慎。厉：危险。咎：灾祸。⑥或：有似的意思，或者有人或有时；这里是“有时”的意思。⑦见：发现。⑧亢：极，高。悔：困厄。⑨用九：无首，即无终结，势在必变中也。

【译文】乾卦　乾象征天。乾的卦象是六条阳爻，表示宇宙的广阔和层出不穷。乾卦以龙为代表，以“君子”代表人类。筮得此卦大吉大利，祥和坚实。

初九　在初始阶段，像一条潜龙处在相对静止之中伏在深渊，循世无闻，不轻举妄动，意指暂时不宜施展才能，不会有明显的发展。

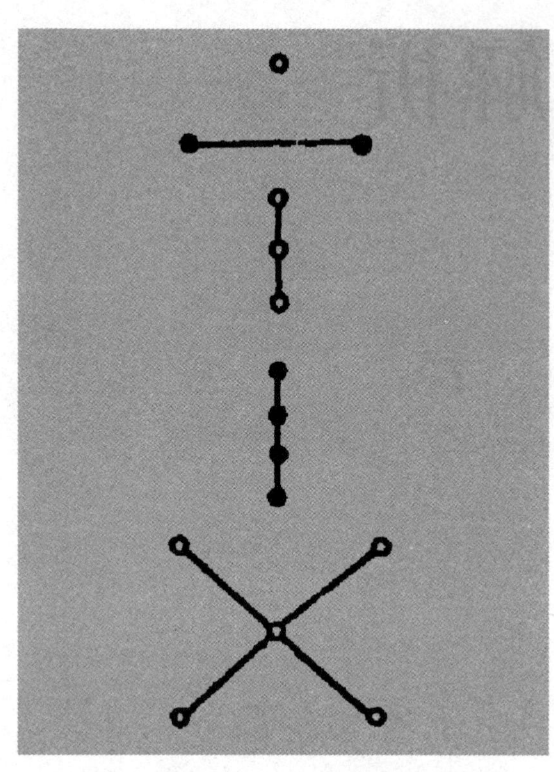
乾画三位图，出自宋·刘牧《易数钩隐图》

九二　随着时间的发展，像一条潜龙出现在田野，又如种子胚芽破土而出，崭露头角，有利于大才大德之人出世。

九三　君子刚得过重，以致劳作不息，却终日戒惕忧惧，这样，遇到了危险，虽可以免遭灾祸，但也未免太艰苦卓绝。

九四　此时潜龙已跃出了低渊，伺机而动，有时腾跃而起，有时潜退渊谷。

九五　潜龙刚健得中，飞上天空受到大德大才之人的拥戴。

上九　潜龙飞得过高，必然遭到困厄，说明事物的转化，满招损。

用九　意指新旧事物的转化。天空出现一群巨龙，首尾不见，变化没有穷尽，吉。

【讲解】此卦六爻爻辞，揭示具有开创气质的阳刚元素的发展变化规律，龙由潜而见，由跃而飞，喻示事物的发展是按照由酝酿到发展、由低级到高级的变化过程进行的，并将向它主导方向发展——吉。

九三爻辞，谓朝乾夕惕，虽历无咎，喻示经过奋发努力，可化险为夷，转危为安。

但亢龙有悔，一旦轻举妄动就终将有所悔恨，喻“物极必反”、祸福相倚的深刻哲理。

坤卦第二　☷

坤下坤上　坤[1]元亨，利牝马之贞。君子有攸往，先迷后得主，利。西南得朋，东北丧朋。安贞吉。[2]

初六　履霜，坚冰至。[3]

六二　直、方、大，不习，无不利。[4]

六三　含章，可贞。或从王事，无成有终。[5]

六四　括囊，无咎无誉。[6]

六五　黄裳，元吉。[7]

上六　龙战于野，其血玄黄。[8]

用六　利永贞。[9]

【注释】①坤卦：上卦下卦均为坤，为地，象征宇宙纯阴至顺的灵德；坤也有伸的意思，乾是日光普照；坤，地气充溢。②元亨，利牝马之贞：元亨，前途非常亨通、顺利。牝马，母。"乾为马"，而马代表天，为阳性；坤卦言"牝马"则属阴性，故称地。攸：所。因此说坤在"东北丧朋"。③履：踏。霜：这里是用薄霜象征阴气初起，预示严寒将至。④直、方、大：天圆地方，博大无边，这里表示坤之德性。直：正直；方：端方；大：宏大。⑤章：文采绚丽，美德。王：指乾，指君王。⑥括囊：束紧口袋，缄口不语。⑦黄裳：黄色服饰。黄色在"五色"之中，象征中道，中色。裳，下服。古时服装上称衣，下称裳，裳居下，象征谦下。所以说"黄裳，元吉"。⑧龙战：指阴阳交合。阴极阳来而阴气未消，所以有阴阳二气交合的"龙战"之象。玄黄：玄为天色，黄为地色。所谓玄黄是天地，色混杂不明阴阳互渗难别。⑨永贞：占问长久之吉凶。

【译文】坤：像大地一样柔顺和包容。坤卦上可承乾天，下可容天物，表现了坤地的广博。筮得此卦大吉大利，尤其有利于占问牝马之德行。君子出行，筮得此卦，不宜先行。始则迷失方向，继而可寻得所在追求的目标。宜往西南方向，坤与西南合，西南为乾，不要往东北方向，东北为艮，为山。往西南能够遇到朋友，往东北则遇不到志同道合的人。如果占问是否平安，筮得此卦可获吉祥。坤是配合乾为天地，但其中又有对当时的策略性比喻。

初六　走在薄霜的上面，已知坚硬的冰块就要到来了，预示严寒将至，这是见微知著，说明乾阳已转化，开始了坤阴的时间运转。

六二　"直"指纵横上下，"方"是指面积的前后左右，故有"天圆地方"之说。"大"指无穷无尽。"习"为演化，运动。意思是，柔顺之德，纵向无边，横向无涯，宽厚而博大，具备了这样的美德，不需要再耍小聪明了，否则聪明反被聪明误。

六三　具备着美好品德，无成而有终。辅佐君王大业，起初可能无所建树，最后总能恪尽臣职，得到好的结果，说明大度有包容之心的人能成就大器。

六四　韬光养晦，守口如瓶，可以免遭灾祸，但是只能求无过，却不能获得美誉。

六五　穿着黄色裙裳，保持恭顺的德行，结果大利。

上六　龙战于原野，血流遍地，两败俱伤。

用六　通观此卦可得知天地初开，天离不开地，地离不开天。这是天地运行之道。依此行动，则吉。

【讲解】坤卦的卦爻辞性属阴柔，以象征大地母亲那艰苦奋斗，滋育子孙的胸襟与德能。强调坤的柔弱、顺从、居下的特性，主张柔顺地辅助君主。

"履霜，坚冰至"，是对自然气候变化规律的总结，含有事物发展由量变到质变的哲理。

屯卦第三 ䷂

震下坎上　屯[①]元亨利贞。勿用有攸往，利建侯。[②]

初九　磐桓，利居贞。利建侯。[③]

六二　屯如邅如，乘马班如，匪寇婚媾；女子贞不字，十年乃字。[④]

六三　即鹿无虞，惟入于林中；君子几，不如舍，往吝。[⑤]

六四　乘马班如，求婚缗，往吉，无不利。

九五　屯其膏，小贞吉，大贞凶。[⑥]

上六　乘马班如，泣血涟如。[⑦]

【注释】①屯卦：震下坎上，幼苗破土的初生状态。"屯者，物之始生也。"②勿用：不宜。用，宜。建侯：授爵封侯。③磐桓：磐，大石；桓是树名，大石压住树头，比喻前进踌躇难行。居：居处，住所。④屯如邅如：乘马欲进，又班师而回。表示行进艰难。匪：通"非"。不字：不嫁人。字，古时礼仪，女子订婚后即用簪子插住发髻；这里引申为许嫁。⑤即鹿无虞：追鹿而无虞人做向导。虞人，古时管理山林之官名。几：求。舍：放弃。吝：恨、耻。⑥屯：积聚。膏：油脂。小、大：指少量和大量。⑦泣血：痛哭至眼睛出血。涟如：泪水不断的样子。

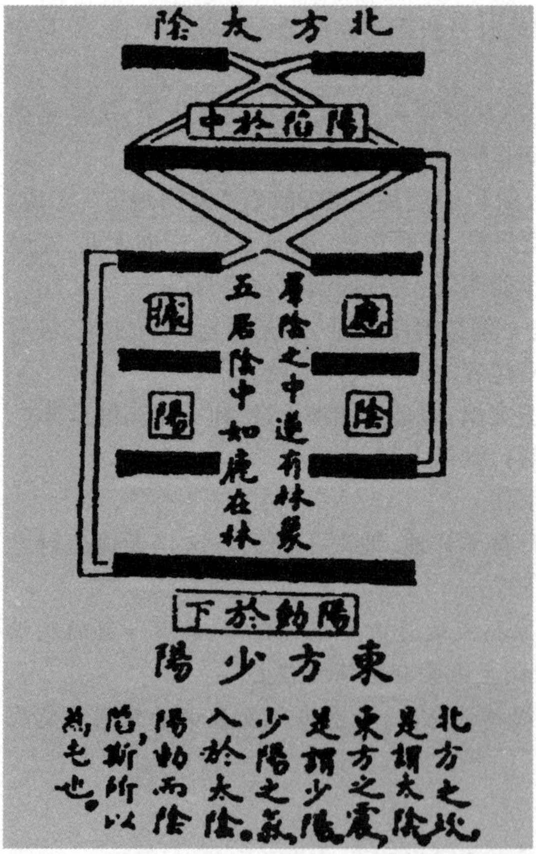

屯象图，出自宋·佚名《周易图》

【译文】屯　一般指粮草的屯积，或人遇困难时也会屯留。屯卦卦象是下单卦为震，上单卦为坎，为水。象征初生。筮得此卦大吉大利，和谐坚实。不宜冒昧行动，只要锲而不舍，有利于进封。屯象是静止的状态，但能相对保存自己。

初九　徘徊流连，难以前行。但只要刚强居正，获得民心，也有利于授爵封侯。应持以退为进的策略，要像磐石一样稳定、沉着，以谋将来之发展。

六二　开始时想赶路，但继之原地打转，徘徊不前。因为他们杂路不前，还以为他们是贼寇呢。这时他就想找个带路人，能找到吗？如同女子也只有到了可以谈婚论嫁的年龄，才可以嫁给他。何况小伙子自己也要有点功名呀。

六三　打猎中没有向导，会误入山林迷途中。如果出兵征战，没有同盟相助，则会孤掌难鸣。在这种情况下，与其继续追逐，不如舍弃而回返；一意前往，必遭艰难。

六四　乘马的人可以找到向导了，人家愿意帮助他，就像答应求婚的事一样，无往而不利。

九五　雨是由云层中降下的水，适量雨水能滋润禾苗，多了，就成灾了。

上六　物极必反。乘马的人过于大张旗鼓，兴师动众，这就会好景不长，而引来血的教训。

【讲解】“屯”，下震上坎，象征雷雨并作，险象横生。万物初生步履维艰，在艰险困苦里边，有着美好的前途，故曰“屯，元、亨、利、贞”。全卦正是扣住这一旨意，启迪人们要注意化险为夷。当险难出现的时候，要有依靠力量，如“磐桓”（坚强的石柱）之类。居家的就可以安居，有国的就可以封侯。新生事物艰难成长，对某些似是而非的事物，要取分析态度，作出恰当的判断，千万不能把为“婚媾”而来的人群当做盗寇。在关键时刻要善于作出正确的选择，做到“君子几不如舍”，不能因小失大。

蒙卦第四　䷃

坎下艮上　蒙[①]亨，匪我求童蒙，童蒙求我。初筮告，再三渎，渎则不告。利贞。[②]

初六　发蒙，利用刑人，用说桎梏，以往吝。[③]

九二　包蒙，吉。纳妇，吉。子克家。[④]

六三　勿用取女，见金夫，不有躬，无攸利。[⑤]

六四　困蒙，吝。[⑥]

六五　童蒙，吉。

上九　击蒙，不利为寇，利御寇。[⑦]

【注释】①蒙：卦名。坎下艮上，蒙昧蛮荒之象。②童蒙：无知之人。蒙，蒙昧，指需要教育的人。再三：这里承前省略了一个“筮”字，所以“再三”即“再三筮”，意为接二连三地占筮。渎：亵渎。③发蒙：开启蒙昧人之智慧。刑人：体罚或刑罚人，带有强制性。说：通“脱”。桎梏：古代刑具名。铐在足上称桎，铐在手上称梏。以：而。④包蒙：强调教育的广泛。纳妇：迎娶媳妇。子克家：家不指一个小家。这里有修身治国的意思。⑤取：通“娶”。金夫：美称，指貌美郎君。不有躬：不顾体统，自失其身。⑥困蒙：陷于蒙昧之中的人。⑦击蒙：用严厉的办法管教，但不能过头。

【译文】蒙卦　蒙：愚昧。蒙卦卦象是下单卦为坎，为水；上单卦为艮，艮为山。蒙昧无知的人，是否能改进，不取决于我们，而是蒙昧无知的人要有诚意改革自新。

初次前来占筮,告诉他吉凶;接二连三地占筮,便是对占筮的亵渎了,这样,便不再告诉其吉凶,因为求学与施教都要持严肃的态度。

初六　改造初始,即要法规严明,甚至强制对被改造人的惩戒。如果放任自流,就是管理不善,将困难重重。

九二　受教育者很多,教育者要以“有教无类”的原则一视同仁,这未必不是好事,正如娶妻纳妾一样天经地义。人们接受教育后才能修身、治家。

六三　不宜娶这个女子为妻,因为她见到美貌郎君就动心了,甚至以身相许,这个女人不接受教育,故不可教也。

六四　陷于蒙昧无知的人,深深被愚昧所困扰,远离了接受教育的条件,故处境艰难。

六五　没有敌意,无邪念的蒙昧无知的人可以启发教育,必获吉祥。

上九　要惊醒愚昧无知的人促其转化,但不宜采用过激的行动使矛盾激化,而如果你的方法对头,被教育者的坏习气便可以改掉。这样才是吉利的。

【讲解】蒙卦重在开导统治阶层要妥善处理各阶层的关系。反映出古人对教育、启蒙的重视。启蒙可以培养人的美好品德,使其走正道,这是神圣的功劳。蒙昧之人并非一成不变,只要引导得法,蒙就可以转化为不蒙。刑人脱去枷锁,亦可为我所用。

需卦第五 ䷄

乾下坎上　需①有孚,光亨,贞吉。利涉大川。②

初九　需于郊,利用恒,无咎。③

九二　需于沙,小有言,终吉。④

九三　需于泥,致寇至。⑤

六四　需于血,出自穴。⑥

九五　需于酒食,贞吉。⑦

上六　入于穴,有不速之客三人来,敬之,终吉。⑧

【注释】①需卦:乾下坎上,象征等待。“物种不可不养,故受之以需。”需也作饮食解。②孚:诚信。光亨:大为通顺。③郊:城邑之外。恒:此指恒心。④沙:沙滩。小:少。言:议论。⑤致:招来。⑥血:血泊,此指危险。出:离开。穴:陷阱。这里比喻险恶。⑦酒食:此指酒宴。⑧不速之客:未经邀请而来的客人。

【译文】需卦　需:需要。需卦卦象是下单卦为乾,为发展中的政权。上单卦为坎是坎水、坎险。象征等待,即使前面有险阻,但能有正当的等待方法心怀诚信,自然光明亨通。有利于涉越大江大川,有利于前程。

初九　有阳刚之勇，但极易犯难而行，故要在郊野中等待，宜持之以恒，才无灾祸。

九二　沙与郊野又靠近了一步，应为水边了，在水边上等待。有回旋的余地，但也引起争议，此时如能耐心等待，并一致行动，最后还是吉祥的。

九三　由沙滩进而到达河边泥泞之中等待，此时已有险境，并已短兵相接，切勿冒险而行。

六四　此卦不仅有水，有泥，还有血，在浴血奋战，但能脱离险境。

九五　从险境中出来，竟然受到热情的接待，此卦在酒食宴中等待，占之必获吉祥。

上六　陷入险境，不速之客“三人”（三阳）来访，但只要有乾阳接替，可催促转化，最终必获吉祥。

【讲解】《易》对“需”予以赞美，认为“需”包含着诚信，抱有信念，耐心等待，结果广大而亨通。“需”反映的是某一件事或一项事业，在最初阶段必须耐心等待时机。等待必须合乎规律，才可能遇险化险而达光明亨通的境地。

讼卦第六　䷅

坎下乾上　讼[①]有孚，窒惕，中吉，终凶。利见大人，不利涉大川。[②]

初六　不永所事，小有言，终吉。[③]

九二　不克讼，归而逋；其邑人三百户，无眚。[④]

六三　食旧德，贞厉，终吉。或从王事，无成。[⑤]

九四　不克讼，复即命，渝。安贞，吉。[⑥]

九五　讼元吉。[⑦]

上九　或锡之鞶带，终朝三褫之。[⑧]

【注释】①讼卦：下坎上乾，象征争讼、争论。有孚：指诚信。②窒惕：阻塞。③永：久长。不永所事：不长久困于争讼之事。④不克讼：争讼失败。归而逋：逃亡，逃避。邑：封地，古代三百户为一邑是小国。眚：过失：灾祸。⑤食旧德：吃昔日俸禄。贞厉：正确但危险。⑥复即命：回归正理。渝：改变习性，改变初衷。⑦讼：这里指“决讼”，即审断讼案。⑧锡：通“赐”。鞶：大带。古代根据官阶颁赐的腰带，上或有金玉之饰。终朝：终日，整天。褫：剥夺。

【译文】讼卦　讼：象征争讼。讼卦卦象是下单卦为坎，险陷；上单卦为乾，代表刚健。只要心怀诚信，加以警觉，申辩中，持中和之道不偏不倚，可获吉祥；如果始终强争不息，不见好就收，则有凶险。利见大德大才之人，不宜涉越大江大川。

初六　不利于长久困于争辩不休中，应减少口舌，平息是非，最终可获吉祥。

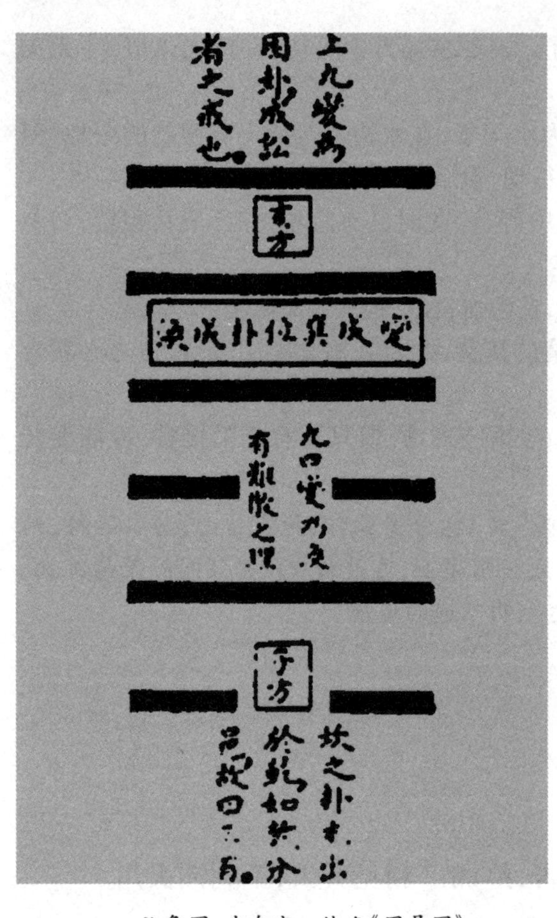

讼象图，出自宋·佚名《周易图》

九二　食邑：古时做官之人世袭为生，食先祖领地的俸禄。明智地退出是非之地，暂避到有利于自己的地方，意指逃到只有三百户的小邑，便可息事宁人躲过灾难。

六三　安享昔日俸禄，守住纯正的美德，虽然此地仍会有不中不正之事，但最终可获吉祥。或许还有辅佐君王的可能，但居功不足。

九四　争讼失利，回归正理，改变争讼的初衷，安贞守正，则可以平安无事。过去的功败、得失皆可不计。

九五　审断争讼，应判明是非曲直，并从事情开端就将争讼平息下来。中正无讼则吉。

上九　也可能由于决讼清明而荣获颁赐或加封，但由于君王反复无常，一天中又三次下令收回，这是要警觉的。莫忘荣辱。

【讲解】讼卦的思想，在今天仍给人以启示。强调“有孚”。“孚”是“信”的意思，这首先是指“诚信”、“信实”，也就是事实确凿，实事求是，这是打官司有信心的可靠依据。但即便这样，打官司也仍要强调一个“惕”字，即有戒惧之心，谨慎从事。讼卦强调“不永所事”与“复即命”。前者是说不要陷入拖延不决的困境；后者在今天来看就是接受调解。倘若一意孤行，纠缠不休；或不知进退，不接受较为公平的调解而改变行动，这最终也是会自受其害的。所以讼卦说“不永所事……终吉”，又说“复即命，渝，安”，包含着有益的经验，可结合实际情况加以运用。

师卦第七　䷆

坎下坤上　师[1]贞，丈人吉，无咎。[2]

初六　师出以律，否臧，凶。[3]

九二　在师中吉，无咎；王三锡命。[4]

六三　师或舆尸，凶。[5]

六四　师左次，无咎。[6]

六五　田有禽，利执言，无咎。长子帅师，弟子舆尸，贞凶。[7]

上六　大君有命，开国承家，小人勿用。[8]

【注释】①师卦：坎下坤上，讲战争理论。②丈人：老成持重者，此指军事统帅。③律：军乐，有行进退丛的功能。号令作用。否臧：不善，不好。④在：统率。中：中正。王三锡命：君王多次颁赐奖赏其功。锡命，发布奖赏的命令。⑤舆尸：用车载运尸体，比喻兵败如山。⑥左次：驻扎在左方。如驻扎在左低右高的地势上，利于防御和攻击。⑦禽：动物。执言：责难，声讨。弟子：次子。⑧大君有命：君王降下诏命，论功封爵。开国：封诸侯，开创千乘之国。承家：授大夫，承袭百乘之家。家，大夫封地。小人勿用：意在用君子，不要用小人。

【译文】师卦卦象是上单卦为坤，坤为地，为母；下单卦为坎，为水，是险与水。师卦：指军旅而言。军事上以刚直中正，听从天命，众望所归的统帅率师出征才能非常吉利，必无灾祸。

初六　军队出征，必须号令如山，军纪严明，对敌战斗才有震慑力；如果治军不严，军纪败坏，必有凶险。

九二　统率军队出征打仗，只要持守严明中道又有英明将军，此将军又能得到君王的赏识，并三度给予褒奖，则可获吉祥。

六三　卒缺乏将军之才，却刚愎自用，盲目行事，擅自用权，最后兵败如山，大败而归。凶。

六四　布阵得当，能守能攻，并严阵以待，可免灾祸。

六五　打仗和打猎一样，王者之师，用将必须刚断，如命长不出师，即指有才能的统帅指挥作战，复又让小人、无能之辈参与争功，势必大军败北，即使声势浩大，也大而无功。

上六　班师回朝，天子颁布诏命，论功封爵，大功封侯，赐土地；功次之的封卿，但要重用君子，不要重用德才都差的小人。

【讲解】师卦经文有两点值得注意：首先，“师出以律”，是古人实践经验的总结，对我们今天仍有指导意义。其次，反映“任人唯贤”。大人“开国承家”，“小人勿用”，正是统治阶层用人之道。

比卦第八 ䷇

坤下坎上　比[1]吉。原筮，元永贞，无咎。不宁方来，后夫凶。[2]

初六　有孚比之，无咎。有孚盈缶，终来有它吉。[3]

六二　比之自内，贞吉。④
六三　比之匪人。⑤
六四　外比之，贞吉。⑥
九五　显比。王用三驱，失前禽，邑人不诫，吉。⑦
上六　比之无首，凶。⑧

【注释】①比卦：坤下坎上，象征亲近、亲辅；协和邦国之意。②原筮：旧筮，指再三占筮。原，追寻之辞。元：下脱一"亨"字，所以"元"即"元亨"，意为大吉大利。永贞：占问长期之吉凶。不宁方来：不安宁的事可并行而至。方国：商周时代对少数部落的称呼。后夫：后来者。③有孚比之：有诚信之心者前来亲辅。盈缶：美酒装满酒坛。缶：大肚小口，用来盛酒的瓦罐。终来有它：最终会发生意外情况。④内：内在要求。⑤匪人：非其人。⑥外比：向外亲辅。⑦显比：明显地亲辅。三驱：不合围，开一面之网。诫：诫告。⑧无首：没有首领，即没用对象。

【译文】比卦　象征亲辅。比卦卦象是下单卦为坤，为地；上单卦为坎，为水。比卦卦象是众星捧月之象。此卦吉祥。当年古人筮遇此卦，必有吉利，占问长久之事，没有灾祸。辅指古代的车子是用木做的，但车轮两旁的木楔与车子是一体的，车轮的木楔必须依从车子而转动。正如，不愿臣服的邦国看到势头不对也都来朝，迟缓而来者必成独夫民贼，必有凶险。

初六　诚信归顺的人前来辅佐，必无灾祸。诚信之意就如装满美酒的酒坛，最终会有人前来依附，肯定会有意外的吉祥。

六二　臣以人事君，忠贞之笃，必将吉祥。

六三　所亲辅的人不是忠贞的人，既以伤世，还可自伤，其害惨重。

六四　向外依附，也不能什么人都投靠，要选择贤明之君，才可获吉祥。

九五　招贤纳士应当宽宏大量，竭诚欢迎所有前来投靠的人。正如君王狩猎，三方驱围，网开一面，舍逆而取顺。使邑人都不惧怕之，这样才会吉祥。

上六　开始时没想去亲辅去投靠，现在时过境迁，为时晚矣。凶。

【讲解】比卦讲的是人与人之间的相交之道，强调亲比的重要性。亲比的范围比较广泛，或自内亲于外，或自外亲于内，或自下亲于上，或自上亲于下。亲比的原则在于诚信、忠贞。与没有诚信、缺乏忠贞的人亲比，是"比之匪人"，结果必遭凶祸。

小畜卦第九 ☴

乾下巽上　小畜①亨。密云不雨，自我西郊。②
初九　复自道，何其咎？吉。③

九二　牵复,吉。[④]

九三　舆说辐,夫妻反目。[⑤]

六四　有孚,血去,惕出,无咎。[⑥]

九五　有孚挛如,富以其邻。[⑦]

上九　既雨既处,尚德载,妇贞厉。月几望,君子征凶。[⑧]

【注释】①小畜卦:乾下巽上,象征阴柔力量的聚集,有"止"的意思。小,少。畜,通"蓄"。②自我西郊:浓云从我邑西郊而起。③复自道:回归自身的道行。④牵复:牵连而复回。⑤舆:大车。说:通"脱"。辐:古代车子上固定车轮于轮轴上的掣栓。说:同"悦"。反目:失和。⑥孚,诚信。血去:排除惊恐。血,同"恤",忧虑。⑦挛:拘系,捆绑。如:样子。富以其邻:与邻人同富。以,与。⑧既雨既处:天已降雨,雨已停息。尚德载:还可以运载。德,同"得"。几望:即既望,古代历法,每月十六日为"既望"。征:出征。

【译文】小畜卦　象征小有积聚。小畜卦卦象是下单卦为乾,为天,为健;上单卦为巽,巽为风。风行于天上。筮得此卦亨通。浓云密布虽不降雨,云气从我邑西郊升起,终归会下大雨。意旨文章才艺与道德君子尚未到大有作为的时刻。

初九　不要太过刚阳,要回归自身的道行,才不会有什么灾祸。过于猛烈了,就要回头,这才吉祥。

九二　与志同道合的人携手而进,处于中庸而得正,也能获得吉祥。

九三　阳刚前行,阴柔挡道,正如车轮脱了轴,夫妻反目为仇。

六四　如能谦容大度,并得到有力的相助,就可以避免伤害和恐惧,远离惕血之灾,有惊无险。

九五　只要以诚信之德与人相处,并真诚配合,便可刚柔相济,共同致富。

上九　天上已然降下大雨,风已经停息。积集的德行与富贵都可用车轮来载运了,这时就要想到福、灾所依之事,未雨绸缪,以盈满告诫自己,家道也是如此,悍妻持家,必有祸殃。

【讲解】小畜卦爻辞讲的是小有积聚,多反映古代游牧民族的生活图景。放牧,要选择好的天气,还要防范强者的抢劫。"密云不雨,自我西郊",反映天气变化的自然规律。

履卦第十　☰☱

兑下乾上　履虎尾,不咥人,亨。[①]

初九　素履往,无咎。[②]

九二　履道坦坦,幽人贞吉。[③]

六三　眇能视，跛能履，履虎尾，咥人，凶。武人为于大君。④

九四　履虎尾，愬愬，终吉。⑤

九五　夬履，贞厉。⑥

上九　视履考祥，其旋元吉。⑦

【注释】①履卦：兑下乾上，象征谨慎行走。履又为足，践也。咥：咬。②素：质朴无华。履：此为谨慎行走的意思。③幽人：安适恬淡之人。④眇：目盲即眼不能视。武人：勇武之人。为：作为，引申为效命。大君：君王，天子。⑤愬愬：谨慎申诉的样子。⑥夬：果决。⑦视：回顾。考：考察。祥：此指吉凶祸福的征兆。旋：返。

【译文】履卦　象征谨慎行走。履本意是“踩”。履卦卦象是下单卦为兑，为泽，为柔；上单卦为乾，为刚健。态度谦和，中正无私，即使行走时不慎踩了老虎尾巴，老虎也不会咬他。亨通顺利。

初九　衣着质朴，行走谨慎，做什么事都没有灾祸。这是指能唯守中道以自安，故吉。

九二　正志以居，与天下凶危相忘，抑志而养德，安适恬淡，当吉。占问此爻可获吉祥。

六三　目盲偏要观察，足跛偏要行走，志怀叵测，无忌惮而鼓乱，必有凶险。正如勇武之人为君王效命，却拥兵自重，好大喜功，必然伤及王朝。

九四　即使走在老虎的后面，但只要我们戒慎戒躁，谦谦而警觉，总可以避开灾祸，施展抱负。

九五　即使位居尊位，也不可贸然行事，避免独断专行。否则有危险。

上九　回顾自己的行事作为，肖弭化灾，善以长人，实是大吉。

【讲解】履卦讲的是人在社会上如何实践、如何处世的问题。认为履道险恶，贵在慎、谦。同是“履虎尾”，由于态度不同，结果相反。以戒慎心情对待，结果“终吉”；自以为“眇能视，跛能履”，趾高气扬，结果凶险。可见，谦柔能自保，刚强则丧生，柔弱胜刚强。

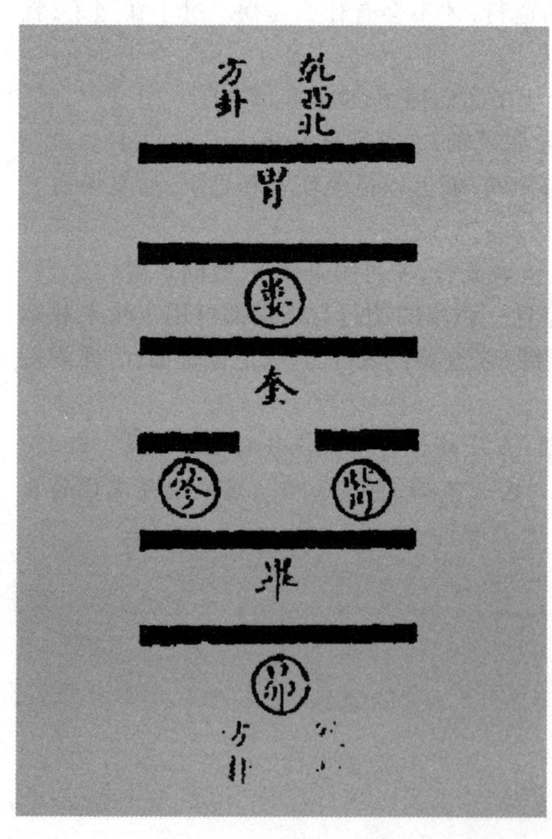

履虎尾图，出自宋·佚名《周易图》

泰卦第十一 ䷊

坤上乾下　泰[1]小往大来，吉，亨。[2]

初九　拔茅茹，以其汇，征吉。[3]

九二　包荒，用冯河，不遐遗；朋亡，得尚于中行。[4]

九三　无平不陂，无往不复，艰贞无咎。勿恤其孚，于食有福。[5]

六四　翩翩，不富以其邻，不戒以孚。[6]

六五　帝乙归妹，以祉元吉。[7]

上六　城复于隍，勿用师。自邑告命，贞吝。[8]

【注释】①泰卦：通也。坤上乾下。象征自然与社会的祥和美好。②小往大来：小的往外，大的来内。③汇：同类会信。茹：草根。茹以其汇：草根的根相连，以致牵连其同类。④包荒：荒是污秽，包是包容。冯河：即遇到虎，徒手搏斗；遇到河，毅然泅渡。不遐遗：不因偏远而遗弃。遐，远。朋亡：不要结党营私。朋，同道，同党。亡，通"无"，音义同。得尚于中行：能辅佐德行持中的君王。尚，辅佐。中行，德行持中不偏。此指六五爻。⑤陂：山边、水旁倾斜之处。艰贞：占问患难之事。勿恤其孚：不必忧虑返还。恤，忧。孚，返回。于食有福：有口福之吉。⑥翩翩：鸟疾飞样，比喻人举止轻浮。戒：戒备。孚：诚信。⑦帝乙归妹：帝乙嫁女。帝乙，纣王之父。归妹，嫁女。以祉：以之祉，意为因此而得福。以，因。之，代"帝乙归妹"。祉，福。⑧隍：干涸的护城河。勿用师：不可出兵征战。师，军队。告命：祷告天命。

【译文】泰卦　象征通泰。泰卦卦象是下单卦为乾，为天，为健；上单卦为坤，为地。乾下坤上是地在泰的卦象。筮得此卦必获吉祥。

初九　拔除茅草，从其根部萌发的情况，就可知道是否春回大地，该开始播耕了。连根拔除茅草，也象征做事要以团结志同道合的人一起去汇征。

九二　如果有包容大川的胸怀，对外能容忍他人之不足，对己有临危不惧，果断处之的作风，于公对私光明磊落，持中正之道，必吉。

九三　没有只平直而不倾险之地，也没有只出行而不再返还的人；平之必陂，往之必复，这是自然之理。故要坚守中正之道，并相信该来的一定会来。该有饭吃，该有酒喝，自然会来，这就是福。复有福吉。

六四　用鸟的轻盈飞翔，比拟人之轻狂冒进，不能保住财富，人无诚信就成为阳实阴虚的状态，因而，丧失了实力。

六五　帝乙位居尊位，却能将自己的妹妹下嫁给自己的属臣，以柔居中，合于帝乙大吉，也体现了满朝的福祉。

上六　城墙倾倒在城壕之中，不可以动用很多人去修复，因为此时已盛极而衰。也不宜在城邑中乞求援兵，难免有羞辱。在城邑中祷告天命，占问必有艰难之兆。

【讲解】本卦从不同角度强调："小往大来，吉。"认为阴阳之间相交感能够获吉，有着对立统一的因素；"无平不陂，无往不复"，承认事物是相对的，有着一切事物向相反方向发展变化的辩证法因素;"尚于中行",崇尚中正不偏,提倡诚实守信。

否卦第十二 ䷋

坤下乾上　否之匪人,不利君子贞,大往小来。①

初六　拔茅茹,以其汇,贞吉,亨。②

六二　包承,小人吉;大人否,亨。③

六三　包羞。④

九四　有命无咎,畴离祉。⑤

九五　休否,大人吉。其亡其亡,系于苞桑。⑥

上九　倾否,先否后喜。⑦

【注释】①否:不通泰,事不然也。否卦:坤下乾上,象征天地闭塞,阴阳隔绝。匪人:非其人,即不当其人。②茹以其汇:草根牵连其同类。③包承:被包容并承包尊者。④包羞:被包容而为非,故可耻。⑤命:君命。畴:同类人。离祉:受福,依附福德。⑥休否:闭塞止息。其亡:行将灭亡。系于苞桑:系在桑树丫子上。⑦倾否:开通闭塞。倾,倾覆;引申为"转化"。

【译文】否卦　阴阳阻隔,万物不生,否卦卦象是下单卦为坤,为地;上单卦为乾,乾为天,看似吉象,但在否卦中却是天地背离的卦象。筮得此卦对君子坚守中正之道不利,因为此时是阳气极敛,阴气上升的时候,君子应俭德避之。

初六　秋风劲,枯草黄,小人得势之力已衰,但君子尚需成之,此卦吉。

六二　阴气得势,做非小人表现的谦卑、可笑,而正道君子却超然世外,行动迟缓而消沉。但大人终不可被小人之势所干扰。

六三　其位不当,小人整日寻欢作乐,珍馐美食。君子却贱恶之。

九四　君子想拯济天下,必须依天命而行。君子需排除阻力,行收揽人才,体国用人之道。

九五　否极泰来,坤阴当道,有其亡象。但君子力求复兴泰平,仍任重而道远。桑根入土深固,必须惴惴不安。

上九　小人之伎俩已毕尽,天下皆恶之,乘时而倾之,当刚断。吉也。

【讲解】否与泰相反,阴阳相背而不交,呈闭塞状态。闭塞不通,于君子不利。反映崇尚阴阳对应、相互交渗的辩证法思想,认为在不利环境下,时刻防范,小心谨慎,可趋吉避凶。

同人卦第十三 ䷌

离下乾上　同人于野，亨。利涉大川，利君子贞。[1]

初九　同人于门，无咎。[2]

六二　同人于宗，吝。[3]

九三　伏戎于莽，升其高陵，三岁不兴。[4]

九四　乘其墉，弗克攻，吉。[5]

九五　同人，先号咷而后笑，大师克相遇。[6]

上九　同人于郊，无悔。[7]

【注释】①同人卦：离下乾上，象征人事和同，集众之意。野：在古代，以国为中心，国外为郊，郊外为野，此指国之外域。②于门：指王门、宫门。③宗：宗族之人。④伏戎于莽：预设伏兵于草莽、树丛之中。伏，埋伏。戎：军队。莽：树丛。升：登上。岁：年。兴：指兴兵征战。⑤乘其墉：登上城墙，乘，登上即攻占。墉，城墙。弗克攻：不用进攻。克，能。⑥号咷：号啕大哭。大师：强大的军队。克：取胜。⑦悔：困厄。

【译文】同人卦　象征人事和同。同人卦卦象是下单卦为离，离为火；上单卦为乾，乾为天。两单卦结合为天火，同人的卦象。在旷野上族众聚集在一起，光与火聚，人与人同。亨顺利。利于涉越大川巨流，有利君子。

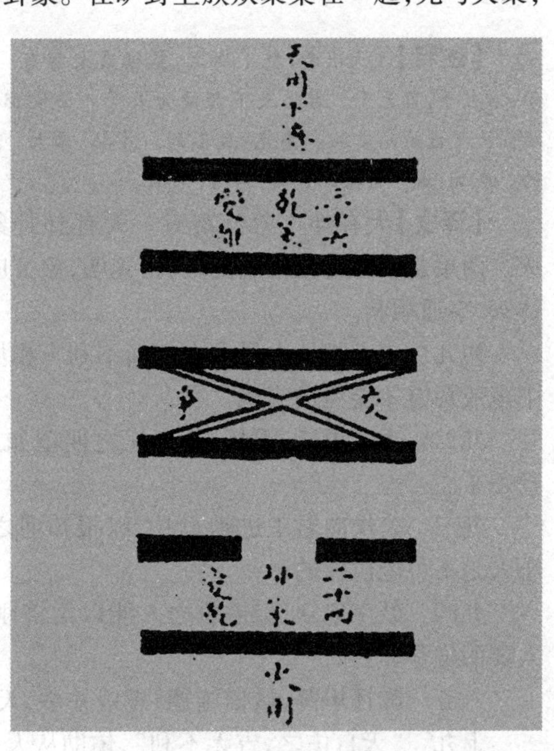
同人图，出自宋·佚名《周易图》

初九　必无灾祸，会聚臣僚及民众于王门，打破门户之见，共谋国家大事，必无灾祸。

六二　君子要结交天下善人志士，不可搞宗族，否则不利于君子之风阐扬天下。

九三　刚健居中，必遭显露，难有胜草。必须在草丛中设下伏兵，登高而远眺。结果强敌不敢近前，三年也没有战争。

九四　虽君子已占优势，但尚不能为此而强用兵，这是识时务的。

九五　和同之中有哭，有笑，有苦有甘。先悲苦，是因为中正不得伸张，当大家归于一统，又不免破涕为笑。当大军出征告捷，各路兵马相遇会合,同庆胜利时,天下一同。

上九　但愿天下同人。但是这个目的尚未达到。有些桀骜不驯的人还在离群索居。像这种无求同之志的人,虽非他甘心情愿,但他并不后悔。

【讲解】同人卦强调团结的重要性。和同的范围越广越好。阴柔属于适当而中正的地位,又与阳刚相呼应,反映人与人之间志同道合的和谐关系。

大有卦第十四　☲

乾下离上　大有[①]元亨。

初九　无交害,匪咎;艰则无咎。[②]

九二　大车以载,有攸往,无咎。

九三　公用亨于天子,小人弗克。[③]

九四　匪其彭,无咎。[④]

六五　厥孚交如,威如,吉。[⑤]

上九　自天佑之,吉无不利。[⑥]

【注释】①大有卦:乾下离上,象征盛大富有。②无交害:没有相交的侵害。③公用亨于天子:君天子,日天子。君临天下者便为天子。公侯都得向天子进献贡品。亨,进贡的果品珍玉等。指向天子进献的贡品。弗克:做不到。④彭:盛大。⑤厥孚交加:用其诚信智谋结交上下。厥:他的。威如:威严自显。⑥佑:佑助,保佑。

【译文】大有卦　象征富有。大有卦卦象是下单卦为乾,为天;上单卦为离,为火。两单卦结合为乾指刚健,离指光明,象征应天命,得人心之卦象。年丰人富,百废待兴,亨通顺利。

初九　与人相处中只求中定而不利害相加,自然不会招致灾祸;须知只有在艰辛中审戒疑惧才能免遭灾祸。

九二　委以重任、重托,其寄托之期望如用大车运载财货。满负希望前行,再无疑恙了。

九三　公侯向君王进献贡品,以报知遇之恩。君王也赐给饮食。给予礼遇。而小人是不可能仿效的。

九四　鼓声集众,但君位之人能以柔济刚,尚不会有犯上的事端,但身居君位的人要明辨是非。

六五　胸怀坦荡,诚信施德,恩威并举,天下臣服,威严自显,当可获吉祥。

上九　"天自佑之,吉无不利",佑助从天上降下来,吉祥便无所不至。

【讲解】本卦与《同人》联系紧密。《同人》强调与人和同,《大有》强调与人相交。反映刚健而文明，能顺应天道，按规律办事，使自然和社会呈现和谐景象。

谦卦第十五 ䷎

艮下坤上　谦[1]亨，君子有终。

初六　谦谦君子，用涉大川，吉。[2]

六二　鸣谦，贞吉。[3]

九三　劳谦，君子，有终，吉。[4]

六四　无不利，㧑谦。[5]

六五　不富，以其邻，利用侵伐，无不利。[6]

上六　鸣谦，利用行师，征邑国。[7]

【注释】①谦卦：艮下坤上，象征敬恭谦虚。亨：指谦虚地待人接物，君子谦而有终，必致亨通。②谦谦君子：指在逆境中不畏缩，不沮丧，在顺境中保持谦和，荣辱不惊的人。③鸣谦：谦虚之名传扬在外。④劳谦：天道酬勤，有功而能谦虚。⑤㧑谦：发挥谦虚之美德。⑥利用侵伐：宜用讨伐。⑦行师：兴兵征伐。

【译文】谦卦　象征谦谨。谦卦的卦象下单卦是艮，艮为山，为止；上单卦为坤，坤为地，为顺。内止知道抑止，乃谦也。只要谦虚地待人接物，做事必然亨通；然而只有君子才能无始也有终，虚心而识时务。

初六　凡君子都是谦而又谦，君子凭着这种谦虚的美德陶冶自己的修养，才可以涉越大江大川，并获吉祥。

六二　柔顺中正是谦虚的美德，真正做到坦诚而光明磊落，不形诸于外，就能深得众人的共识、共鸣，必获吉祥。

九三　能够始终辛劳而不夸耀，功而不骄，并匡济众人。君子能保守这种美德，必获吉祥。

六四　只要持守发挥谦虚的美德，处人行事便无往不利。

六五　本身虽不富有，但能以德服人，从而得到友邻的拥戴。即使为了征讨侵伐之敌，不得已使用了武力，也让人折服。

上六　传扬谦虚的美名，兴兵征伐，抵御来犯之敌，都是为了显示其德，力量和德分不开。而没有功劳，又如何能显谦。就是这个道理。

【讲解】本卦主要赞颂"谦"德。认为"谦"是人类生活中的高尚品德，人的德行很高，但能自觉不张扬，这就是谦虚的美德。有了它，处世无所不利。

豫卦第十六 ䷏

坤下震上　豫[1]利建侯行师。[2]

初六　鸣豫，凶。[3]

六二　介于石，不终日，贞吉。[4]

六三　盱豫，悔。迟有悔。[5]

九四　由豫，大有得。勿疑，朋盍簪。[6]

六五　贞疾，恒不死。[7]

上六　冥豫，成有渝，无咎。[8]

【注释】①豫卦：坤下震上，象征预虑、和悦。②建侯：授爵封侯。行师：兴兵征伐。③鸣豫：喜逸豫好欢乐而扬名于外。④介于石：比磐石还坚贞。介，中正坚定。于，比。不终日：不待终日。⑤盱：张目，形容媚上之相。迟：迟疑缓慢。⑥由：从，借助，依赖。盍簪：合拢，合聚簪子。簪，古代系绾头发的首饰。盍簪有会集朋友的意思。⑦恒：长久。⑧冥：日暮。这里引申为昏乱、盲目。渝：改变。

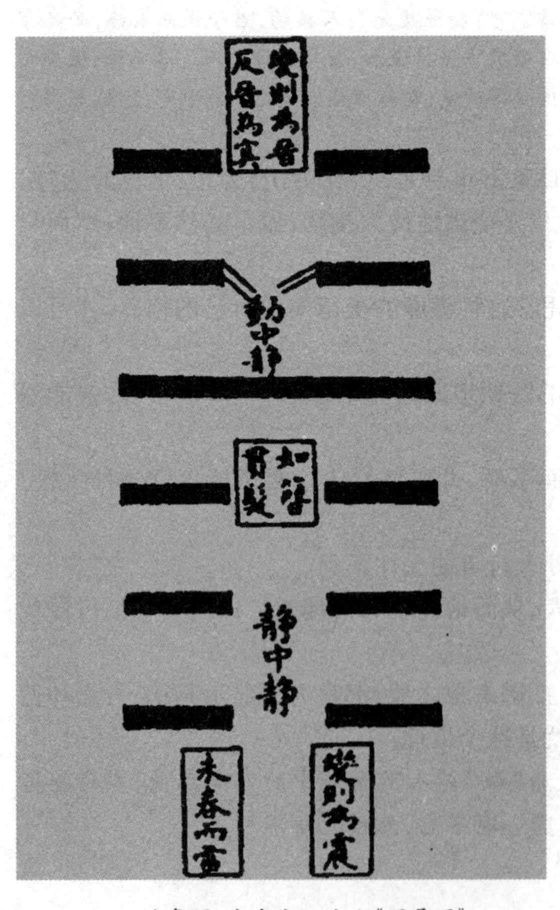

豫象图，出自宋·佚名《周易图》

【译文】豫卦　象征欢悦。豫卦的卦象是下单卦为坤，坤为地，为顺；上单卦为震，震为动，为雷。二单卦结合，说明雷发于地。以人事比拟，乐于追随则行动。从而建立授爵封侯的基业，利于兴兵讨伐有罪之师。

初六　凡事不可自鸣得意，夸夸其谈。骄矜而狂妄，将有凶险。

六二　持守正固，像磐石一样坚而稳妥，该早晨干的，绝不晚上再去做。你这样一丝不苟，自然吉祥。占问定获吉祥。

六三　一味阿谀奉承，自然得到青睐，但必须悔改，如果一再迟疑，终会陷入困境。

九四　众人凭依他而得到欢乐，将大有作为；君子坦诚不疑，贤者不期而至，不会忧虑没有好友。

六五　占问疫病的吉凶,筮得此爻幽忧致疾,人气已微,困穷一生。故必须坚守中正,才能化凶为吉。

上六　沉迷作乐,其势已危,自苦终身,如果能及早改正,没有灾祸。

【讲解】豫卦对“豫”持有谨慎态度。反映在安逸和乐的环境中,人们所要避免的是“鸣豫”、“盱豫”、“冥豫”,做到既享受安乐,又头脑清醒,利用好的环境,更好地有所作为。否则,将会带来祸害。

随卦第十七 ䷐

震下兑上　随[1]元亨,利贞,无咎。

初九　官有渝,贞吉。出门交有功。[2]

六二　系小子,失丈夫。[3]

六三　系丈夫,失小子。随有求得,利居贞。[4]

九四　随有获,贞凶。有孚在道,以明,何咎[5]?

九五　孚于嘉,吉。[6]

上六　拘系之,乃从维之。王用亨于西山。[7]

【注释】①随卦:震下兑上,象征追随。②官:通“馆”,馆舍做官人的居所。渝:改变。交:与人交往。③系小子:倾心依从小人。系,系属,引申为倾心依从。④随有求:追随别人而有所求。居:居处。⑤有孚在道:有诚信之心而持守正道。以明:以光明正大立身。⑥孚于嘉:施诚信给美善者。嘉,指嘉会。祭祀的时候,献上玉佩玉器以示恭敬、诚信。⑦拘系:囚禁。从维:释放。从,即“纵”。亨:祭享。亨,通“享”。

【译文】随卦　象征随从。随卦卦象是下单卦为震,震为动;上单卦为兑,兑为泽,为悦。两单卦结合,受之以随,随心而动。亨通,利卦,没有灾难。

初九　当出任的官位有了变动,自己应做到恪守中正,荣辱不惊,这才能保住吉祥。出门广交朋友定能成功。

六二　一心依附留恋小人,就会失掉刚直的正人,不要贪小而失大。

六三　依附刚直的正人,摆脱柔顺的小人,可以得利,有利必有得,但动机必须纯正。

九四　你所获得的不是你该获得的,也有凶险,一个人要走道义之门,持守正道,光明正大,才不会有灾难。

九五　将诚信献给美善之人,可获吉祥。

上六　不以精诚感化,只以拘禁,强求其跟随,岂能教人感悦?此非正道,要以王之风范巩固江山。

【讲解】易卦把“随”看做“元、亨、利、贞”的体现，视为最高美德。“随”，是有原则的。要随上而不随下。六二随初九是随下，被看做“系小子，失丈夫”，表明随下不可取。六三随九四，是随上，被看做“系丈夫，失小子”，故曰“随有求得”，表明随上可取。“易”虽推崇“随”，但不主张盲从。若随到极点，则必盲从，结果必然会被人拘系，而成为牺牲品。

蛊卦第十八 ䷑

巽下艮上　蛊[1]元亨，利涉大川。先甲三日，后甲三日。[2]

初六　干父之蛊，有子，考无咎，厉，终吉。[3]

九二　干母之蛊，不可贞。[4]

九三　干父之蛊，小有悔，无大咎。

六四　裕父之蛊，往见吝。[5]

六五　干父之蛊，用誉。[6]

上九　不事王侯，高尚其事。[7]

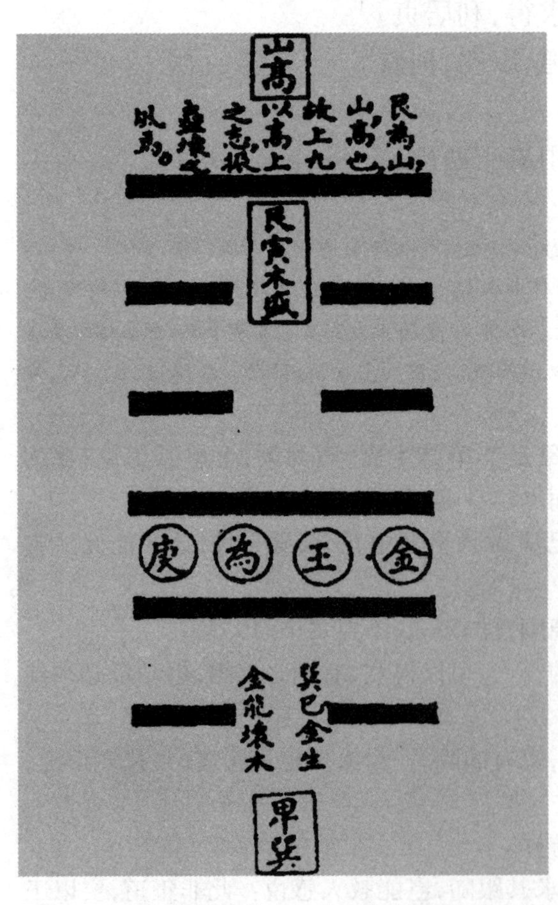

蛊象图，出自宋·佚名《周易图》

【注释】①蛊卦：巽下艮上，象征积弊日久，必须救弊治乱。“蛊”字本义为腹中之虫，这里引申为蛊惑。②先甲三日，后甲三日：甲子从十天开始。十天干是甲、乙、丙、丁、戊、己、庚、辛、壬、癸，一个月三个十天，一旬正好十天。如果将十天排列成一圆，那么甲的前面就是癸、壬、辛，即光甲三日。后甲三日就是乙、丙、丁。③干父之蛊：儿子匡正父亲之弊乱。④贞：正，引申为干涉。儿子不能干涉母亲的闺房之事。所以说：“不可贞。”⑤裕：这里是纵容、宽缓的意思。

⑥用：以，因。誉：称誉。⑦高尚其事：其事，指专心治家，与“事王侯”相对。高尚，以专心治家为高尚之事。

【译文】蛊卦　象征积弊日久，拯弊治乱，蛊卦卦象是下单卦为巽，为风；上单卦为艮，为山。两单卦结合风行山止，打旋而邪。盛极而衰，凡事必须防患于未然，才有利于涉越大江大川，用甲前三日甲后三日比喻天时之运转，时事之变化，最后天下大治，长治而久安。

初六　力挽父辈或前任的过失；儿子重整父亲或前任的事业，不指责他们的过错，不抹杀他们的功劳，即使有些艰难，终可避开灾祸，最终会获得吉祥。

九二　匡正母辈的过失，治理家事，只可用柔承的办法，否则必无裁。

九三　改正父辈的过失，儿子尽管过于刚强，为父辈的败绩而焦躁，但仍不失顺承之道，便没有巨大灾难。

六四　姑息宽容父辈的过错，长此以往，定遭谴辱。

六五　匡正父辈的败绩，重整家业，再建雄风，当受誉。

上九　逸民不乐，在为朝廷效命，而专心治家，可以效尤。

【讲解】蛊卦既讲事物积弊不通，更强调对事物积弊不通的治理。“易”赞颂“干父之蛊”，即儿子匡正父辈的弊端。干父之蛊者，或“终吉”，或“无大咎”，或“用誉”，均无不祥。认为“不事王侯”，乃“高尚”之事。

临卦第十九　䷒

兑下坤上　临[①]元、亨、利、贞。至于八月有凶。

初九　咸临，贞吉。[②]

九二　咸临，吉，无不利。

六三　甘临，无攸利。既忧之，无咎。[③]

六四　至临，无咎。[④]

六五　知临，大君之宜，吉。[⑤]

上六　敦临，吉，无咎。[⑥]

【注释】①临卦：兑下坤上，象征莅临、临察。②咸临：胸怀感化之心临于百姓。咸，通“感”。③甘：借为钳，钳制。既：已经。④至：下。⑤知：通“智”。⑥敦：温柔笃厚。

【译文】临卦　最为亨通。临卦卦象是下单卦为兑，兑为泽，为喜悦；上单卦为坤，坤为地，两单卦结合，地临泽，有一种伟岸的感观。元、亨、利、贞四德具备，只要持正固本，便有利吉。到了八月时间转凉，阴盛阳退，意指有凶险。

初九　心怀感召之德，莅临百姓，可获吉祥。

九二　以刚毅之德治理百姓，使其折服必获吉祥。

六三　用宽悦甜言的政策治民，并没有什么好处。如果已经足感自己的过分并加以戒慎，没有灾祸。

六四　体察民情造福四海，任用贤能，则无灾祸。

六五　君临百姓，以委任贤能之才，体察民意，并智慧监临，是为天子之道。必获吉祥。

上六　以敦厚宽仁之心治民，授治于刚，辅之以柔，定获吉祥，没有灾祸。

【讲解】临卦强调统治者应当临民视事，深入下层，以便密切君民关系。但"临"是有原则的，对"知临"、"敦临"、"至临"、"咸临"是肯定的，但对"甘临"持否定态度。所谓"甘临"，是指用甜言蜜语或给人小恩小惠来进行治理，这是带有欺骗性的。

观卦第二十 ䷓

坤下巽上　观[①]盥而不荐，有孚颙若。[②]

初六　童观，小人无咎，君子吝。[③]

六二　阙观，利女贞。[④]

六三　观我生，进退。[⑤]

六四　观国之光，利用宾于王。[⑥]

九五　观我生，君子无咎。

上九　观其生，君子无咎。[⑦]

【注释】①观卦：坤下巽上，象征观仰、瞻仰。②盥而不荐：盥，古代举行祭祀大典时祭前洗手称为盥，并沿用至今。荐，献祭，指进献酒食以祭先祖和神灵。盥而不荐是指洗手时的虔诚心还没有退减，还持守在虔诚的礼拜之中。孚：诚信。颙：大。若，语助词，无义。③童观：这里指初涉世的人显得幼稚、浅薄。意为像幼童一样。④阙观：通"窥"，从门缝或小洞中偷看，意即偷偷窥测。⑤生：通"姓"。进退：指如何施政。⑥用宾于王：在君王那里做客或以宾客之礼朝拜君王。

【译文】观卦　象征瞻仰。观卦卦象是下单卦为坤，为地；上单卦为巽，为风。两单卦结合为：风行地上。有顺的意思。祭祀之前洗手自洁时便要像进献酒食举行祭典礼拜那样虔诚自躬，方能以自己的仪象、道义展示于人，从而使人民信仰臣服。

初六　庶民无知，不能高瞻远瞩，无可指责，而对于立命君子而言，却是不可理喻之事。

六二　古代女人足不出户，难免有头发长，见识短之嫌，而堂堂七尺男子还从门内窥视之，甚至吹毛求疵，只能坏事。

六三　能观察自己的主张，进不趋类，退不沮丧，便不会盲从了。

六四　观察一国的风土人情，就能观察到这个国家君主的治国之政，君王德政好，尚仕之，有贤的大夫还会前来投靠。

九五　君子能经常自醒自己所作所为，做到内省外察便不致有远虑。

上九　君子外能观国之民俗民情，内能省醒自身，便可尽其道，以图发展。

【讲解】观卦提倡把施政方针建立在“观”的基础上，在观本族的同时，也要观他族。“观我生”，考察本族意向，决定施政良策，表明对血族关系的重视。还要“观其生”，考察异族动向，以资借鉴。

噬嗑卦第二十一　䷔

震下离上　噬嗑[1]亨，利用狱。[2]

初九　屦校灭趾，无咎。[3]

六二　噬肤灭鼻，无咎。[4]

六三　噬腊肉，遇毒，小吝，无咎。[5]

九四　噬乾胏，得金矢，利艰贞，吉。[6]

六五　噬乾肉，得黄金，贞厉，无咎。

上九　何校灭耳，凶。[7]

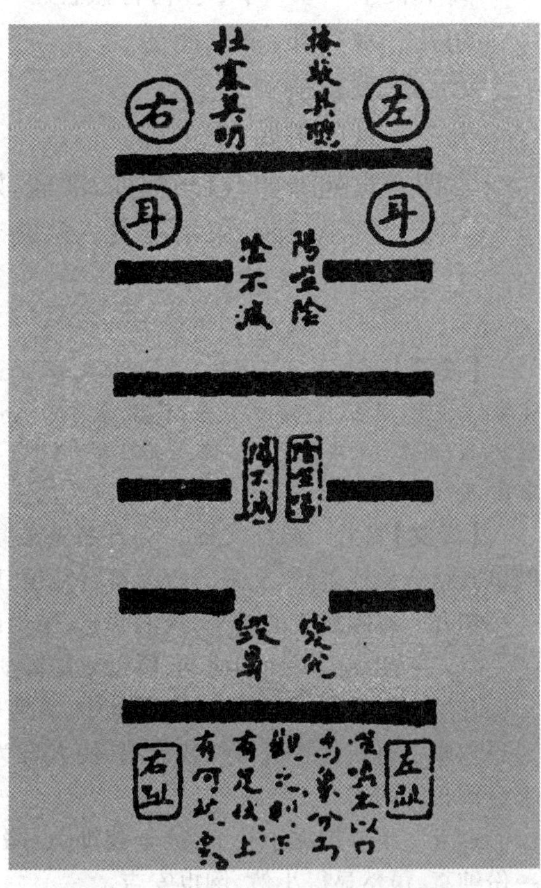

噬嗑身口象图，出自宋·佚名《周易图》

【注释】①噬嗑卦：震下离上，象征治狱、刑罚。噬是咀嚼，嗑是合嘴。②狱：刑狱。③屦校灭趾：指用麻或藤编成的鞋套刑具遮没犯人的脚趾，不伤皮肉，故刑罚很轻。④噬肤灭鼻：将耳朵割下一些肉，鼻子割下一部分来，虽非重刑，但却是按罪量刑，从达处惩罚而无咎。⑤噬腊肉：意即咀嚼又干又硬且味香的腊肉。⑥乾胏：又干又硬的带骨腊肉。得金矢：金箭横亘其间。下文“黄金”同此。⑦何：通“荷”，意为负荷承受。灭：意为伤亡。

【译文】噬嗑卦　象征治狱。噬是咀嚼，嗑是合嘴。噬嗑卦是指刑罚。阳阴对抗。其卦象，下单卦是震，震为动，为雷；上单卦是离，离为火，为明。两单卦结合指雷霆施令。施用刑罚，宜于刚政。

初九　量刑不重的刑罚，使人戒惧，不致犯大恶，这对制约犯罪，无疑是好事。

六二　加重判罪，使之鼻肉受

苦,刑必当罪,量刑得当,也不失惩治之本。

六三　施用刑罚惩戒犯人,遭遇顽固者,必遇挫折,但只要噬法得当,小有不适,并没有大的灾祸。

九四　遇到棘手的案件,刚而明但不能过分果断和偏激;冷静处理又必须像金箭一样正直无私,避免操作之嫌。所以,棘手的案件处理起来要增加透明度。

六五　居尊位之人,以中正之德,严格执法,虽立威很严,只要谨慎量刑,则无妨。

上九　肩负木枷堵住了耳朵,定有凶险。

【讲解】噬嗑卦是针对触犯刑律的服刑服法强调按罪量刑,恰当严格治狱,处在严重的矛盾对抗之中,刑罚不重则民无所措手足。

贲卦第二十二 ䷕

离下艮上　贲[①]亨,小利有攸往。

初九　贲其趾,舍车而徒。[②]

六二　贲其须。[③]

九三　贲如濡如,永贞吉。[④]

六四　贲如皤如,白马翰如,匪寇,婚媾。[⑤]

六五　贲于丘园,束帛戋戋,吝,终吉。[⑥]

上九　白贲,无咎。[⑦]

【注释】①贲:卦名。下离上艮,象征文饰。“贲”的本义为饰。②徒:徒步。③须:胡须。④濡:本浸湿,润色。⑤皤:白。翰:天鸡,赤羽也。⑥丘园:丘和园是指在城外的地方。丘,平坦的地方;园,园林。束帛戋戋:束一般指五匹为一束;帛指绸缎、丝织品、棉织品;戋戋是少的意思。⑦白贲:用白色来装饰。

【译文】贲卦　象征文饰。贲卦的卦象是下单卦为离,为火;上单卦为艮,为山。两单卦结合象征美丽、文采。行为符合礼仪,以文明教化举止,吉。

初九　以刚居下的君子,淡泊明志,虽受以华车而不受,却安于徒步。

六二　胡须随着面腮而动,所以只修饰胡须,又有何用?

九三　以修饰悦人,甚至沉溺其中,有何用?不如持之中道,更有节风。

六四　将白马装扮得灿若锦鸡,使人疑为贼寇其实不是贼寇,是谁来求婚了,相求合德相好的人。

六五　不要拘泥于礼节,徒于装饰、点缀,还是自然一点好,到丘园陶冶心情,找一份纯真,虽然显得小然,倒也安吉。

上九　身处事外,得行其志,不借外物之修表,定无伤。

【**讲解**】贲卦反映古人的审美观。人格美,提倡高尚的人格,不慕虚荣,洁身自爱,宁可徒步走路,也不乘车招摇;装饰美,或贲其趾,或贲其须,婚嫁装饰丘园。同时,还介绍了古代婚嫁的习俗和气派,是宝贵的民俗学资料。

剥卦第二十三 ䷖

坤下艮上　剥[①]不利有攸往。

初六　剥床以足,蔑贞凶。[②]

六二　剥床以辨,蔑贞凶。[③]

六三　剥之,无咎。

六四　剥庆以肤,凶。[④]

六五　贯鱼,以宫人宠,无不利。[⑤]

上九　硕果不食,君子得舆,小人剥庐。[⑥]

【**注释**】①剥卦:坤下艮上,象征剥落剥蚀。②剥床以足:床是人安身的住所。古代床是坐、卧的地方。把床折了,象征是对人的轻蔑与侮辱。③剥床以辨:辨即指辨,床垫。已侵蚀到床板、床垫了。④肤:床身。⑤贯鱼以宫人宠:受宠爱的宫人鱼贯而来。宫人,宫中妃嫔。以,引。⑥舆:大车。庐:房舍。

【**译文**】剥卦　象征剥落。剥的过程就是阴邪侵蚀的过程。剥卦卦象是下单卦为坤,坤为地;上单卦为艮,艮为山。两单卦结合正如山体被风云剥蚀。阴邪的侵蚀是对阳正的剥损,不利于有所行动。

初六　床已剥落到床脚,足见阴邪之嚣张,故凶险。

六二　剥蚀已然损及床板、床垫,已十分张狂,必有凶险。

六三　虽然处于剥蚀之中,君子却不肯与之同流合污,小人自知理短心虚,尚无妨。

六四　君子茫昧软弱,小人穷困极恶,其祸惨重。

六五　引导宫中妃嫔自上而下,依名次承接君主的宠幸,无不利。

上九　硕果仅存不被蚕食,君子定会受到拥戴,如坐车一样轻快前行。小人阴险,则摘食果必损落。

【**讲解**】本卦爻辞多借梦占预示吉凶。剥卦属于不利之卦。初六至六四通过梦见床足、床板到床上草席的逐渐腐烂,说明事物遭腐蚀是逐渐发展的,是指远期效果而言,是一种预示性的劝诫。六五言宫女鱼贯依次得宠,说明事物循序渐进可以获利。上九说明同一现象对于君子和小人的意义不同。

复卦第二十四 ䷗

震下坤上　复[①]亨。出入无疾。朋来无咎。反复其道，七日来复，利有攸往。[②]

初九　不远复，无祇悔，元吉。[③]

六二　休复，吉。[④]

六三　频复，厉，无咎。[⑤]

六四　中行独复。[⑥]

六五　敦复，无悔。[⑦]

上六　迷复，凶，有灾眚；用行师，终有大败，以其国君凶，至于十年不克征。[⑧]

【注释】①复卦：震下坤上，象征复归、返还。②反复其道：指冬去春来，月盈月亏，年年、月月、日日，朝起暮落，都有定规、法则。七日来复：以晷盘表测日影，按冬至到夏日，测出天行规律以七日为一期，每月四期。“七日”在此象征转化迅速。③不远复：行而不远即复。祇(qī)悔：悔恨。④休：喜。⑤频：频繁。⑥中行独复：居中行正，独自返还。⑦敦：敦促，催促。⑧迷复：误入迷途而求返还。灾眚：灾祸。行师：兴兵征伐。以：及。克：能。

复七日图，出自宋·佚名《周易图》

【译文】复卦　象征归顺。复卦的卦象下单卦为震，震为动，为雷；上单卦为坤，为地。两单卦结合为地雷复。指阴阳二气循环返复。亨通顺利，出入没有阻隔，志同道合的朋友交往也无妨。每期七天，循环往复，天地万物运行不止，这是天理。没有灾祸。

初九　君子修身，知错必改，走了弯路，返回即好。君子理当自强不息。

六二　休养生机，至善至美，必获吉祥。

六三　把持不定，屡屡受挫，但能排除干扰，错了重来，必无灾祸。

六四　四阴环拱，不言期吉，应以仁德从道。

六五　刚居尊位，厚重自持，无后悔之言。

上六　柔居非天子之位，天灾人祸相继而来，众臣不服，累及国君，倘有战事，行师将不利，十年终极也不会荡平敌寇。将大凶。

【讲解】复卦所说的都是讲复，它通过对各种不同的复，即各种不同的返回的分析，来谈其利弊得失和吉凶。

无妄卦第二十五 ䷘

震下乾上　无妄[①]元亨，利贞。其匪正有眚；不利有攸往。[②]

初九　无妄往吉。

六二　不耕获，不菑，畬。则利有攸往。[③]

六三　无妄之灾，或系之牛，行人之得，邑人之灾。[④]

九四　可贞，无咎。

九五　无妄之疾，勿药有喜。[⑤]

上九　无妄，行有眚，无攸利。

【注释】①无妄卦：震下乾上，象征不妄为。②其匪正有眚：指元、亨、利、贞即正，不持守正道就会有灾异。匪，非，不。正，指正道。眚，灾祸。③菑：开垦一年的瘠田。这里用作动词，意为开垦。畬：熟田。④无妄之灾：意想不到的灾祸。或：有人。系：拴。行人之得：路人顺手牵走据为己有。邑人之灾：邑中人家遭受缉捕的横祸。⑤勿药：不治疗。有喜：古人称病愈为有喜。

【译文】无妄卦　象征不要妄为。无妄卦的卦象是下单卦为震，震为动，为雷；上单卦为乾，为天。两单卦结合天雷无妄。指天下万物与之相应，不妄行，不妄为也。利卦。持守元、亨、利、贞四德道行，若不持守正道就会有灾异，不宜妄动。

初九　不妄为，承天之命，行天子之道，定获吉祥。

六二　不期望不耕而获，不垦而熟，要静听自然以收其成。有利于所为。

六三　遭遇料想不到的灾祸：比如系在路边的一头耕牛，路人顺手把它牵走据为己有，邑中人家却遭受被缉捕的牵连。

九四　固守中正无妄之理，刚健无私，没有灾祸。

九五　中正得位，坦然任之，正如健康之人患无关生命的小疾，不需用药，即可自愈。

上九　无志妄行，将有灾祸，且自毙之。

【讲解】无妄卦的卦辞讲：“无妄：元亨，利贞。其匪正有眚，不利有攸往。”意思是说一个人思想、行为不虚妄，就能通达顺利。思想行为不正，就有灾祸，不利于所行。而人的行动要不虚妄，就要顺着客观规律而动；如果逆规律而动，就是轻举妄动，就会有灾祸。

大畜卦第二十六 ䷙

乾下艮上　大畜[1]利贞。不家食，吉。利涉大川。[2]

初九　有厉，利已。[3]

九二　舆说輹。[4]

九三　良马逐，利艰贞。曰闲舆卫，利有攸往。[5]

六四　童牛之牿，元吉。[6]

六五　豮豕之牙，吉。[7]

上九　何天之衢，亨。[8]

【注释】①大畜卦：乾下艮上，象征积蓄。畜，蓄。②不家食：非求食于家，而食禄于朝。以天下为公。③已：停止。④舆说輹：舆指车子。輹是古代木车下的横木，车轴由它固定、转动。车子停下来，就将輹取下。走时再套上去。说：脱离。⑤逐：奔驰。闲：练习。卫：防止。⑥童牛：无角小牛。牿：牛角上束的横木。⑦豮豕之牙：豮与牿同义。指对猪牛的驯养，去掉它们的野性。⑧何天之衢：何其畅达的通天之路。衢，四通八达的道路。

【译文】大畜卦　象征很有积蓄。大畜卦卦象是下单卦为乾，为天；上单卦为艮，为山。两单卦结合刚健无比的乾，被艮止住。阴刚之。气积聚之为之大畜。有利之卦。不囿于小家好，而利于食禄在朝，定获吉祥。宜于涉越大江大河。

初九　积蓄不可求成之心过切，要适可而止，不可冒行。

九二　马车与车輹脱离，车子停了下来。这说明君子应安居，只求无过。

九三　千里马善于奔驰，是驾车人技术娴熟，卫士抓紧练车，演兵，行则无所不利。

六四　在小牛的头上绑一根短木，以示驯养，养士则可收百年之利。吉。

六五　野猪不易驯服，但要制伏它只能将它阉了，使其牙齿退化而圈居。当有吉。

上九　负云气，背青天，肩重任，荷阳刚之德，行天之大道。

【讲解】大畜卦讲的是蓄聚、蓄积的道理，透露了人的行为应当有所约止的思想。卦象下乾上艮，乾为健，艮为止，虽健也有所止，乃能大畜。初九强调“利已”（宜于停止），九三强调“利艰贞”（宜于在艰难的条件下守正道），都是教人自觉地约制自己，以免咎灾。不单对人，即使是牲畜也礼当约制。

颐卦第二十七 ䷚

震下艮上　颐[1]贞吉。观颐，自求口实。[2]

初九　舍尔灵龟，观我朵颐，凶。[3]

六二　颠颐，拂经，于丘颐，征凶。④

六三　拂颐，贞凶。十年勿用，无攸利。⑤

六四　颠颐，吉。虎视眈眈，其欲逐逐，无咎。⑥

六五　拂经，居贞吉。不可涉大川。

上九　由颐，厉吉，利涉大川。

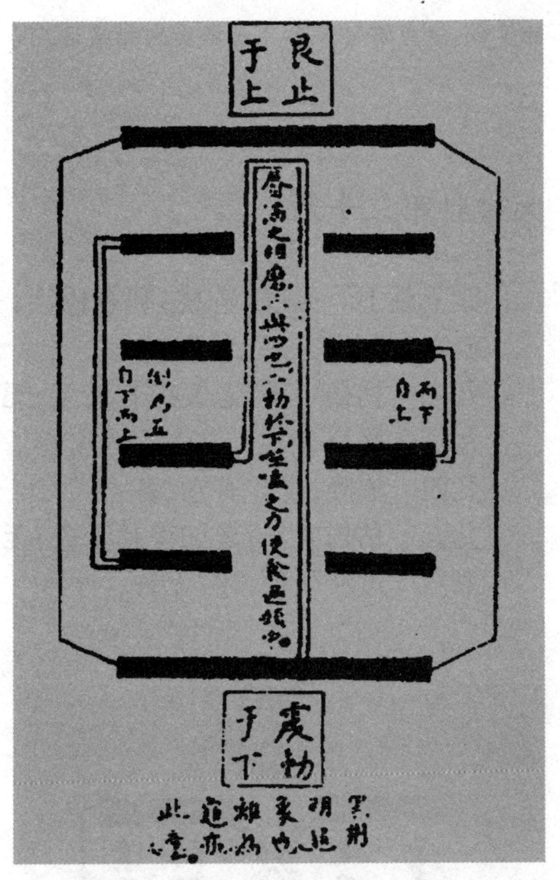

颐灵龟图，出自宋·佚名《周易图》

【注释】①颐卦：震下艮上，象征颐养。颐即下巴的通称。观颐：观其所养，观察某一时间、某一特定环境中的吉或凶，以求养颐好自己。②口食：食物。③尔：你。灵龟：指卜得的龟兆。古人认为龟不死而能长寿，是神物，所以龟甲行卜，并且称之为灵龟。朵颐：朵：指下巴垂下，馋涎欲滴的样子。观我朵颐：即指看着我吃饭眼馋。颐：指自己居中正之位，应不缺颐养的，却求之他人，求不着，又向下求，故曰颠颐。拂经：颠倒事理。拂，逆，经，常理。于丘颐：向高处上索取颐养，甚至不惜使用武力征伐。颐，颐养。征：兴兵出战。⑤拂颐：违背颐养之道，违逆了常理。⑥逐逐：迫切的追求。

【译文】颐卦　象征颐养。颐卦卦象是下单卦为震，震为动，为雷；上单卦为艮，为山。观两单卦结合，似作咀嚼状。故为颐养也。

初九　丢弃你灵龟般的聪慧，却咂嘴咂舌，观看我蠕动的两腮，必有凶险。

六二　不是厚施于民，而是侈民之美。甚而违逆常规，以致上为君所恶，下为民不齿。故凶。

六三　违反颐养之道，终因不正而有余殃。天道十年一变，得失凶吉，自有天命。

六四　柔居尊位，求养于下，难免受到鄙夷，故须眈眈而视，威而不显，可无灾。

六五　尽管违逆常理，但他上求是为了施教施养于下民，故天理顺，人性通达，必无险阻。

上九　养万民，养贤人，正己无私，能涉险渡过难关。君子宁静而致远。

【讲解】颐卦着重讲"颐养"，提倡"自求口实"，即依靠自己解决物质供应问题。"拂经于丘"，开垦阡陌以广农产，是解决颐养问题的正道。反对"舍尔灵龟，观我朵颐"；更反对"颐征"，按现在的说法就是自己要通过劳动养活自己。又推崇食气自养的灵龟，这里有着注重气功延寿思想痕迹。

大过卦第二十八 ䷛

巽下兑上　大过[1]栋桡，利有攸往，亨。[2]

初六　藉用白茅，无咎。[3]

九二　枯杨生稊，老夫得其女妻，无不利。[4]

九三　栋桡，凶。

九四　栋隆，吉。有它，吝。[5]

九五　枯杨生华，老妇得其士夫，无咎，无誉。[6]

上六　过涉灭顶，凶，无咎。

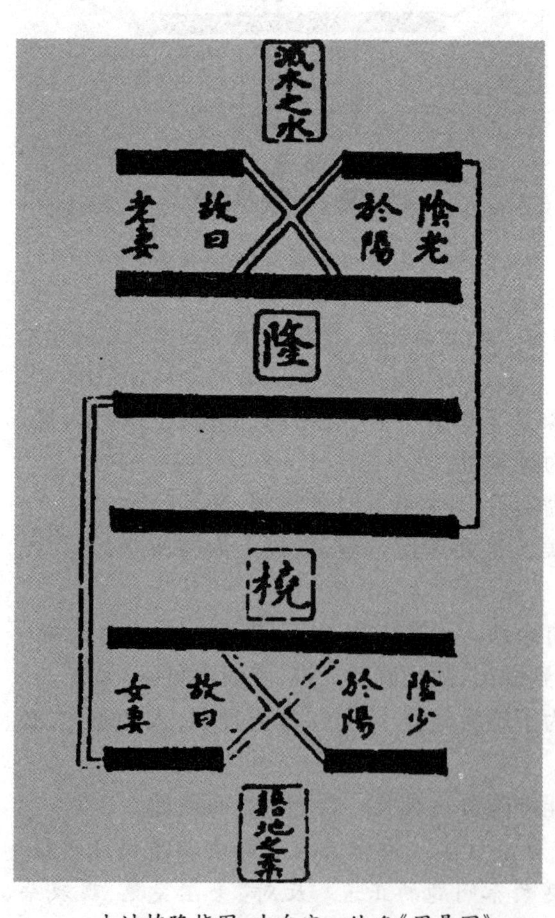

大过栋隆桡图，出自宋·佚名《周易图》

【注释】①大过卦：巽下兑上，象征大有过越。②栋桡：栋是指栋梁之才，房子的梁木。桡是弯曲。是说梁弯曲了。③藉：铺垫。白茅：古代不用桌椅，席地而坐。祭祀时将供品放在地上。地上铺一层洁白的茅草，以示虔诚。④稊：老树生新芽。女妻：年少的妻子。⑤隆重：隆起。它：指意外情况。⑥华：花。士夫：幼夫。

【译文】大过卦　象征大有过越。大过卦卦象是下单卦为巽，巽为风，为木，为喜；上单卦为兑，兑为泽，为悦。两单卦结合，喜与悦过于齐美，则“过”了，所谓“大过之时大矣”。脊木不可处之过刚，应上下顺遂，则利也。

初六　白茅草洁而朴素，不以华美而至尊，卑柔自谨，当无过。

九二　杨比喻阳木，阳亢则枯，根下生出新芽，新芽可以再荣。女妻可以育嗣。故刚柔应当调谐之。

九三　躁于进而不体恤属下，必怨声大作。做事不可过刚。

九四　刚柔相济，尚可以隆而不

亢;如若上弱相辅,则不足以胜任,行事反受制带。

九五　枯萎的杨树开新花,年迈的老妪嫁个年轻的丈夫,正如阳过已极,下无相济之阴,终必至危。亢极而屈似失所之阴有,必自辱之。

上六　水盛涨而仍要徒涉,尽管有灭顶之患,但却是冒险者险行之道。

【讲解】大过卦涉及的事物,大多属于反常现象,如“栋桡”、“栋隆”、“有它”、“枯杨生稊”、“枯杨生花”、“过涉灭顶”等,对于这些反常现象,大过卦分析了人们处理问题可持的态度与方法。通过“栋桡”、年龄不对称的婚姻、过河被灭顶等爻象断其吉凶,供人们在类似状况下参考。这些爻象、爻辞所反映的社会生活离我们的生活已很遥远,但大过卦所强调的非常时期应有独立不惧的精神以及对非常事件采用非常方法的观点,对人却有所启示。

坎卦第二十九　䷜

坎下坎上　习坎[①]有孚,维心亨,行有尚。[②]

初六　习坎,入于坎窞,凶。[③]

九二　坎有险,求小得。[④]

六三　来之坎坎,险且枕。入于坎窞,勿用。[⑤]

六四　樽酒簋贰,用缶,纳约自牖,终无咎。[⑥]

九五　坎不盈,祇既平,无咎。[⑦]

上六　系用徽纆,置于丛棘,三岁不得,凶。[⑧]

【注释】①习坎卦:坎下坎上,象征重重险难。坎字的意思是险、陷。习坎,即重坎。习,重复。②有孚:指诚信。维:维系。尚:通“赏”。③入于坎窞(dàn):落入陷穴深处。窞:通“陷”,深坑。④坎有险:陷穴中有凶险。求小得:九二是阳居阴位,看来不正,但它居中,故求得小得。⑤来之坎:来往都处在坑穴之间,进退都有险。坎险且枕:坑穴既险又深。枕:通“沈”,深。⑥樽酒:一樽薄酒。簋贰:两簋淡食。簋,古代盛谷物的竹器。缶:瓦器。纳约自牖:通过窗口收得信约。牖,窗。⑦祇:安。⑧系:捆绑。徽纆:徽,三股绳子;纆,两股绳子。

【译文】坎卦　象征重重艰险。坎卦方位北,属性水。坎卦是两坎相重,故坎险重坎险。虽然险阻重重,但唯有在重重险阻中,方显出诚信的意志。而唯有诚信才能涉险而通,并一一克服艰苦、磨难。

初六　不能忘记坎险当头时,已自陷其中。必凶。

九二　虽在陷穴中处境险恶,但若只求小安,仍可以脱险。

六三　既已处于险难之中,人于险地,进退两难,危难既险且深。暂时不宜再施展才能。

六四　臣子将一杯薄酒，两筐淡食，用瓦钵盛起来，由窗户献给君王，以表达险境中廉洁的真诚，君心胸洞开，君臣险渡难关。

九五　坎困尚未消除，但阳刚已居尊位，只要他不枉自尊大，且能匡扶天下，则险难自会平息，水流而不盈。险难自平。

上六　绳索捆绑，似置于丛棘之中，囚禁三年而不得解脱，必有大凶。

【讲解】此卦爻辞主要反映对待被征服的异邦人（俘虏），或采取各种笼络手段，使其臣服；或将其关入凶险的牢狱，使之难以解脱，酒饭只从窗口送入。但被俘者力图谋求脱险。纵观全卦，表明尽管处于险境，但吉凶不同，这里的关键在有无诚信。有诚信且又刚健中正者，就能脱离险境。

离卦第三十　☲

离下离上　离[①]利贞，亨，畜牝牛，吉。[②]

初九　履错然，敬之，无咎。[③]

六二　黄离，元吉。[④]

九三　日昃之离，不鼓缶而歌，则大耋之嗟，凶。[⑤]

九四　突如其来如，焚如，死如，弃如。[⑥]

六五　出涕沱若，戚嗟若，吉。[⑦]

上九　王用出征，有嘉折首。获匪其丑，无咎。[⑧]

【注释】①离卦：离下离上。象征彩丽。②牝牛：母牛。③错然：走路的样子不整齐，步伐错乱的样子。④黄离：黄指土色，土是五行的中央，所以为黄色。⑤日昃之离：向西倾的斜阳，夕阳西下，太阳偏西。大耋之嗟：耋是指七八十岁的老人。老暮穷衰之嗟叹。⑥突如其来如：突如其来的焦心如焚的样子。⑦沱若：滂沱的样子，形容泪流满面或泪如雨下。⑧折：折服。首：首领。匪：非。丑：同类，随从。

【译文】离卦　有利之卦，亨通顺利。离卦，方位为南。《说卦传》中："离为火，为日，为电……"后书中又引伸为："离亦为彩色羽毛，文彩之类。"总之离有光明之象。离卦卦象是两火，更是通明之象。畜：聚而养；牝牛：顺而柔之。持守固正，定获吉祥。

初九　步履忙乱，贸然行之，必陷险境，应审慎而不妄行，当无灾难。

六二　黄色依附，中道灿然，大吉大利。

九三　知己日暮残年，遂击钵而高歌。自艾年少不勤劳，老矣亦不能安享天年。如不击瓦罐而歌，将会有老暮穷衰的感叹，定遭凶险。

九四　君位之刚遽然受制，奸邪小人试图挟击而逞威，但小人之势无所依，无所容，也就无所明。

六五　尽管六五忧悒于处境之维艰，但如能时刻警觉，可以化险为夷，这是因为六五地位显贵，奸恶小人不能不畏惧不安。

上九　位居尊位，阳刚果断，用兵可以立功平乱，小人仍不可滥杀无辜，宜击匪乱之首恶，胁从者不必问究，可以免是非。

【讲解】本卦爻辞告诫人们：灾难可能随时发生，应当时时防范，早作防备；已经发生的灾祸，要及时有效地处理。黄昏时出现的灾情，应当倍加重视，以防更大的凶险。突如其来不可抗拒的自然灾祸，损失更加巨大，大灾后应痛定思痛，积极储备力量，力争挽回损失。对于祸首要严加惩治，以保国泰民安。

下　　经

咸卦第三十一　䷞

艮下兑上　咸①亨，利贞。取女，吉。②

初六　咸其拇。③

六二　咸其腓，凶，居吉。④

九三　咸其股，执其随，往吝。⑤

九四　贞吉，悔亡；憧憧往来，朋从尔思。⑥

九五　咸其脢，无悔。⑦

上六　咸其辅颊舌。⑧

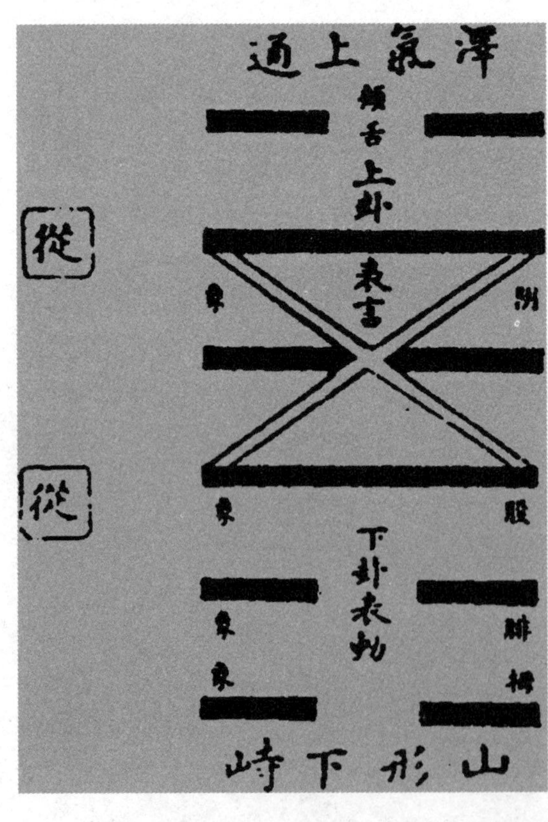

咸朋从图，出自宋·佚名《周易图》

【注释】①咸卦：艮下兑上，象征“天人合一、天人感应”。咸即“感”。②取女：取，通“娶”，少男迎娶；少女出嫁。③拇：脚大趾。④腓：小腿肚。居：居家不出。⑤股：大腿。执：执身。追随他人。执随：执著地盲从。⑥悔亡：从困境中解脱出来。悔，困窘危难，这里指困境。亡，通“无”，消失。憧憧：心思不安，思绪不宁的样子。从：顺依。思：意愿，想法。⑦脢：后背的肉。⑧辅：牙床，颚。颊：面颊。

【译文】咸卦　象征感应。咸卦是下为艮，少男；上为兑，少女。艮又为群山；兑为水，山水好景色。亨通和顺，天地感而万物化生，有利之卦。男娶，女嫁，阴阳交感，可获吉祥。

初六　脚趾感应，力尚微弱，不足以牵动全身。但“咸其拇，志在外也”。这是一种心的感应。

六二　因感腓而易妄动，妄动则必有凶险。如能居正安分，则可吉。

九三　因感股而更躁动，如无止道，且执著随欲而往，则必然蒙羞。

九四　当心感应而生善念，并持守中正则无悔。如身之本体，不定其情，或循小人私情，则不够光明正大。

九五　刚中得立，如受脊肉之安，则不免有离群索居之感，虽不受感应，但也绝少沟通。从而志不能通达。故“咸其脢，志末也”。

上六　口耳俱动，摇唇鼓舌，足见其躁急。此举最不可受感。心的感应才是正固吉祥。

【讲解】本卦所记可以看做是青年男女的婚恋图。好像少男与少女相见甚欢，产生感情，一方表示追慕，进而发展成爱恋的曲折过程。这是“近取诸身”的又一例证。通过男女爱恋发展的曲折经历，说明阴阳交感形成对立面的统一，是一个曲折的过程。揭示了处理事物发展的矛盾过程，必须耐心细致，不可鲁莽从事。

恒卦第三十二 ䷟

巽下震上　恒[①]亨，无咎；利贞，利有攸往。

初六　浚恒，贞凶，无攸利。[②]

九二　悔亡。

九三　不恒其德，或承之羞，贞吝。[③]

九四　田无禽。[④]

六五　恒其德贞，妇人吉，夫子凶。[⑤]

上六　振恒，凶。[⑥]

【注释】①恒卦：巽下震上，象征恒久不变。②浚：指疏通的意思。渠道、井、坑、河道堵塞后的疏通。③承：承受，蒙受。羞：耻辱。④田无禽：打猎时没有禽兽。⑤夫子：男人。⑥振：振动不安，变化无常。此指不能持恒守德。

【译文】恒卦　象征恒久相持。恒卦的卦象是下单卦为巽，为木，为风；上单卦为震，为雷。两单卦结合雷风相与，刚柔相应。是利卦。这是万物循环往复的自然法则。君子持中正之道，教化世人。没有灾祸；利于有所作为。

初六　已经疏通好了，还要持久疏通，就要适得其反了。定有凶险，没有什么益处。

九二　筮得此爻，有贞德之象，固守中庸，则可以永恒。危厄将会消失。

九三　能恃位而安，守其美德，是为悔亡。不能长久者，便会蒙受耻辱，行事艰难。

九四　隐伏相机处事，犹如守株待兔，真是："久非其位，安得禽也"。

六五　顺服之德是妻子的本分，坚守此道，可获吉祥。但男子匿于其妻下以求安，其刚不振，柔而相从乃妇人之贞，失丈夫之义，故凶。

上六　恃其居高得位，苟且柔和，不能以坚持为长久，终无自御之力。凶。

【讲解】本卦反映的是先民掘沟壑进行田猎的情况。当时社会很可能是多种生产方式并存。"浚恒，贞凶"，表示出人们意识到田猎不如农业劳动有效益。

"不恒其德，或承之羞"，反映了古代的道德价值观。朝三暮四，翻云覆雨，表面做好人，暗中施毒计的人，是要遭人唾弃的。

遁卦第三十三 ䷠

艮下乾上　遁[1]亨，小利贞。

初六　遁尾，厉，勿用有攸往。[2]

六二　执之用黄牛之革，莫之胜说。[3]

九三　系遁，有疾厉；畜臣妾，吉。[4]

九四　好遁，君子吉，小人否。[5]

九五　嘉遁，贞吉。[6]

上九　肥遁，无不利。[7]

【注释】①遁卦：艮下乾上，遁象征逃遁退避。"遁"古字为"遯"。②遁尾：末尾，意为退避迟缓而落在后边。但"遁尾，厉"就有一定危害性了。"末大必折，尾大不掉"，比喻难以驾驭控制或自保。勿用：暂不施展才能。③执：缚。革：皮。说：通"脱"。④系遁：心中有所顾恋，而迟迟不能退避。自己系住了自己的心。畜：畜养。臣：臣仆。妾：侍妾。⑤好：指心怀恋情而身已退避。⑥嘉遁：居阳位的人能不显示自己，也指相机而动，时机嘉美。⑦肥遁：宽松，富裕的意思。

【译文】遁卦　象征避退。遁卦卦象是下单卦为艮，艮为山，为止；上单卦为乾，为天。两单卦结合：山近于内，而天远于外。亨通顺利，君子虽有匡扶天下之心，奈何小人得势，只得避而求其安，小人则势盛气扬。

初六　退避不及，落在后边，有凶险，但忍隐以待时机，则无咎。

六二　黄牛皮绳捆绑，没人能逃脱。这里意指捆住的是天的意志，人的意志。而天意不可违。一切要顺从天意。

九三　阳居阳位，本该隐遁，但却张狂不羁，如疾患上身；独夫当关，定有危险。不如回家蓄养妻妾，倒也相安。

九四　虽性情梗介，但君子能适时退避，并善于隐遁，君子能行君子之道，必吉。这是小人所无法比拟的，故小人不利。

九五　九五虽位居尊位，但能审时度势，戒慎戒躁，从不显露自己。因而可以适时、适度地行事，无不利。

上九　超脱世俗，置身世外，无往不胜。

【讲解】此卦爻辞反映了古人对隐遁避世持肯定态度的多，这也许与当时的社会环境险恶有关。君子遁隐则吉，小人遁亡则凶，显示了人们身处乱世两种人的不同结果。

大壮卦第三十四 ䷡

乾下震上　大壮[1]利贞。

初九　壮于趾，征凶；有孚。[2]

九二　贞吉。

九三　小人用壮，君子用罔；贞厉，羝羊触藩，羸其角。[3]

九四　贞吉，悔亡，藩决不羸，壮于大舆之輹。[4]

六五　丧羊于易，无悔。[5]

上六　羝羊触藩，不能退，不能遂，无攸利，艰则吉。[6]

【注释】①大壮卦：乾下震上，象征刚大、盛壮、健壮。②趾：脚趾也表示一种行动，有所为。③小人用壮，君子用罔：小人持壮逞强，感情用事，君子盛壮而不用，没有自己的私欲。罔，无，不。羝羊触藩，羸其角：公羊强顶藩篱想冲出去，羊角必然被篱笆上的绳藤缠绕。羝羊，很强壮的公羊。羸，缠缚，纠缠。④輹：辐。⑤易：应作"移"。易羊即放羊。古代渭河流域到黄河中游，居住过徽羊的民族，是一种游牧的生活方式。⑥遂：进。

【译文】大壮卦　象征刚大气盛。大壮卦卦象是下单卦，为天；上单卦为震，为雷。两单卦结合，雷天大壮，阳德刚健，为天地之大用。壮盛阴消，故隆盛者必操守纯正，则利。

初九　壮于趾，表示有所往，有所征，但出征必有凶险，应坚持"天人合一"的规律，不可妄动。即使有承诺，前进会有凶险。

九二　阳刚得中，阳以中为盛。吉。

九三　小人盛壮，逞强凌势，君子盛壮刚强得中；任性发威，就像公羊用角强顶藩篱，羊角定然被藩篱羁绊。

九四　吉卦，君子刚柔相济，无所阻悔，犹如藩篱决口，缠不住羊角，又如大车车輹坚实适用，奔走如飞。

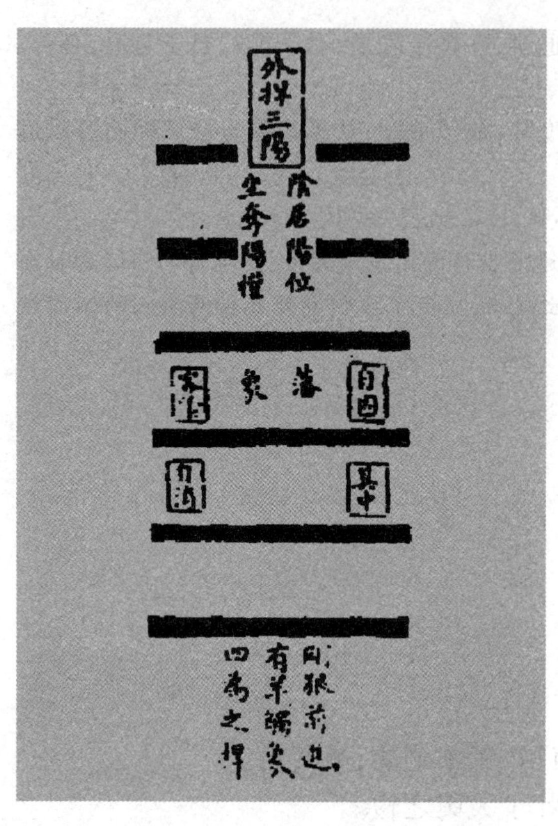

大壮羊藩图，出自宋·佚名《周易图》

六五　男儿敢作敢当，即使遇到“丧羊之象”又何惧之。

上六　公羊抵触藩篱，既不能前，也不能后。只有知艰难而能审时度势者，才不敢犯难。

【讲解】大壮卦借用各种喻象，揭示了一个千古不易的真理，即正才能大，才能壮，才能持久。人也好，事也好，如能以正为其立身行事的基点，将如雷行于天一样，势壮而无阻。

大壮卦六一爻说“丧羊于易，无悔”，其意思是指有人在易的地方丧失了羊，但没有悔恨。但也有人认为羊在大壮卦中表示刚性，丧羊，表示除去刚性，而代之以柔性。因六五爻处在尊位，地位较高，处于这样位置的人，如果只知道用刚的手法去处事，即今人所说的“硬碰硬”，不一定有好的效果。因此，六五爻强调去除刚性，改用柔和的方法，来达到治理的目的。

晋卦第三十五　䷢

坤下离上　晋[①]康侯用锡马蕃庶，昼日三接。[②]

初六　晋如摧如，贞吉。罔孚，裕无咎。[③]

六二　晋如愁如，贞吉，受兹介福，于其王母。[④]

六三　众允，悔亡。[⑤]

九四　晋如鼫鼠，贞厉。[⑥]

六五　悔亡，失得勿恤，往吉，无不利。[⑦]

上九　晋其角，维用伐邑，厉吉，无咎，贞吝。[⑧]

【注释】①晋卦：坤下离上，象征前进，晋升。②康侯：是周朝的一种封侯。凡治理得好，便赐地封侯。当时曾有“康明安邦”之说。锡马蕃庶：锡是“赐”。马，指马和车。蕃庶，众多。不知赐马和车,还多次接见给予奖赏。这就有了晋(晋升)的含义。③晋如:前进、晋升的样子;摧如:遇挫折而退却的样子。罔:不;孚:信。裕:宽容。④受兹介福:兹,这个或那个;介福:大福。全意是宏大的福祉、福泽。于其王母:王母的意思是祖母。六五位居尊位,故称王母。⑤允:信任。⑥鼫鼠:即硕鼠,俗名土狗。比喻五技不精者。飞不过房、游不过河、爬不上树、挖坑埋不了自己、一跑就让人追上。⑦恤:忧虑。⑧晋其角:赐予将军帽,意指派他去征讨。

【译文】晋卦　象征进长晋升。晋卦的卦象是下单卦为坤,为地;上单卦为离,为火。火升起于大地,乃光明之象。将自己的封地治理得安康的封侯晋见天子,得到很多赏赐,一天中三次接见,给予极大的礼遇。

初六　进长一开始就遇到阻碍,故不能急于求成,要处之裕如。虽未受登位之命,却安然以等,才无过失。

六二　六二得正得中,但孤立无援,难免愁苦。幸好他能固守柔顺之节,以承上。因而可获大福。

六三　众人协心效顺,危厄将会消亡。

九四　硕鼠之行,缩首缩尾,技艺不高,贪而无能。定有危险。

六五　六五阴阳不合,不免忧之再三。幸好位居尊位,只要怀柔得道,不计得失,则无所不利。

上九　进长到顶,便不宜再征讨邑国以建功立业。要以施柔道为常,行法令,刚而得明,则可厉、可吉。

【讲解】此卦爻辞从不同角度论述战略进攻的有关问题,好像是对战争经验的总结,是中国古代军事思想史上的重要资料。其中有着如何转败为胜、临危而"晋其角"等军事辩证法思想。

明夷卦第三十六　䷣

离下坤上　明夷[①]利艰贞。

初九　明夷于飞,垂其翼;君子于行。三日不食。有攸往,主人有言。[②]

六二　明夷,夷于左股,用拯马壮,吉。[③]

九三　明夷,于南狩,得其大首,不可疾,贞。[④]

六四　入于左腹,获明夷之心,于出门庭。[⑤]

六五　箕子之明夷,利贞。[⑥]

上六　不明晦。初登于天,后入于地。[⑦]

【注释】①明夷卦:离下坤上,象征光明伤损。明,光明,此指太阳;夷:与"痍"同,伤痍、创伤。

明夷:太阳已经西下,看不见了。②明夷于飞,垂其翼:这指的是飞鸟。飞鸟被打猎人追得一个翅膀受了伤,还在拼命地飞。惊慌飞逃。主人有言:遭到主人责备。③用拯马壮:拯马是将马骟掉,骑这种马向前壮行。④南:古代南方为光明的方向。狩:道,头顶。首:古人称四蹄皆白之马为"首",俗称踏雪。疾:病。⑤入:退。腹:腹地。获:获知。心:指内中情状。于:于是。⑥箕子:殷商纣王之叔父,贤臣,因进谏而遭纣王囚禁,遂佯装疯癫以自保。⑦晦:暗。

【译文】明夷卦　象征光明受损。明夷卦的卦象是下单卦为离,离为火,上单卦为坤,坤为地,就是指火在地下,太阳沉没地下,光明受损,所以黑暗。文明受损,贤者处境艰难,但要想突破逆境,就不能违背道德,唯有固正固本,刻苦忍耐,方能自保。

初九　光明遭到伤损时就像飞鸟低垂翅膀,仓皇逃离。又如君子弃无道而去,三日不食,虽穷极潦倒,但志在道行。

六二　光明遭到伤损,如伤及左边大腿,若能以强壮的骟马来代步,终可受命于天。

九三　"南狩"指周武王伐纣之志,必须隐忍以得大事,以明治暗,韬光养晦,时至乃功成。

六四　要心悉卑人之主谋,窥其心思之短长,留在家中,祸及自身,不如隐于市井之中,以利进退,谋其所行。

六五　如果能像殷纣贤臣箕子被囚却佯狂自保,则为利卦。

上六　明德被之,昏暗丧亡,以见周之革商乃阴阳理数之使然。天命人事昭然。

【讲解】此卦爻辞暗喻自由出行之人,遇到各种甘苦,虽一时挣脱羁绊,获得自由翱翔的机会,最终未能摆脱痛苦的现实。喻箕子一类君子,渴望济世而又只能自晦其明的悲剧命运。亦喻明夷之君丧失人心,贤人离去的孤立处境。

家人卦第三十七 ䷤

离下巽上　家人[①]利女贞。

初九　闲有家,悔亡。[②]

六二　无攸遂,在中馈,贞吉。[③]

九三　家人嗃嗃,悔,厉,吉;妇子嘻嘻,终吝。[④]

六四　富家,大吉。

九五　王假有家,勿恤,吉。[⑤]

上九　有孚威如,终吉。[⑥]

【注释】①家人卦:离下巽上,象征家人團居。②闲:防备。③无攸遂:一个女人不应去想太多,家庭必须有人操持,有人做饭。馈:主持炊事。④嗃嗃:很严肃的样子,比喻斥责之声,指森严治家。⑤假:是至、达之意。另说与"瑕"通用,指大的,到。恤:忧虑。⑥孚:诚信。威:威严。

【译文】家人卦　讲述持家之道。主妇正，则家庭正，家兴旺。家庭中男主外，女主内，父母、子女、兄弟、夫妻各司其职。

初九　持家要御其邪而护正，预防不妄之灾。对家中成员要养蒙于早，以定其志，以杜后患，则无悔。

六二　主妇在家固守正德，并在家中操持烹饪饮食，则可获吉祥。

九三　家长治家严谨，威严自立，家道中吉。家长治家失之谨严，妻儿子女无调，则必丧失家节。

六四　富非大吉之道。但柔顺静持而不贪进，不溢于非分，则可保其富而大吉。此艉积善积福之家。

九五　王者乃君王之德，一家人如能以刚健之德至诚感动家人和邻里，则家自宜。

上九　家长治家诚信而不渎，身正而威自立，即秉于持家之道也，最后必获吉祥。

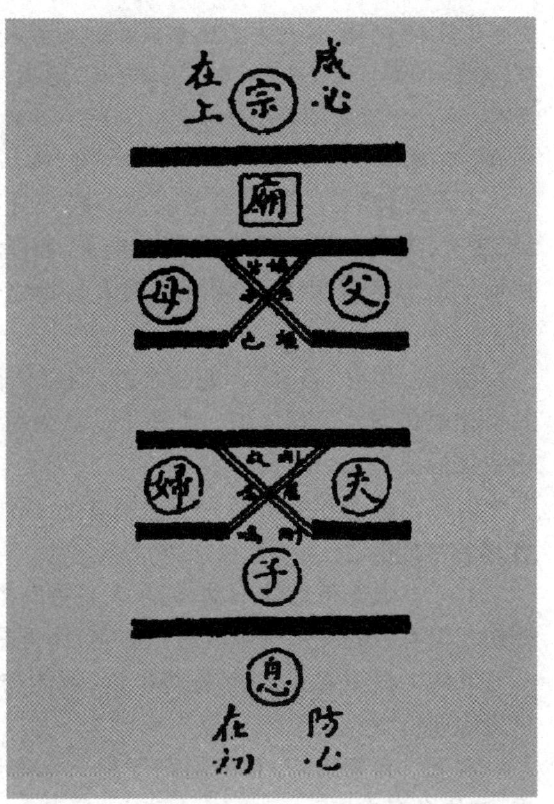

家人象图，出自宋·佚名《周易图》

【讲解】此卦爻辞讲治家之道：防守家园，谨防内祸外患滋生的任务由男人承担。由女人担起持家重任；家教威严，家人不可嬉笑、哀怨，当安分守己，谨小慎微。

睽卦第三十八　䷥

兑下离上　睽[①]小事吉。

初九　悔亡。丧马勿逐，自复。见恶人，无咎。[②]

九二　遇主于巷，无咎。

六三　见舆曳，其牛掣，其人天且劓，无初有终。[③]

九四　睽孤，遇元夫，交孚，厉无咎。[④]

六五　悔亡。厥宗噬肤，往何咎[⑤]？

上九　睽孤。见豕负涂，载鬼一车。先张之弧，后说之弧，匪寇，婚媾。往遇雨则吉。[⑥]

【注释】①睽卦:兑下离上,象征乖离、隔膜。②逐:追。③曳:往后。掣:牵制。其人天且劓:天,这里指跌跤。在古代罪人额头上刺字称天。劓,古代刑名,割鼻。④睽孤:指孤傲自负。元夫:善人。元,善。⑤厥宗噬肤:他与宗人共同吃肉。厥,其,他;宗,宗人即同一宗族之人;噬,咬,此为吃的意思;肤,肉。指唇齿相依。⑥豕:猪。涂:泥土。弧:弓。说:通"脱",放下。

【译文】睽卦　象征违逆隔离。睽卦卦象下单卦为兑,兑为泽,为水;上单卦为离,为火,为明。两单卦结合,火势向上,而泽水下浸,是为违逆。推理睽之卦理,若乖戾而不适于存同,则可善用之。因人与物之情理,皆可因异而得同。这是万物之事理。

初九　虽有"丧马"不能行之苦,但以仁德相感,不去相逼,自可回返,人事难料,凡事化解在宽大包容之中。丢失了马自会返回;谦谨地对待与自己对立的恶人,不会招致灾祸。

九二　在小巷中不期而遇碰见主人,不管是恩主、债主,抑或仇主,只要秉承正直,都不为过。

六三　大车被拖住不动,驾车人急鞭其牛,牛奋力向前拉。至使驾车人额鼻都被摔伤。但有强者使牛驯服改过以服善,终可获吉。

九四　孤傲无主之时,处势虽危,但能与刚正之人交往,授之以诚信,虽严厉,但可得志而行。

六五　自相残杀,终将同归于尽。不如唇齿相依,同心同德,排除万难,共同前进,这样必有吉庆。

上九　一位孤傲躁突的人怀疑一头猪的身上满是污泥;又怀疑一辆车上坐着的都是恶鬼,本想张弓来射,又放下了,原来不是鬼,也不是贼,而是婚娶的车子。猜疑被澄清,有如雨过天晴,故为吉。

【讲解】此卦爻辞讲述一旅客途中见闻。反映了古代行旅的甘苦。举出两个故事:有一辆货车,一头牛吃力地拉着,一人在推车,走近一看,原来推车的是一个刺了额、割了鼻的奴隶;一辆大车上满载着鬼怪一样的人前去抢婚。两个故事反映的内容,为研究古代刑法制度史和古代民俗史提供了两条重要资料。

蹇卦第三十九 ䷦

艮下坎上　蹇[①]利西南,不利东北。利见大人,贞吉。[②]

初六　往蹇来誉。[③]

六二　王臣蹇蹇,匪躬之故。[④]

九三　往蹇,来反。[⑤]

六四　往蹇,来连。[⑥]

九五　大蹇,朋来。

上六　往蹇,来硕,吉。利见大人。⑦

【注释】①蹇卦:艮下坎上,象征行事艰难。"蹇",难也。②利西南,不利东北:西南象征平地,所以"利";东北象征山丘,所以"不利"。③来:返回,归来。④匪:非。躬:自身。⑤反:通"返"。⑥连:联络、连合。⑦硕:大。

【译文】蹇卦　因跛而行走不便,象征处事艰难。蹇卦的卦象是下单卦为艮,艮为东北,指山区地貌;上单卦为坎,坎为水。山水结合有奔涉千山万水之象利西南,不利东北。困境中必须有大才大德之人,固守正道,整饬家邦。宜于君子修德。

初六　知难而止,量力而行,耐心等待,才能获得美誉。

六二　君王的臣子历尽艰险,奔走赴难奋力营救。不为自己的私事,而是意在报国。

九三　外出行动遭逢艰难,不如相与慎守返回家园。

六四　风险赴难,为的是济世救人。因此必须同心同德,这样才能担此重任。

九五　九五难是大难。君王如能深体天下之危机,虽无为但善与人同。并操守中正,故能得臣民之拥护。

上六　努力拯救时艰,历尽艰难可建大功,十分吉祥。有利于施世大德人才之出现。

【讲解】本卦主要是指点人们在遇到困难时能做出明智的选择,以利于克服困难,走出困境。

解卦第四十　䷧

坎下震上　解①利西南。无所往,其来复吉。有攸往,夙吉。②

初六　无咎。

九二　田获三狐,得黄矢,贞吉。③

六三　负且乘,致寇至,贞吝。④

九四　解而拇,朋至斯孚。⑤

六五　君子维有解,吉。有孚于小人。⑥

上六　公用射隼于高墉之上,获之,无不利。⑦

【注释】①解卦:坎下震上,象征解脱、舒解。②夙:早。③田:田猎。④负且乘:背着东西坐车。⑤解而拇:解开大脚趾头。斯:乃。⑥君子维有解:君子被绑而又解脱,指消除祸患。维,语助词,无义。⑦隼:一种猛禽名,俗称鹞子。墉:城墙。

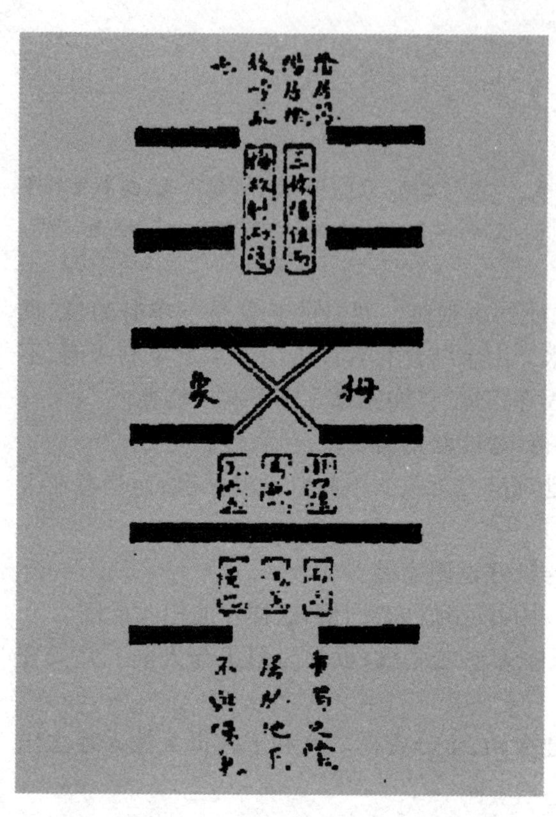
解出坎险图，出自宋·佚名《周易图》

【译文】解卦　象征化解、解脱。解卦卦象是下单卦为坎，坎素有坎坷、艰险之象；上单卦为震，指动，行动。两单卦结合指解散其纷乱。西南的坤是地，平而静，故有利。但艰险消除后，便应与民同息，以人情纲纪行于险坡之中，众人也会臣服。

初六　刚柔相济，排解蹇难，自省无过，则可相安。

九二　田中狩猎，不仅猎获了三只狐狸，还获得上等的（黄色的）箭的奖赏，所从贞吉。

六三　屈居卑贱，却躁进尤妄。本是背负之小人却偏要乘君子车而行，可谓"居非所得"。寇贼见之，必夺。这是自招其损。

九四　解开脚拇趾，才可以自由行走。但尚未当位，没有解脱小人的羁绊，力弱而情殊，君子只有懂得摆脱小人的干扰，退小人之道，才可以招天下之朋友。

六五　位于君位的人必须以诚信感化小人，小人能退就足见君子之功夫，则吉也。

上六　在高墙上王公用利箭射大隼，一箭中的，消除祸患，无往而不利。

【讲解】解卦爻辞讲在"解"的过程中，一是要注意清理周围环境；二是要注意解决自身问题。反映了我国古代先民渴望外间自由、不满礼规束缚的心情。

损卦第四十一 ䷨

兑下艮上　损[①]有孚，元吉，无咎，可贞，利有攸往。曷之用？二簋可用亨。[②]

初九　已事遄往，无咎；酌损之。[③]

九二　利贞。征凶，弗损益之。[④]

六三　三人行则损一人，一人行则得其友。

六四　损其疾，使遄有喜，无咎。

六五　或益之十朋之龟，弗克违，元吉。[⑤]

上九　弗损益之，无咎，贞吉，利有攸往。得臣无家。

【注释】①损卦：兑下艮上，象征俭省，减损。"损"是减少的意思。②曷之用：用什么。簋：食具，古代盛谷物的竹篮。亨：祭祀鬼神。③已事：即祀事、祭祀之事。遄：速。④益：与"损"相反，增加。⑤或：有人。十朋之龟：价值十朋的宝龟。朋，古代货币值，双贝为一朋。"十朋"形容价值连城。

【译文】损卦　象征减损。损卦的卦象是下单卦为兑，为泽，上单卦为艮，两卦结合是好事中有人作梗。损未必凶，益未必吉。损刚而益柔，中道自得，根本自固，故为吉。何况一元之开阖，一岁之流转，一天之晨暮，一刻之推移，皆有损益存于其间。用什么体现减损之道？以两竹篮淡食祭祀神灵，贡献先者就足够了。

初九　刚健有余，阴柔不足，故应让损事迅速离去，多做善己为人的道行，并酌情而定，则无灾。

九二　固守其中而不妄动，乃吉。往损，则凶。故要劝其往，劝其征。

六三　三人行数已盈，疑乃生，故必损一人。无惧损之理，亦无惧合之道。而一人行，其行必得其友。

六四　小人阴阳相冲，如疾患染身，益及早治愈。君子喜于居而相安，静正而无所求，则可避小人之祸。

六五　货币两贝(贝壳)为一朋，十朋"大龟"，乃"守国之室"。天下君王能安于尊位，是居正之宝。这是天理指数，即使用龟占卜亦如是。无所待而自吉也。

上九　忘家忧国之臣得到人民真心的拥护。能得到忘家之臣，乃得志而利于行。

【讲解】本卦爻辞强调祭祀要"心诚"，只要心诚祭品多或少，神都不怪。若出征，须多加祭品，越丰盛，得的福佑越大。

益卦第四十二 ䷩

震下巽上　益[①]利有攸往，利涉大川。

初九　利用为大作，元吉，无咎。[②]

六二　或益之十朋之龟，弗克违，永贞吉；王用享于帝，吉。[③]

六三　益之用凶事，无咎。有孚中行，告公用圭。[④]

六四　中行，告公从，利用为依迁国。[⑤]

九五　有孚惠心，勿问元吉，有孚惠我德。[⑥]

上九　莫益之，或击之，立心勿恒，凶。[⑦]

【注释】①益卦：震下巽上，象征增益。益，饶也。损而不已，必益，故受之以益。②利用为大作：利于有大作为。③王用享于帝：君王享祭上天祈求福泽。帝，上天，先帝。④益之用凶事：将增益用于凶险困难之事。中行：执守中正之道行。告公用圭：手执玉圭向王公告急求助。圭，一种玉器的信物，古代大夫祭祀、朝聘时，执之以示"信"。⑤迁国：迁都。⑥惠：仁爱。⑦或击之：攻击。

【译文】益卦　象征增益。益卦卦象是下单卦为震，为动；上单卦为巽，为风，为木。雷动则风行。益卦是上损益下之卦象。民众受益，利于有所行动，宜于涉越大江大川。

初九　施善才可以大有作为，吉。但如位在下，下为私，为我，则不足以为继，不宜行大事。

六二　君子为保其正，必须坚守正道，才会吉祥。即使用价值十朋之宝龟占卜也如此。古代君王祭祀天神时，也先祈天，虔诚而至尊，也必得助益。

六三　当危险发生时，君子恳求别人帮助，不是耻辱之事，不过要心怀诚意，向诸王报告时要手持玉圭，以示信诚。

六四　执持守中庸之道谨慎从事，可得到邻国的信任，从而对迁移国都及利民的大业都有益。

九五　胸怀诚信施仁爱之心，不用占卜就可以知道是吉祥的，而天下人也定将以诚爱之心来回报之。

上九　骄吝而无施惠之心，别人就会攻击他。再加上自己的意志摇摆不定，必有凶险。

【讲解】益卦六爻中，下面的三爻，即初九、六二、六三爻，都是受益者。初九爻第一个得益，得到上级的信任和重用去办大事，因而大有作为，大吉利。六二爻，受"十朋之龟"的大益，并用于祭祀上帝，吉利。六三爻在国中有难时，将收益用于百姓，实行损上益下，以示诚信。当然在实行中要报告国君。"告公用圭"，圭是古时官员所用的礼器。报告时"用圭"，表示诚敬与慎重。六四爻具体表现了损上益下之道。是讲古代迁国之事。迁国是一个国家最大的事，为的是让老百姓有更好的地理条件来休养生息，这是最大的益下、益民之举。

夬卦第四十三　䷪

乾下兑上　夬[①]扬于王庭，孚号，有厉。告自邑，不利即戎，利有攸往。[②]

初九　壮于前趾，往不胜，为咎。

九二　惕号，莫夜有戎，勿恤。③

九三　壮于頄，有凶，君子夬夬，独行遇雨，若濡，有愠，无咎。④

九四　臀无肤，其行次且。牵羊悔亡。闻言不信。⑤

九五　苋陆夬夬，中行，无咎。⑥

上六　无号，终有凶。⑦

【注释】①夬卦：乾下兑上，象征决断。“夬”是拉弓时戴在拇指上的护套，弦由戴护套的手指弹出，故曰决除、决断的意思。②扬于王庭：在君王的朝廷之上宣扬自己的言论。扬，张扬。庭，通“廷”。自邑：指自己封邑的民众。即戎：指兴兵出战，立即征伐。③惕号：因惊恐而大叫。莫：通“暮”。恤：忧虑。④頄：颧骨。夬夬：决断的样子。濡：沾湿。愠：怒，怨。⑤次且：即趑趄不前，行走艰难。⑥苋陆：草名，一种像苋菜一样的草。⑦号：大声号哭。

【译文】夬卦　象征果断的决除。夬是对抗性矛盾的卦象。夬卦卦象下单卦为乾，为天；上单卦为兑，为叛逆的小人，两卦结合即铲除离经叛道的人。在君王的朝堂之上宣告叛离者的罪状。告之自己封邑的民众，合力排除异己。但不宜立即兴兵征伐，应有万全的准备。

初九　脚趾健壮，贸然前行不能决胜小人，反而招来灾祸。

九二　“惕”是心之忧虑；“号”是呼号。只要提高警觉，即使深夜发生战事，也没有危险，不必担心了。

九三　君子刚强过之，遭小人怨恨，有凶。君子独行遇雨，淋湿衣裳，心中怨恼，但不形于色，无妨。

九四　心中迟疑，坐立不安，如臀部的皮肤伤损一样。要像赶羊一样，在羊后面行走，就可以自由自在了。无奈忠言逆耳。

九五　刚毅中正，决断小人之患，取中庸之道，可免灾祸。只要居中行正，一定没有灾祸。

上六　小人即使穷途末路，奔走呼号也无济于事。凶。

【讲解】此卦爻辞是讲王庭受到寇戎的威胁，应随时防范，必要时还得动用武力。反映出古代社会的矛盾和冲突。

在人生旅途中，既要随时防范，

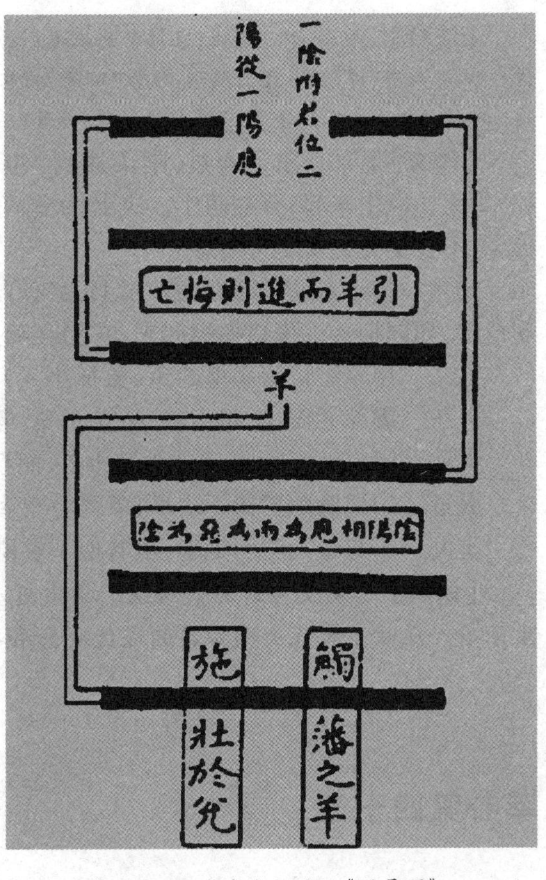

夬决之图，出自宋·佚名《周易图》

又要果敢前行，要像山羊那样敏捷而果断地在大路中间行走，如不走中正之道，一意孤行，必遭灾。

姤卦第四十四 ䷫

巽下乾上　姤[①]女壮，勿用取女。[②]

初六　系于金柅，贞吉。有攸往，见凶，羸豕孚蹢躅。[③]

九二　包有鱼，无咎，不利宾。[④]

九三　臀无肤，其行次且，厉，无大咎。

九四　包无鱼，起凶。

九五　以杞包瓜，含章，有陨自天。[⑤]

上九　姤其角，吝，无咎。[⑥]

【注释】①姤卦：巽下乾上，象征柔刚相遇。②取女：娶女。③柅：铜制的车轮车闸。羸豕：瘦猪。孚：此处通"浮"的意思。蹢躅：此为"踯躅"的意思。④包：通"庖"，厨房。⑤以杞包瓜：用杞柳的柳叶蔽护树下之瓜。含章：涵藏彰美。陨：降落。⑥角：动物的角，指上方，角落。

【译文】姤卦　象征通过，刚柔遇到。姤卦卦象是下单卦为巽，为风；上单卦为乾，为天。风生水起，万物萌生。夬卦为分离；姤卦为相遇。女子过分健壮必会有伤男子，不宜娶此种女子为妻。

初六　将小人紧紧缚在铜车闸上，定有吉祥。而急于让小人有所行动，则必然出现危险，如同把一头瘦猪捆绑起来，它仍会竭力挣脱。

九二　用草袋将厨房里的鱼（象征小人）包起来，不让他与宾客接触。可以免灾。

九三　臀部无皮，趑趄不前，坐立不安，但有险无灾。

九四　厨房无鱼，比喻不能包容小人，而且缺乏包容容让之心，会使人心背离，凶。

九五　用杞柳荫护树下之瓜，象征心有彰美之德，定有喜庆。

上九　不与小人正面抵触，虽看似不够刚正，但却没有灾祸。

【讲解】此卦爻辞讲男女婚媾。指出男人不宜娶过分刚强的女人。娶之则多发生矛盾。反映了古代夫刚妇柔的道德观念和抢婚的民俗。

萃卦第四十五 ䷬

坤下兑上　萃[①]亨。王假有庙，利见大人，亨，利贞；用大牲吉。利有攸往。②

初六　有孚不终，乃乱乃萃。若号，一握为笑。勿恤，往无咎。③

六二　引吉，无咎。孚乃利用禴。④

六三　萃如嗟如，无攸利。往无咎，小吝。⑤

九四　大吉，无咎。

九五　萃有位，无咎；匪孚；元永贞，悔亡。⑥

上六　赍咨涕洟，无咎。⑦

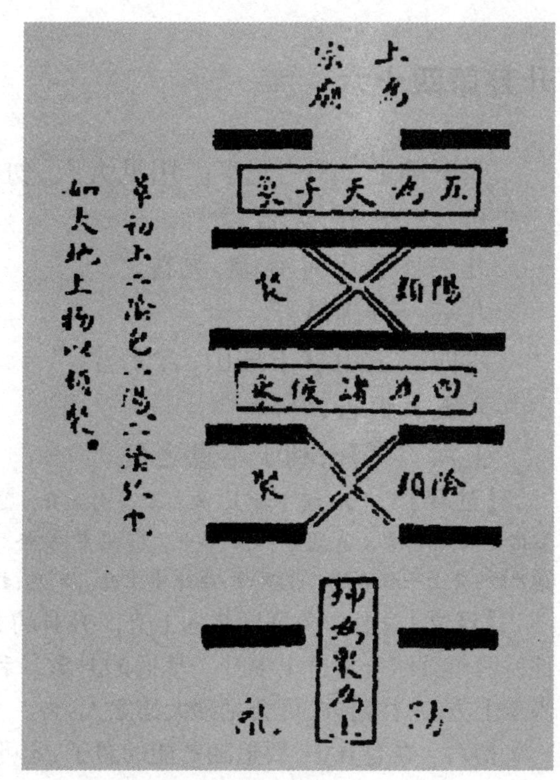

萃聚图，出自宋·佚名《周易图》

【注释】①萃卦：坤下兑上，象征聚集。②假：到。庙：宗庙。③一握：古代占筮术语，指在不吉利的情况下筮得吉卦之数。④引吉：迎吉。引，迎。禴（yuè）：古代四季祭祀之一，此为夏祭，也称作"禴"。⑤嗟如：叹息的样子。⑥萃有位：会聚而各有其位。匪孚：不信任。元：君长。⑦赍咨：悲伤的哀怨。涕洟：哭泣。

【译文】萃卦　草丛生象征聚集。萃卦的卦象是下单卦为坤，为地，为顺；上单卦为兑，为泽。象征欢悦的顺从。君王到宗庙祭祀祖先，利见大德大才之人，亨通。利于居中得正。以大牲祭祀，必获吉祥。有利于行动。

初六　力图前行会聚却遭阻隔，若两端交战，必不得结果；若力争求援，虽可以握手言欢，但却有失顺阳。一个人其志已乱，也只能苟且偷安了。

六二　迎来相聚，无灾祸。心怀诚信有益于祭祀祈福。

六三　由于没能会聚而心生叹息，没有用。即使有坚强有力的援助，如其不能刚直守正，宁愿舍弃也不能苟合；或许远方不得势的人倒是志同道合的朋友。

九四　位不当，却有福禄，也可以说是吉。

九五　会聚而获得拥戴，没有灾祸，但是还不能获取众人信任，就要用德行去感化了，才能使民众臣服。

上六　居上而孤处不安，其情必然戚戚。此时就要反思其行了，这样才能身不安而义自正。

【讲解】此卦讲的是君主亲临祭祖，方能信于臣民，臣民归顺。强调祭祀必诚信，并用大牲献祭；又认为取信于民的原则是保持至善品德。

升卦第四十六 ䷭

巽下坤上　升[①]元亨。用见大人，勿恤，南征吉。

初六　允升，大吉。[②]

九二　孚乃利用禴，无咎。[③]

九三　升虚邑。[④]

六四　王用亨于岐山，吉无咎。[⑤]

六五　贞吉，升阶。[⑥]

上六　冥升，利于不息之贞。[⑦]

【注释】①升卦：巽下坤上，象征顺势向上升。②允升：肯定上升；允，诚信。③禴：古代四时祭祀之一，指薄祭。④虚邑：空的城邑。⑤用亨：献祭。岐山：地名，位于今陕西省岐山县东北。⑥升阶：登上一级台阶。⑦冥升：幽昧中上升。不息：指昏夜不停。

【译文】升卦　象征顺势向上升。升卦的卦象下单卦为巽，为木；上单卦为坤，为地。两单卦结合木自土中升。亨通的卦象。利见大德大才的人，不必担忧。南方相当于上方，一往南方，可会见到大德之人，吉。

初六　在晋升中，要追随贤能的君子，才可大吉大利。

九二　祭祀求福中要挚诚恳切，才不会有灾难。

九三　凡升之道，主宾相得而成礼，君臣互奖而为治，故升道中不必疑虑、疑惧，方可勇往直前。

六四　君王前往岐山祭祀神灵，定获吉祥，一切顺理应当，没有灾难。

六五　占问吉祥，如步步升阶。

上六　君子在危亡之际，出世以求济难，受重任而不辞，还在乎以死相求吗。

【讲解】升卦认为君子鉴于地中升木的卦象，对自身品德修养的提高应顺时以动，遵循自然发展的规律，从小处着手积累，不断充实自己，有所前进，逐步达到高尚完美的境界。

升卦还揭示了"积小以高大"必须具备的主客观条件。"孚乃利用禴，无咎"，表示在"升"的过程中，人有无至诚之心很重要。在此强调了人的信念问题、信心问题。有信念、有信心者，手中便掌握有打开"升"之大门的钥匙。

困卦第四十七 ䷮

坎下兑上　困[①]亨。贞，大人吉，无咎。有言不信。

初六　臀困于株木，入于幽谷，三岁不觌。[②]

九二　困于酒食，朱绂方来，利用享祀，征凶，无咎。③

六三　困于石，据于蒺藜，入于其宫，不见其妻，凶。④

九四　来徐徐，困于金车，吝，有终。⑤

九五　劓刖，困于赤绂，乃徐有说，利用祭祀。⑥

上六　困于葛藟，于臲卼，曰动悔有悔，征吉。⑦

【注释】①困卦：坎下兑上，象征困厄。②株木：树木。幽谷：幽深的山谷。觌：见。③困于酒食：醉酒。朱绂：朱，君王遮蔽膝部的朱红色服饰。绂，古代祭服的饰带。④困于石：道路被巨石阻挡。据是凭借、占据的意思，此引申为居处。蒺藜：一种带刺的植物，一年一生。宫：居室，此引申为自己的家。见其妻，意思是得婚配。⑤困于金车：被金车所困阻。⑥劓：古代刑法，削鼻。刖：古代刑名，断足。说：通“脱”。⑦葛藟：一种柔韧缠延之蔓。臲卼：惶惑不安。悔：这里是后悔和悔悟的意思。

【译文】困卦　象征陷入困厄或难以自拔。困卦的卦象是下单卦为坎，为险；上单卦为兑，为水。两卦结合指困于某种险厄之中。君子刚中正位，坚守自己的道行，即使身陷窘困，仍化裁通变，顺应而不穷志，故吉。但小人窥测其中，阴邪挟其智力，乘势相掩，旁人则难辨是非，是为困。

初六　不明争势，守枯木而困，坐待自匿，三年而不屈。

九二　酒食过于骄奢，服饰过于华丽，意外得到高爵，难免会感到窘迫。这只适于祭祀神灵。

六三　以柔居刚，所处不安，欲前往又有巨石相阻，欲退之，又困于蒺藜葛菡之中，犯天下之不祥，凶必及之。

九四　身陷囹圄，又有铁车阻困，救助行动艰难，只可量力，不可操急。

九五　削鼻断足不足为君子所困，倒是易被小人怀柔，享大人之亨，才是真正的理极势穷。但君子中正刚直，以神道感悟之，鬼神当自祷，小人当自解。

上六　阴柔的小人被葛藤缠绕得劳心苦形惶惶不安，赶快悔悟自省，行则吉也。

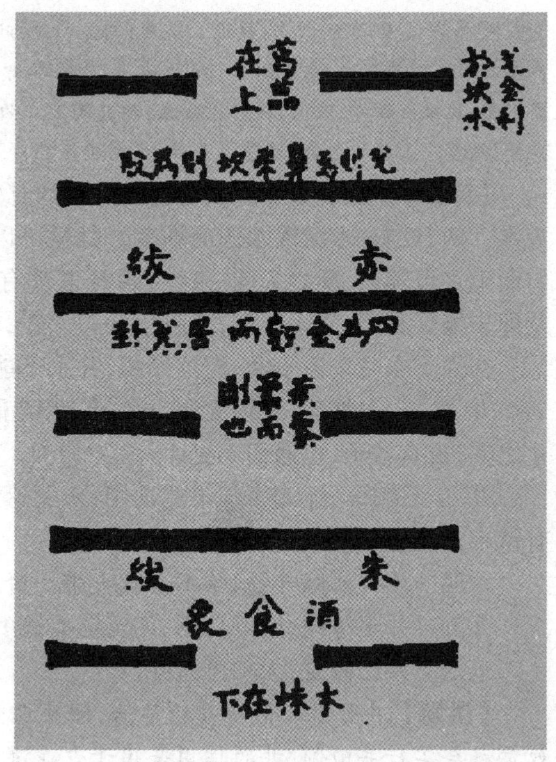

困蒺藜葛藟株木图，出自宋·佚名《周易图》

【讲解】困卦爻辞谈了种种困境，反映了统治者既借助“神”的力量来制服臣民,同时制定种种惩治奴隶的刑罚,臣民像牲畜一样受统治者奴役。这一社会情况,描绘了臣民备受刑罚、妻离子散的悲惨场面。

井卦第四十八 ䷯

巽下坎上　井[①]改邑不改井,无丧无得,往来井井。汔至亦未繘井,羸其瓶,凶。[②]

初六　井泥不食,旧井无禽。[③]

九二　井谷射鲋,瓮敝漏。[④]

九三　井渫不食,为我心恻。可用汲,王明,并受其福。[⑤]

六四　井甃,无咎。[⑥]

九五　井冽,寒泉食。

上六　井收勿幕,有孚元吉。[⑦]

【注释】①井卦:巽下坎上,象征汲取之理。②邑:泛指村庄城邑。井井:从中取水。第一个"井"字用作动词,取水。汔:接近。繘井:淘井。羸:此为倾覆的意思。瓶:古代汲水器皿。③不食:不能食用。旧井无禽:禽也解作"擒",捕获,又作水禽解。④井谷射鲋:井底小鱼来回窜游。鲋,小鱼。瓮:瓦罐。敝漏:破旧,破碎。⑤渫:治井淘沙。为我心恻:使我心中悲伤。王明:君王贤明。⑥甃:修整。⑦井收勿幕:修整水井后,不需覆盖井口。幕,盖。

【译文】井卦　象征汲取之理。井卦的卦象是下单卦为巽,为木;上单卦为坎,坎为水。两卦结合木汲取水源而新生。林邑可以迁变,但水井依旧。以汲水之理,汲水引而上之可养人,反之为凶。这说明凡事都有定分,用人亦得相宜。如井太深,绳不及即未能尽其用;深入其下,瓶触于井边而毁,亦功败垂成,徒劳而无功。

初六　水井浚治不及,泥滓聚积,井水不能食用,没有飞鸟再来栖息。

九二　涓涓细流,只堪滋润小鱼了,就像漏了的瓦瓮一样。这说明用人者无掖贤才之实,虽有君子,也遇而不见。

九三　枯井已经淘净却不能饮用,未免感到痛惜,怜才者见之也心伤。贤士也应有待求沽之意,如王明之受福。

六四　修井要修井壁,才不会有灾难。贤士也当进修,以待时机。

九五　井水清冽,能以食用,如贤能有德的人可普济众生。

上六　井已修复,无须再盖井口。

【讲解】井卦讲人们对井的整治,使井水变清的过程。井,出现在原始社会末期。奴隶社会实行井田制,井的作用是用于农业灌溉,便于土地的分封和管辖。此卦是古代井田制度下关于井的一些情况。昏庸的邑主,弃旧井而不顾,让人民遭殃;开明的邑主，则积极修治井壁，使人民用上洁净清凉的泉水。

革卦第四十九 ䷰

离下兑上　革[1]，巳日乃孚。元亨，利贞，悔亡。[2]

初九　巩用黄牛之革。[3]

六二　己日乃革之，征吉，无咎。

九三　征凶，贞厉。革言三就，有孚。[4]

九四　悔亡有孚，改命吉。[5]

九五　大人虎变，未占有孚。[6]

上六　君子豹变，小人革面，征凶，居贞吉。[7]

【注释】①革卦：离下兑上，象征变革去故。②己日乃孚：在十干中已日已过中央，意指由盛极而致衰的时刻。③巩：固守。革：皮革。此处为变革。④革言三就：变革必须慎重，须再三商议，一致认可，方可行动。三就：多番俯就众论。⑤改命：改革天命，改朝换代。⑥虎变：虎至冬日，皮泽光鲜亮丽。⑦豹变：与虎变义相同。

【译文】革卦　象征质变改革。革卦的卦象，下单卦为离，离为火。上单卦为兑，兑为水，泽水而润。两卦结合水浇到火上，一旦熄灭，又会燃起，是变革的卦象。时至已日，下定决心改革，明智而使人悦服。吉。当革之时，行革之事，利卦。

初九　用黄牛的革防卫巩固，黄乃中庸之色，说明变革要稳妥从之。

六二　到了已日断然实行改革，其往必吉。

九三　革之不可轻试，天人之理数不到，征则必凶。变革一定要审慎行事，经过多次计议，行动必须让大家心悦诚服。

革炉鞴鼓铸图，出自宋·佚名《周易图》

九四　刚柔相济，道足以取信天下将自行消除。胸怀诚信之心的人，变革天命的时刻，仍然需要民众的信任与支持，才可以功成名就。

九五　大德大才之人阳自上而来，正天中之位，承天洪之祷，如老虎皮一样，鲜亮光泽，未卜吉凶，便知他光辉盛著，人所共睹。

上六　君子在改革之时毛皮会像豹子那般光彩，庶民革除往日的陋习，也会面貌一新。兴师动众持续变革中要有喘息的时刻，以逸待劳，方可吉祥。

【讲解】革卦有变革、改革之意。强调"变革以时"，根据事物发展的特点，选择适宜的时机，进行变革。主张君子变革之势要迅猛如虎、灵活如豹，小人才会洗心革面以相从。体现出作者强烈的阶级意识和对广大被统治者的威胁敌视态度。

鼎卦第五十　䷱

巽下离上　鼎[1]元吉，亨。

初六　鼎颠趾，利出否；得妾以其子，无咎。[2]

九二　鼎有实，我仇有疾，不我能即，吉。[3]

九三　鼎耳革，其行塞，雉膏不食；方雨亏悔，终吉。[4]

九四　鼎折足，覆公𫗧，其形渥，凶。[5]

六五　鼎黄耳，金铉，利贞。[6]

上九　鼎玉铉，大吉，无不利。

【注释】①鼎卦：巽下离上，象征三足两耳的鼎器，鼎不止煮食，还代表君王的权威。鼎上的花纹，还有镇妖避邪的功用。②鼎颠趾：鼎颠覆，足朝上。利出否：利于倾倒无用之物。否，不，指无用之物。以其子：因其子。以，因。③实：此指食物。仇：匹配，此指妻子。④革：革除，这里是失去的意思。塞：阻塞，引申为困难。雉膏：用雉肉做的美味食物。方雨亏悔：天刚下雨阴云又散去。悔，通"晦"，指阴云。⑤覆公𫗧：将王公的八珍粥倾倒出来。公，王公。𫗧八珍菜粥。其形渥：洒得遍地都是。渥，沾濡之状。⑥金铉：金制鼎耳的吊环。

【译文】鼎卦　古代烹煮食物用的三足两耳的鼎器。鼎卦的卦象是下单卦为巽，为木；上单卦为离，为火。两单卦结合即以木取火。象征革新。大吉大利，亨通顺畅。

初六　大鼎翻倒，其足向上，宜于倒出鼎中之渣滓，去旧立新；就如娶妾生子，其妾能佐立辅子，其身价也另当别论，当无灾。

九二　鼎中装满食品，说明君子有才，但仍要审慎。因小人染疾，君子要坚守中正之道，方可不被染。君子要慎所授。

九三　大鼎丢失了鼎耳，象征变革遇阻，君子志不相通。吃不到山鸡的美味，意指得不到图谋发展之路。待阴阳之和的雨来到，一切会吉祥的。

九四　大鼎折足，打翻了王公的美食，鼎身沾满污物，如同小人得志，必有凶险。

六五　大鼎配上黄色的金属鼎耳，鼎耳上有铜制的吊环，乃有利之卦。

上九　鼎耳配备玉制的吊环，宜受大烹之养，无不利也。

【讲解】鼎卦，有立新之义。立是事物发展的必然要求，如果旧的已破，新的不立，事物将处于无序和混乱的状态。只有立新，才能保持事物的稳定，并促使其向前健康发展。鼎在古代社会几乎成为贵族福祸和社会政治、经济状况的"衡量器"，也是社会变革、权力转移的"指示器"。

震卦第五十一　䷲

震下震上　震[1]亨。震来虩虩，笑言哑哑。震惊百里，不丧匕鬯。[2]

初九　震来虩虩，后笑言哑哑，吉。

六二　震来厉，亿丧贝。跻于九陵，勿逐，七日得。[3]

六三　震苏苏，震行无眚。[4]

九四　震遂泥。[5]

六五　震往来厉，亿无丧，有事。

上六　震索索，视矍矍，征凶。震不于其躬，于其邻，无咎。婚媾有言。[6]

【注释】①震卦：震下震上，象征雷霆震动。②虩虩：是壁虎，引申为恐惧的样子。哑哑：为欢笑声。匕：是匙、勺。鬯：祭祀用的黍米酒，浸泡了郁金草，洒在地上，恭请诸神降临。③厉：迅猛。亿丧贝：将会大量失去钱财。亿，古制，十万为亿，这里是极多的意思。贝，古代货币。跻于九陵：登上九重高陵。跻，登。④苏苏：恐惧不安的样子。震行：震恐而行。眚：病，过失。⑤遂：附。⑥索索：沮丧发抖的样子。矍矍：视线不定，不敢正眼看。躬：亲身。有言：闲言碎语。

【译文】震卦　象征剧烈而快速的震颤。又意为惊恐震悚。上下单卦都为震，指大地震动，阴阳交合。雷霆轰响，人人惊恐，只有恬而安之，才能尽于欢笑中。即使雷声惊闻百里，虔诚祭祀神灵的人，匙中的美酒不会洒落。

初九　雷霆急响，万物俱惶，内省后复而笑谈，可得福。汲取震慑的教训，足以为之。随后又谈笑风生，必获吉祥。

六二　雷霆来临，损失大量家财。应该赶快逃往九重高山避难，而不要去追寻财物，七天之内财物自会失而复得。

六三　雷霆震动，恐惧而知反省，改过从善，不会有灾难。

九四　雷霆震动，惊慌失措的人会落入泥沼中，不能自拔。

六五　雷霆震动，上行下往，都有危险；恪守中庸之道，才不会发生事故。

上六　雷霆震动，心情沮丧，心神不定，干任何事，都不会成功；但仅震及近邻，能戒以动摇其心志，则无灾祸。不过近邻受难，难免遭到报怨。

【讲解】震卦中所说的雷，是一种自然现象，但它也比喻人世间的震动、震荡，或各种不测之事。震雷是可怕的自然现象，不同的人会有不同的心理反应。对震惊百里的巨雷，祭神者仍镇定自若，表现其对神明的极度虔诚；有的人心惊肉跳，惊慌失措；有的则嘻笑自如，无所畏惧。

艮卦第五十二　䷳

艮下艮上　艮①艮其背，不获其身；行其庭，不见其人，无咎。②

初六　艮其趾，无咎，利永贞。③

六二　艮其腓，不拯其随，其心不快。④

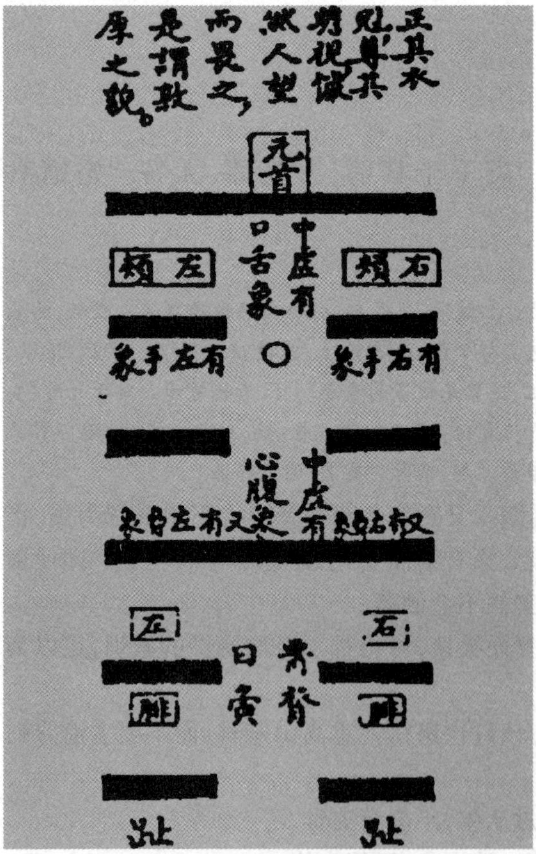

九三　艮其限，列其夤，厉薰心。⑤

六四　艮其身，无咎。

六五　艮其辅，言有序，悔亡。⑥

上九　敦艮，吉。⑦

【注释】①艮卦：艮下艮上，《说卦传》中说："艮为山…"山为静，为止。《序卦传》中说："物不可以终动，止之，故受之以艮，艮者止也。"②庭：庭院。③趾：脚趾。④腓：腿肚。拯：举。⑤限：指人的上下部位的界限，即胯，腰部。列：裂。夤：脊背肉。薰：烧烤。⑥辅：颚部，面颊。⑦敦：敦厚。

艮背象图，出自宋·佚名《周易图》

【译文】艮卦：象征抑止。艮封的卦象是下单卦为艮，为止；上单卦为艮，为静。两单卦结合意指物不可以终动，止之。背部静止不动，人的身体就不能动了；内心平静，耳不听声，目不取色，在庭院里行走，有人则若无人，没有灾祸。

初六：人动，脚趾先动。如抑止

趾动，抑制事情在发生前，则无灾。即劝之进不如阻其止。永贞而利。

六二：腿肚居下体，随股动而不躁，顺手常理。但下位柔顺却中正，刚强却偏激。下位给以忠告，上位不听，下位郁闷不生只有追随。

九三：腰部横列其间，横施而不屈伸，使脊背也因之受制。这就十分危险了，君子要抑止邪祟，必须立身于事外，耳目清而心定。

六四：人的上身是心的所在，心是五官的中枢，言行的裁抑所在，故心必须善于自持，方无灾。

六五：抑止颚部，言则有序。言词刚烈时要简而明，言词柔顺时可以多说一点，此乃巧说法。所言得体，则无灾。

上九：操守敦厚严谨的美德晚节，必获吉祥。成德者，一生功力。

【讲解】全卦反映的是事物进入相对静止时期人们的处世态度。卦辞部分是讲气功的起势入静状况，练功可以养生，象征行事无咎。爻辞自初六至上九具体描写了真气自脚趾至腿肚，再至腰身，至颊诸经络，自下而上的运动变化过程，反映了变化发展的观念和当时人们养生强身的知识水平。

渐卦第五十三 ䷴

艮下巽上　渐，[①]女归吉，利贞。[②]

初六　鸿渐于干，小子厉，有言，无咎。[③]

六二　鸿渐于磐，饮食衎衎，吉。[④]

九三　鸿渐于陆，夫征不复，妇孕不育，凶，利御寇。[⑤]

六四　鸿渐于木，或得其桷，无咎。[⑥]

九五　鸿渐于陵，妇三岁不孕，终莫之胜，吉。[⑦]

上九　鸿渐于逵，其羽可用为仪，吉。[⑧]

【注释】①渐卦：艮下巽上，象征一步步渐进，“渐”又有“水浸透”的意义，指逐渐为之。②女归：女子嫁人，归嫁。③鸿：鸿雁即大雁。干：水边。小子：指年轻小孩子。④磐：大石头。衎衎：和乐的样子。⑤陆：指中原平旷之地。⑥或：有的。桷：角材，房屋的木椽，引申为直树枝。⑦陵：山陵。⑧逵：四通八达的道路。

【译文】渐卦　象征事物一步步地渐进。渐卦的卦象是下单卦为艮，艮为山，为止；上单卦为巽，为顺遂而进。物不可终止，故循次以进。女子出嫁婚姻大事都要循礼渐进，如地相邻，爵相等，族相若，年相均，媒妁以通，各得其正，以渐而吉。

初六　鸿雁飞落到水边，但仍逡巡不前。象征小孩子不可急于行动，虽不致有危，但应自循其本分。

六二　鸿雁飞落在巨石上,落脚平稳,正在欢悦地饮食。吉。

九三　鸿雁飞落到中原平旷之地,失落于雁群,犹如丈夫打仗不回还,妻子还有孕在身,其情不固,所以凶。而刚强只适用于抵御外敌。

六四　鸿雁飞落在房屋的椽木上可以暂安,但鸿雁不可木栖,故应变而不失其正。

九五　鸿雁飞落到高陵上,居高而不遽然飞下,预示与妻子三年不相交而未怀孕,今朝聚首,夙愿以偿。

上九　鸿雁在天空中自由飞翔,落下的羽毛鲜艳光彩,可用作饰仪,十分吉祥。

【讲解】渐卦记的是一首哲理诗。它通过鸿雁栖息之地渐次从水涯→岸边→陆地→树林→丘陵→山阿的渐进过程的描绘,反映了一个女子婚后生活逐渐改善、命运逐渐转好的曲折过程。新婚先要忍受丈夫的疾言厉色;关系稍事改善,丈夫又从征戍边,全部家务由她一人承担,以致孕而不育,备尝艰辛。丈夫三年未归,她也未能生育小孩,做出极大牺牲。丈夫御寇有功,得以提升,她也因此显贵。这一由贫贱而富贵的发展过程,虽然是借鸿雁象征,但却完全合乎逻辑,是形象思维的典型一例。

归妹卦第五十四　䷵

兑下震上　归妹[①]征凶,无攸利。

初九　归妹以娣,跛能履;征吉。[②]

九二　眇能视,利幽人之贞。[③]

六三　归妹以须,反归以娣。[④]

九四　归妹愆期,迟归有时。[⑤]

六五　帝乙归妹,其君之袂不如其娣之袂良。月几望,吉。[⑥]

上六　女承筐,无实;士刲羊,无血。无攸利。[⑦]

【注释】①归妹卦:兑下震上,象征女子出嫁。归,嫁。②归妹以娣:少女出嫁,其妹从嫁。古代习俗,一夫多妻,姐姐、妹妹同嫁一夫,妹妹的名分称"娣"。③眇:瞎了一只眼。幽人:安恬幽居之人。④须:通"媭",姐。反归:回娘家。⑤愆期:错过了日子,延误时日。⑥君:这里指正室即大妻。袂:衣袖,指衣饰。良:好。几望:既望,每月十六日。⑦筐:竹器,指盛嫁妆的奁具。实:指嫁妆。刲(kuī):割。

【译文】归妹卦　象征古代婚嫁。但"周乃六十四卦"凡女、妇、妻皆指小人,都为凶卦。出嫁的少女,不以礼制而行,故前行有凶险。

初九　姐与妹同嫁一夫,妹为娣,即妾,因其身份卑微,就像跛足者走路十分艰难。但妹妹能坚守贞洁，姐妹共事一夫，仍然吉祥。

九二　刚居不正的小人，尽管娶了贤能的妻妾，仍通晓不了贞邪治乱的辨本，犹如眼疾者。但如果他能做到无欲而清，倒也能恒常。

六三　女人不能坚守妇道，即使嫁出也要被遣回娘家，这时以娣之身份从嫁倒可以了，只适合做妾的名分。

九四　男人三十而娶，不可过期；但女子若待年待礼，其志本正，也未尝不可以。这是圣人之教诲。

六五　帝乙嫁女，正室的服装反而不如陪嫁妹妹的服装华美；成亲日期定在既望之日，十分吉祥。帝乙是商代的帝王（商纣之父），他的女儿出嫁，尽管身份高贵，却不如其妾衣着光鲜。但帝乙的女儿德称其位，故贵为天下之母。

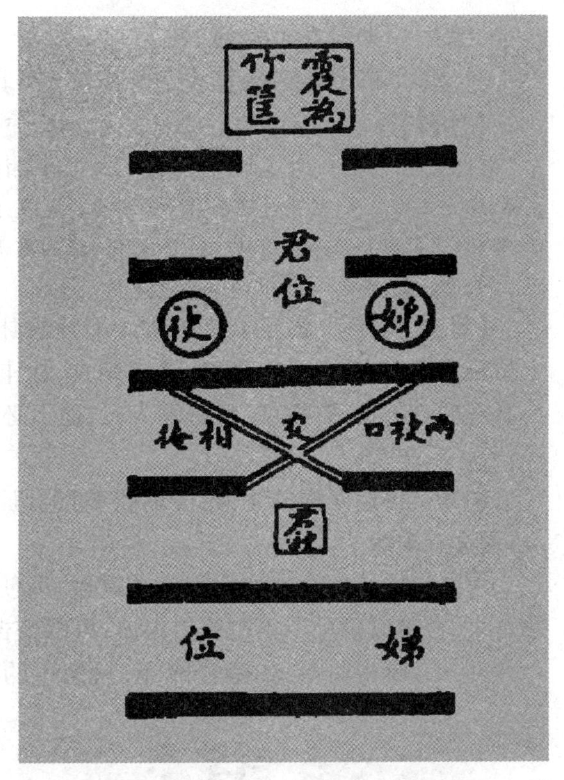

归妹君娣袂图，自宋·刘牧《易数钩隐图》

上六　少女手捧空筐篮，无嫁妆可盛；刚刚杀了的羊，却没有放出血来，说明有名无实，不会有什么好处。

【讲解】此卦反映殷代婚姻的“媵嫁”制度，嫁姐，妹随嫁，共侍一夫。嫁后，姐称嫡，妹称娣。此风俗直至清代中叶在我国的西南诸省仍然残存着，是古代群婚制的遗迹。同时，爻辞中还谈到姐姐的嫁妆不如妹妹的嫁妆好，说明妹妹更受宠爱。

丰卦第五十五　䷶

离下震上　丰①亨，王假之，勿忧，宜日中。②

初九　遇其配主，虽旬无咎，往有尚。③

六二　丰其蔀，日中见斗。往得疑疾，有孚发若，吉。④

九三　丰其沛，日中见沫，折其右肱，无咎。⑤

九四　丰其蔀，日中见斗。遇其夷主，吉。⑥

六五　来章，有庆誉，吉。[⑦]

上六　丰其屋，蔀其家，阒其户，阒其无人，三岁不觌，凶。[⑧]

【注释】①丰卦：离下震上，象征丰厚硕大。②亨：通“享”，祭祀。假：通格、到达。日中：中午。③配主：匹配之人，即佳偶。旬：十日，又为均，相当。“旬”并不是最佳状态。尚：通“赏”。④蔀：遮光之物。斗：星斗。疑忌：疑嫉，猜忌。发若：发挥。⑤沛：与旆通用，黑暗无光似遮一大幕。沬，昏昧、小星星。肱：臂。⑥夷主：平易可沟通的君王。⑦章：文采。庆誉：喜庆和美誉。⑧阒：通窥。阒：空。觌：见。

【译文】丰卦　象征丰盛硕大。丰卦的卦象下单卦为离，离为火，为光亮、光明；上单卦为震，为动。日中则斜，月盈则食，故丰封并不都是亨通之卦。王者在天下蔚为盛观的日子，拥有权威、财富和人民，他不必忧虑。但应在如日中天之际，普赐予人民。

初九　得遇匹配的主人，虽不能至察，但无忧，不会有灾祸；但超过十日，由满而亏，就会有灾难了。

六二　昏暗的君主如太阳已被遮盖，即使中午也能见到北斗星光。跟随这样乖戾君主，会遭以猜忌。不过诚信竭诚，可以获吉。

九三　日中而暗，如幡幔障无，只见小的星光。虽想撤蔽也无望，如折了右臂。但终不能以奸蔽贤，使大贤之人不能为天下所用。

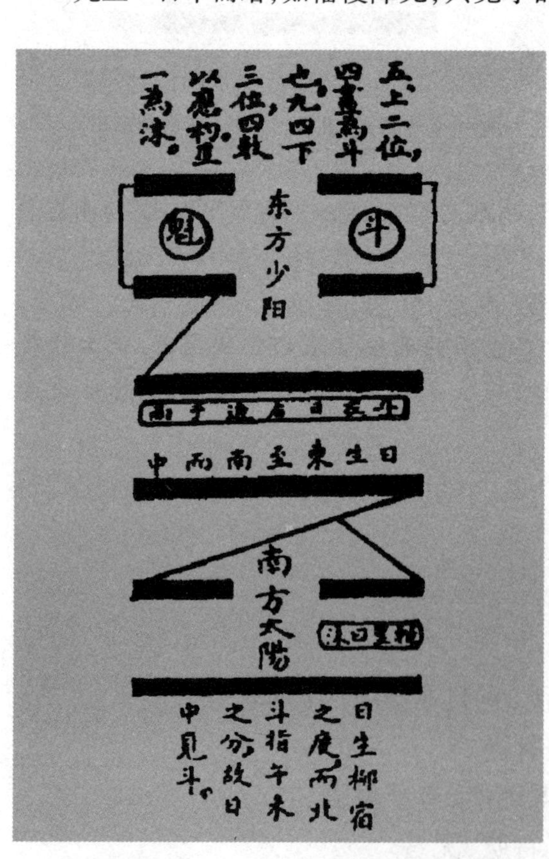

丰日见斗图，出自宋·佚名《周易图》

九四　贤臣虽以刚居位，无奈昏暗的君王如太阳被大幕遮盖。当昏昧之世，贤良的臣子，只能求贤能以辅朝政，只能以刚试动于障蔽之中。这还是可以的。

六五　昏暗的君主有贤能的大臣相佐，就会获得吉庆，因而吉与誉并存。

上六　阴柔的小人设重屋厚障，居幽室之中。有人若想见之，屋内似空无一人。遇如此暗幽之人，三年如一日，必凶。

【讲解】丰卦六爻中，有三爻专门记载了太阳被遮蔽，出现了日食现象。六二爻“丰其蔀，日中见斗”，说的是中午时太阳被遮蔽，在白天见到了夜晚才出现的北斗星。九三爻“丰其沛，日中见沬”，日食的程度更进一步，中午时分连天上昏暗的小星星也能看得见。九四爻“丰其蔀，日中见斗”，回复到六二爻，说明日食在慢慢地退去。三四千年前的古人看见出现日食，怀疑自己得了疾病，有人在惊慌中不慎折了右臂。后来当日食全部消除，太阳重现光明时，人们才恢复常态。“有庆誉”，庆祝、称颂光明的重现。丰大强盛的太阳之所以被遮蔽，从科学的角度讲，是太阳、月亮、地球在某一时刻正好运动成一条直线，这是一种天体运动的自然现象。它既不是传说中的“天狗吃太阳”，也不是天帝降灾的警示，没有什么可奇怪的。但古人却能从“天地盈虚”的自然现象中进一步思考长葆丰盛之理。

旅卦第五十六 ䷷

艮下离上　旅[①]小亨，旅，贞吉。

初六　旅琐琐，斯其所取灾。[②]

六二　旅即次，怀其资，得童仆，贞。[③]

九三　旅焚其次，丧其童仆，贞厉。[④]

九四　旅于处，得其资斧，我心不快。[⑤]

六五　射雉，一矢亡，终以誉命。[⑥]

上九　鸟焚其巢，旅人先笑后号咷，丧牛于易，凶。[⑦]

【注释】①旅卦：艮下离上，象征行旅，失职，寄居他乡。②琐琐：琐碎小气之人。斯：此。③即次：住进旅店。即：住，就。次：停止，旅店。童仆：仆人。贞：忠贞。④焚：失火。⑤处：止，此指旅行受阻。资斧：行旅途中携带的钱财和护身工具（斧）。⑥誉：美名。命：爵命。⑦易：通“埸”，田边。

【译文】旅卦　象征行旅，失所。旅卦卦象下单卦，为艮，为山；上单卦为离，为火，两单卦结合指山上之火，行旅之火。行路人急于赶路，行动变换不定，故多不为吉。出外旅行，颠沛劳苦，四周陌生，故只有遵守文明之德，才得吉也。吉祥之卦。

初六　出外旅行，猥猥琐琐，舍不得花钱，坐车，自窘于微细之中，有招灾祸。

六二　旅人住入客店，带着足够的钱财，并得到童仆忠心侍奉，则免于灾。

九三　客店失了大火，童仆也跑掉了，即使不做不义之事，但未免也有穷途末路之感。

九四　尽管旅途中有足够的钱财，并有防身备用的利斧，但仍会感到孤苦无着（不安定）。

六五　射杀山鸡，丢失利箭，未免感到可惜，不过最后还是获得了荣誉并领受封爵之命。

上九　树上的鸟巢被焚毁，旅人先欢声笑语后号啕大哭；田边又丢失了耕牛，大凶。

【讲解】本卦爻辞讲的是，由于受到客观物质条件的限制，对周围环境产生的不适，在旅之人必须小心谨慎，尽可能顺应旅途中的生活环境，以防不测，求得平安。

巽卦第五十七　䷸

巽下巽上　巽[1]小亨，利有攸往，利见大人。

初六　进退，利武人之贞。[2]

九二　巽在床下，用史巫纷若，吉，无咎。[3]

九三　频巽，吝。[4]

六四　悔亡。田获三品。[5]

九五　贞吉，悔亡，无不利，无初有终。先庚三日，后庚三日，吉。[6]

上九　巽在床下，丧其资斧，贞凶。

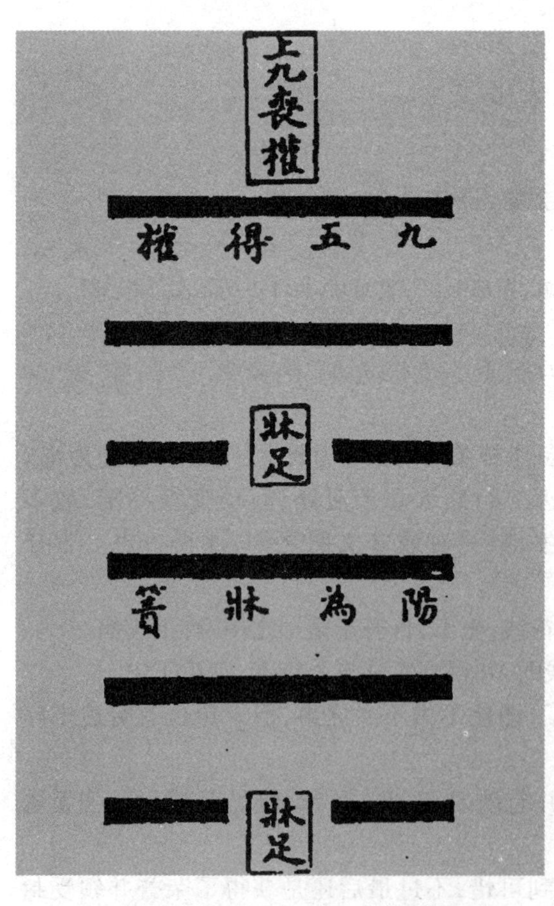

巽床下图，出自宋·佚名《周易图》

【注释】①巽卦：巽下巽上，象征顺伏、顺从。②进退：进进退退。武人：勇武之人。③巽在床下：指祝史、巫觋，暗自传话给君王。史：祝史，职掌占卜，祈祝的官员。巫：即巫觋，巫婆。纷若：勤勉异常的样子。若，样子。④频：一次接一次。⑤田：田猎。三品：三等，以禽兽射杀的部位而论，上等的为心脏，为祭品，二等的为禽兽腿肉，用作招待宾客；三等的留作自己食用。⑥先庚三日，后庚三日：庚与更通，含变更意；庚前三日为丁日、戊日、己日，庚后三日即辛日、壬日、癸日。

【译文】巽卦　象征顺从。巽卦是象征阴柔，巽阴潜起于阳下，故只有小亨。巽卦的卦象下单卦为巽。上单卦也为巽，是阴卦。柔顺修谨。

因柔皆顺乎刚,慎以进而不敢干,故不会有灾祸。但过于优柔寡断,故只有见到大德之人才有利。

初六　过于谦谨,犹豫不前,不能果断处之。只有勇敢之人才有利。

九二　跪伏在神坛之下的谦顺,犹如效仿祝史、巫师般虔诚敬神的样子,仍会吉祥,没有灾祸。

九三　频与"颦"通,一再地顺从,但心犹未甘,并落不到好处,反招来羞辱。

六四　田猎所获可分为祭品、待宾、自用三等。国之大事,亦如田猎,能率夫役民,方能成大事,猎而多获。

九五　庚与更通,有变更的意思。一事在变通之前,应知会众人,让众人通晓其事端;变更后,再警其得失,这样才可以做到:命无不行,事无不主也。是礼乐征伐之道。

上九　顺从地匍匐在地,如行程中丢失旅资和利斧,即使地位显赫之人,也未免处境尴尬。凶。

【讲解】本卦爻辞讲,人们应有顺从的品德,但不可一味顺从。武该顺从命令,令进则进,令退则退,方能吉利。若心中不顺从,愁眉苦脸勉强去顺从,必出现危险。

兑卦第五十八 ䷹

兑下兑上　兑[①]亨,利贞。

初九　和兑,吉。

九二　孚兑,吉,悔亡。

六三　来兑,凶。[②]

九四　商兑未宁,介疾有喜。[③]

九五　孚于剥,有厉。[④]

上六　引兑。[⑤]

【注释】①兑卦:兑下兑上,象征怡悦。兑又为泽,为水。泽能生长。万物丛生,故万象欢欣。②来兑:前来谄媚取悦。③商:考虑、琢磨。介疾:医愈。疾:小病。④剥:指丧乱损伤正道。厉:严厉。⑤引兑:引诱、和悦。

【译文】兑卦　象征欢悦。兑卦意指的卦象有较大的变动性,得视具体卦象而定。兑卦卦象中下上单卦皆为兑,为交换,重卦中有返朴归真的含义。不过兑卦大都表示顺应天理,符合民意的卦象,是利卦。

初九　与人和谐,但阳刚得位,与物无竞,故十分吉祥。

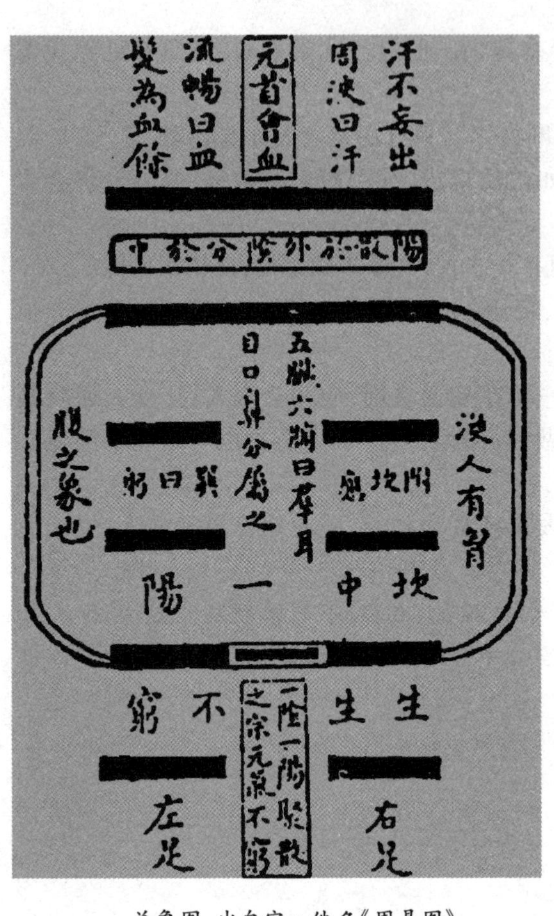

兑象图，出自宋·佚名《周易图》

九二　心怀诚信，和颜悦色，吉。虽不当位，难免抱屈，但志诚可赢得朋友相信，也无妨。

六三　柔以躁进，此小人之媚世，必流于邪祟，凶。

九四　未宁为患，治愈疾患是令人喜悦的事。君子要以刚居柔，酌量于宽严之中，得咸宜之道，这才能安宁获喜。

九五　居君位之人，如被疾邪小人包围，则有危险。这时他虽处剥丧之中（篡夺他的权力），但他仍不相信叛离。

上六　引诱拉拢的手段很不光明正大，但是否能得逞，就看受惠者的定力了。

【讲解】此卦爻辞讲的是人获得喜悦的各种原因，实际是揭示了人与人的交往之道。宣扬和悦处世的原则。反对无原则地取悦别人，更不能讨好取悦没有诚信的人。互相间和悦相处，必吉而无害。

涣卦第五十九 ䷺

坎下巽上　涣[①]亨，王假有庙，利涉大川，利贞，

初六　用拯马壮，吉。[②]

九二　涣奔其机，悔亡。[③]

六三　涣其躬，无悔。[④]

六四　涣其群，元吉。涣有丘，匪夷所思。[⑤]

九五　涣汗其大号，涣王居，无咎。[⑥]

上九　涣其血，去逖出，无咎。[⑦]

【注释】①涣卦：坎下巽上，象征涣，涣散，离散。水流散。涣卦的卦象下单卦，为坎，为水；上

单卦为巽，为风。两单卦结合风动水起，水浮木泛。②用拯马壮：借助壮马。③机：即几，几案，矮脚的桌子。④躬：自身。⑤群：众人。丘：山陵。匪夷所思：不是一般所能想象的。⑥大号：大政令、王命。居：占有。⑦血，通“恤”，战争，战事。逖：即惕，也可解为远。

【译文】涣卦　象征水散。当人情凝滞不能通达时，君子能以怀安之志，善待天下，则可使阻塞之情上通下达。君王到宗庙进行祭祀大典，感化百姓，可利涉大江大川。

初六　马壮，则有奔驰踣啮之伤，故开始时就要调理它，使之驯服。拯救民众也当如此，吉在初始。

九二　机作“投之以机”的机，即所凭借的安定之所。由疆外奔回，得中位而止，伏几而息，得以安定，使危难消除。

六三　身居刚位，能为公而忘私，虽不当位，但有就阳之素心，故无悔。

六四　豪杰之士能拔流俗以奋出，团结群众一致奉公，即非常之人成非常之功，光明正大，乃吉。涣有丘，指山丘低于山而高于地，涣起的民众如山丘一样高，而且倚以为群，是一般人难以想象的。。

九五　汗为阳出而散阴者，指的是刚中得天位，应诰赏天下，虽王者以王位自居，仍应将聚敛的财富救济天下万民，以天子之畿封赐诸侯，必无灾祸。

上九　阴阳失位，必然有争。故能远于交争之害，必可以超然事外。

【讲解】本卦讲的是古人防洪治水的经验：洪水发来了，幸有健壮的奔马来营救；洪水冲毁台阶，冲散了人群，冲上丘陵，又冲向王宫，人们相互救助才可以避免灾祸扩大；洪水过去了，人们得救了，但千万不能放松警惕。

节卦第六十　䷻

兑下坎上　　节，①亨。苦节，不可贞。②

初九　不出户庭，无咎。③

九二　不出门庭，凶。

六三　不节若，则嗟若，无咎。

六四　安节，亨。④

九五　甘节，吉，往有尚。⑤

上六　苦节，贞凶，悔亡。

【注释】①节卦：兑下坎上，象征竹节、时节、节制、节俭。②亨：通“享”，祭祀。苦节：过于节省，过分的控制。③户庭：内院。④安节：安于节俭。⑤甘节：和怡的节制。

【译文】节卦　象征节制、节俭。节卦的卦象下单卦为兑，译为水；上单卦为坎，为止。两单卦结合为泽之所容有准,不泄不漏。节应有度,应顺乎天理之正,如强人所难,过度节俭,则不足以济天下,且穷而未正。

初九　逢初九虽阳刚中正,但逢节卦,仍应慎之于内院,不宜外出,则无灾。

九二　阳刚中正,时至事起,但审慎藏于内室,不愿外出门庭,会坐失良机,凶。

六三　过于奢靡,不知节俭,再想节制已柔失其位无法控制。这是咎由自取,又怎么能再怨天尤人呢?

六四　安于节俭,适当其宜亨通。

九五　以节俭为乐事,合乎理,顺乎情,为天下悦服。亨通。

上六　过分的节制行为是不可取的,因事物有其节俭之本,过之则损。物不顺则穷,故凶。

【讲解】节卦卦辞认为"'节':亨",认为有节制、守节度便能亨通。"'节':亨",首先是当节即节,不当节则不节。如节卦初九爻"不出户庭,无咎",表明初九当节时有所节,因而无咎。而九二爻却说"不出门庭,凶"。这里的"门庭"、"户庭"是比喻,指在一定的范围,只是条件或时机有所不同。不脱离限定的范围,条件或时机不同,会导致相反的结果。

其次是审时度势,"节以制度",在一定的条件下,人们应安于节制。就是六四爻爻辞所指的"安节,亨"。

再次"中正以通",甘心受节制。这就是九五爻爻辞说的"甘节,吉。往有尚",九五爻因处尊位,其节不是一家一户之节,也不是一人一己之节,而是守天下之"节",守国家之"节"。这种"节"可以表现为节约的原则,所谓"节约",也是一种节制。

与世界上任何事物都有两重性一样,"节"也有两个方面,"节"如果失去"度",也会走向反面,成为"苦节"。节卦卦辞认为"苦节,不可贞","苦节",即过分节制,"不可贞"就是说肯定不行,不用占卜了。节卦上六爻辞说得明白:"苦节,贞凶。"

中孚卦第六十一　䷼

兑下巽上　　中孚,[1]豚鱼吉。利涉大川,利贞。[2]

初九　虞吉,有它不燕。[3]

九二　鸣鹤在阴,其子和之;我有好爵,吾与尔靡之。[4]

六三　得敌,或鼓、或罢、或泣、或歌。[5]

六四　月几望,马匹亡,无咎。[6]

九五　有孚挛如,无咎。[7]

上九　翰音登于天,贞凶。[8]

【注释】①中孚卦:兑下巽上,象征内诚、诚信。②豚鱼:豚和鱼。豚,小猪,此指祭品。③虞吉:因忧虑而获吉。燕:通"晏",安乐。④阴:通"荫"。和:应和。好爵:美酒。爵,酒器,借指酒。尔:你。靡:共享。⑤得敌:在战场上面临了劲敌。罢:通"疲"。⑥亡:丧失。⑦挛如:广系天下之心。⑧翰音:鸡日翰音。翰,古代祭祀宗庙,依礼,祭品中必有鸡,称翰。

【译文】中孚卦:象征诚实。中孚卦卦象是下单卦为兑,为泽;上单卦为巽,为木。两单卦结合,木在泽上,利于涉越大江大河,利于取信。只要内心虔诚用豚和鱼祭祀先祖,先祖也会赐福。此卦利于涉越大江大河。

初九:虽是诚信的卦,但仍应审度以求信实,继之,则应再无乖违之意,则去。

九二:相处遥远,但心灵互有呼应,就如同野鹤在树荫下鸣叫,小鹤也会应声随和;我有一樽美酒,今朝愿与君共享。

六三:遭遇势均力敌的对手,有时想击鼓而进,有时又想伺机后退;或哭或笑,或高唱凯歌,简直躁而不宁,不知所以了。

六四:月亮未满将盈的,走失两匹马,如失去了助手。但破小群而无悖大信,感应之正,故无灾难。

九五:刚中居尊,心中减灾,故能感化共同战斗的朋友,没有灾祸。

上九:刚中居尊,虽鸣而不信,奈何鸣声高亢,但却不自量其刚中之不足,因此颇有孤掌难鸣之危。凶必及之。

【讲解】中孚卦体现至诚之心。至诚之心是人在社会生活中做人的根本态度,至诚之心不仅是与人相处之道,更是人的生存之道。

人培养至诚之心,最忌的是心系旁物,为物所累。如六三爻辞所说"得敌,或鼓或罢,或泣或歌",别人鼓他也鼓,别人歌他也歌。六三爻的境况可能出于无奈,但与自身缺乏自信心有关。可见,至诚之心来自对自身力量的认识。"精诚所至,金石为开",这样的至诚至信,没有坚韧之心是难以达到的。

小过卦第六十二 ䷽

艮下震上　小过,[①]亨,利贞。可小事,不可大事。飞鸟遗之音,不宜上,宜下,大吉。[②]

初六　飞鸟以凶。[③]

六二　过其祖,遇其妣;不及其君,遇其臣,无咎。[④]

九三　弗过防之,从或戕之,凶。[⑤]

九四　无咎,弗过遇之,往厉,必戒,勿用,永贞。[⑥]

六五　密云下雨,自我西郊,公弋取彼在穴。[⑦]

上六　弗遇过之,飞鸟离之,凶,是谓灾眚。[⑧]

【注释】①小过卦:艮下震上,象征略有过,小有过失、交错。②飞鸟遗之音:飞鸟飞过后,其音不绝。③以:与,带来。凶:凶兆。④过:越过。祖:祖父。妣:祖母。⑤从或戕之:放纵自己从而有被人杀害的危险。从,即纵;戕,害。⑥过遇:过分而强求。⑦公弋取彼在穴:射鸟,鸟栖于穴中。弋,带丝绳的箭。⑧离:网罗,捕捉。

【译文】小过卦:象征小有过失、交错。小过卦的卦象是下单卦为艮,为山,为止;上单卦为震,为雷。山上之雷,可谓过雷,雷声大雨点小。此卦为小事利之卦象,可谓"雁过留声,其音不绝。"但大雁不宜高飞,只应向低飞,向下飞,如此才有利。

初六:飞鸟掠过头顶凶,实非飞鸟凶,而是遇之凶也,并大有妻子挟制丈夫,臣子挟制君王,蛮夷挟制中原之势。

六二:与祖父失之交臂,却和祖母相遇;高攀不到君王,只得与臣下交往,不可能得到原来的期望值,但并无灾恙。

九三:坦荡君子却遭小人算计,审慎戒之,可免于危;委曲求全则有被加害的危险。大凶。

九四:刚而兼柔,守正而不争,即不逞强,便没有危险。但如果过于仗义执言,秉持公道便会引火烧身。

六五:浓云密布不见雨,云气却从城邑的西部冉冉升起,这是阴阳不和之状。这时君王位居尊位,就不能亲自去寻找辅佐自己的人,正如亲自执箭将钻入穴中的鸟猎捕来。

上六:势盛极必过,骄亢极必有失,正如飞鸟飞得太高,目标太露,终会被射杀。这是天之降灾,不可避。凶。

【讲解】此卦讲若逾小矩越造成小过,还算亨通。如果去征伐和进行祭祀等国家大事则绝不可以。一旦冒进,则宜当退守,不然必酿成大错。步调保持要一致,不应放纵冒进,以免造成过失。批评或表扬,注意分寸,不可太过或不及,要注意事物的量的限度。

既济卦第六十三 ䷾

离下坎上　既济,[①]亨,小利贞。初吉,终乱。

初九　曳其轮,濡其尾,无咎。[②]

六二　妇丧其茀,勿逐,七日得。[③]

九三　高宗伐鬼方,三年克之,小人勿用。[④]

六四　繻有衣袽,终日戒。[⑤]

九五　东邻杀牛,不如西邻之禴祭,实受其福。

上六　濡其首，厉。

【注释】①既济卦：离下坎上，既即迹也，济，成，象征事物的完成。济，渡河，引申为成功。②曳：拖住。尾：车尾。③茀：车上的帘子，车幔。妇女坐车没车帘如何坐？④高宗伐鬼方：鬼方是商代西北方一个小国，经常骚扰中原。殷高宗去征伐。⑤繻有衣袽：华服将变成破旧的衣服。繻：华服；袽：败衣，棉絮。

【译文】既济卦：象征事业有成。即济卦的卦象是下单卦为离，离为火，上单卦为坎，坎为水，为艰。这卦象不是利卦。亨通，但只利于小事。因缺乏变通，终至僵化、离乱，后危乱。

初九：拖住车轮，车便不能前行，但无妨。因为刚阳总能镇住邪阴，正如狡猾的狐狸以狐媚乱人，终会让人抓住尾巴。

六二：妇人遗失了首饰，不要急于寻找，一巡之后第七日自会失而复得。

九三：殷高宗兴兵讨伐鬼方，经历三年苦战才打败了鬼方，但息劳而骄的小人，只可犒赏，切勿重用之。

六四："繻"指华丽的衣服，"枷袽"则为破絮。华丽的衣服再好，也有破旧的时候，凡事总要防微杜渐才好。

九五：东邻杀牛举行盛大祭奠，倒不如西邻只简单地举行一个祭祀却实享天福。

上六：水浸过头顶，定有灾难。

【讲解】既济卦讲的是获得成功以后应持守。爻辞用"妇丧其茀，勿逐，七日得"与"高宗伐鬼方，三年克之，小人勿用"来说明在"既济"阶段，只要等待时机，善于用人，无论大事小事都能顺利通达。

在大功告成以后，主政者一定要居安思危，防患于未然。六四爻以"繻有衣袽，终日戒"来告诫执政者要日日思患，并早做准备；九五爻以"东邻杀牛，不如西邻之禴祭，

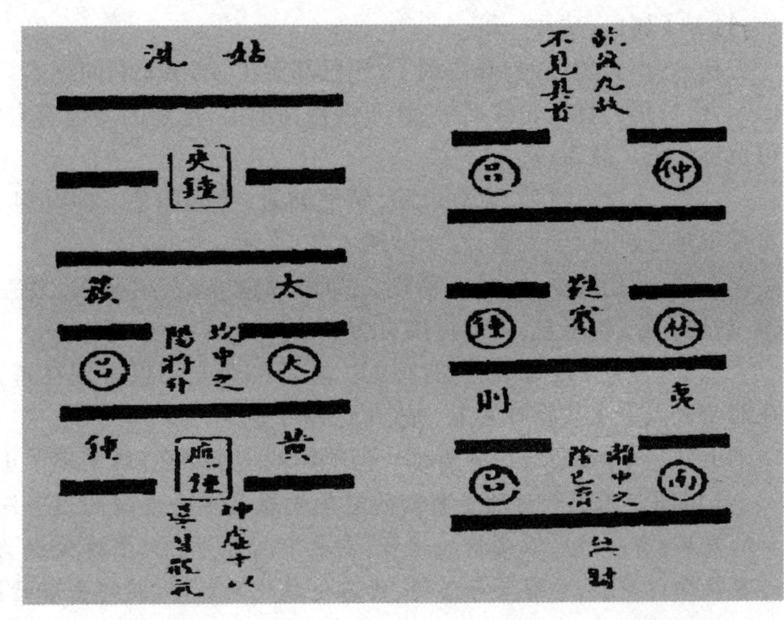

既济示济合律之图，出自宋·佚名《周易图》

实受其福”来劝导统治者如想持守现有的福祉,就必须像祭祀那样,竭尽诚敬之心,事事认真对待,而不要只追求表面的铺张。否则就会“福兮祸所伏”,在顺境中懈怠放松,骄奢淫逸,自己种下动乱的祸根,以致在上六爻中出现“濡其首”的危象。这时就会应了“初吉终乱”的预言,“既济”走向了自己的反面——“未济”,从而又展开了新一轮的矛盾发展过程。

未济卦第六十四 ䷿

坎下离上　未济,[①]亨,小狐汔济,濡其尾,无攸利。[②]

初六　濡其尾,吝。

九二　曳其轮,贞吉。

六三　未济,征凶。利涉大川。

九四　贞吉,悔亡。震用伐鬼方,三年有赏于大国。[③]

六五　贞吉,无悔。君子之光,有孚,吉。[④]

上九　有孚,于饮酒,无咎。濡其首,有孚,失是。[⑤]

【注释】①未济卦:坎下离上,象征尚未成功。②汔:极浅的河流。③震用:动用,指兴兵征战。震,强有力。大国,指殷商,又称大邦,大殷。④光:光辉。⑤孚:诚信。这里指举杯同庆。

【译文】未济卦:象征事物仍在运作,尚未成。未济卦的卦象下单卦为坎,为水;上单卦为离,为火。火在水之上,形成水火未济的卦象。小狐狸渡浅河快要到岸的时候,打湿了尾巴,功亏一篑。

初六:小狐狸过河,都快到了,尾巴却湿了,结果无利而终。

九二:用力将车轮往后拉,让车慢慢往前走,这是因为他有自知之明,深知凡事不可贸然而进。故吉。

六三:还没有过河,也有风险,贸然前进,势必凶危。但凡事总要找到出路,克服重重艰难,故可以干大事,宜于涉越大江,大河。

九四:持正固本,吉卦。雷霆之师讨伐鬼方,三年征战,大胜而归。按功行赏封侯、封地,但战事未息,尚需再接再厉。

六五:有君子之德,故没有晦恨。君子的荣光不仅表现在持正固本上,而且表现在能与普天大众共渡难关上。故其光辉可鉴。

上九　举酒庆贺,没有灾祸。但酗酒或贪于酒色,就偏离了正道。

【讲解】未济卦讲的是事物的变化发展是不会终结的这一深刻的辩证法则。事物的发展,有一个艰难曲折的过程,需要不断努力。只有真诚努力,辛勤工作,积极促进事物向前发展,才能善始善终,由未济转化为既济,获得良好结果。

从卦序来看，作《易》者将未济卦安排在六十四卦的最后一卦，包含有揭示《易》道真谛的深意。正如《周易集解》引崔憬语所指出的："夫《易》之为道，穷则变，变则通，而以'未济'终者，亦物不可穷也。""未济"即未穷也，未穷则有"生生之义"。这样，《周易》虽只有六十四卦，但最后一卦的"生生之义"使它不仅没有在终点停下来，反而以终点为起点又展开新一轮的矛盾运动过程。

把握"未济，物不可穷也"，事物的变化发展永不会终结这一辩证法则，对我们从事"认识世界、改造世界"的实践创造活动具有现实的指导意义。

传文

文言传[1]

乾文言

“元”者善之长也，“亨”者嘉之会也，“利”者义之和也，“贞”者事之干也。[2]君子体仁足以长人，嘉会足以合礼，利物足以和义，贞固足以干事。[3]君子行此四德者，故曰“乾：元、亨、利、贞。”

【注释】①《文言传》：《易传》之一。共有两篇，分别解说乾卦和坤卦的要旨精义，因此前一篇称《乾文言》，后一篇称《坤文言》。②长：尊长。嘉：美好。会：会合。义：宜。干：根本。③体仁：以仁为体。

【译文】元始，是各种良善事物的尊长；亨通，是各种美好的事物的会合；有利，是各种适宜时机的和谐；正固，是处理各种事宜的根本。君子把仁爱之心作为行事的根本依凭，完全堪称众人的尊长；寻求美好事物的会合，完全符合礼仪的要求；施利给其他事物，完全符合道义的准则；坚持正固节操，完全能够妥善处理各种事务。君子就是施行这四种美德的人，所以才说：“乾卦象征天的元始，亨通，和谐有利，贞正坚固。”

初九曰：“潜龙勿用”，何谓也？[1]子曰：“龙，德而隐者也。[2]不易乎世，不成乎名，遯世无闷，不见是而无闷，乐则行之，忧则违之，确乎其不可拔，潜龙也。[3]”

九二曰“见龙在田，利见大人”，何谓也？子曰：“龙德而正中者也。[4]庸言之信，庸行之谨，闲邪存其诚，善世而不伐，德博而化。[5]《易》曰‘见龙在田，利见大人’，君德也。”

九三曰“君子终日乾乾，夕惕若，厉，无咎”，何谓也？子曰：“君子进德修业，忠信所以进德也，修辞立其诚，所以居业也。”[6]知至至之，可与言几也；知终终之，可与存义也。[7]是故居上位而不骄，在下位而不忧。[8]故乾乾因其时而惕，虽危“无咎”矣。[9]

九四曰“或跃在渊，无咎”，何谓也？子曰：“上下无常，非为邪也。进退无恒,非离群也。[10]君子进德修业,欲及时也,故'无咎'。"

九五曰"飞龙在天,利见大人",何谓也?子曰,"同声相应,同气相求。[11]水流湿,火就燥,云从龙,风从虎,圣人作而万物睹[12]。本乎天者亲上,本乎地者亲下,则各从其类也。[13]"

上九曰:"亢龙有悔",何谓也?子曰:"贵而无位,高而无民,贤人在下位而无辅,是以动而'有悔'也。[14]"

【注释】①何谓也:这是《文言传》作者的设问之辞。下同。②隐者:隐居的人。③不易乎世:不因不良世俗而改变节操。不成乎名:不求成名。遯世无闷:逃离世俗而不感到苦恼。遯:通"遁"。不见是:不被。是,以……为是,即肯定。确:坚确,坚定。拔:动摇。④正中:指九二居下卦之中位。⑤庸:平常。信:诚信,即说到做到。闲:防止。善世:美好正大。世,大。伐:矜夸。化:感化。⑥修辞:修饰言辞。居业:蓄积功业。居,积。⑦知至至之:知道进取的目标是什么,就努力实现。可与言几:即可与之言说幽微之事。存,保全。义,宜。⑧上位、下位:上位,指九三居下卦之上位;下位,指九三居上卦之下方。⑨因:沿,随着。时:指一天中的各个时辰。⑩上下无常:与下文"进退无恒"互文,指九四处于可上可下,可进可退,变动无常之位。⑪同声相应,同气相求:意为同类的事物相互感应,彼此求合。⑫作:振作,奋起。睹:见。⑬本:出于,依存于。各从其类:各自依从其同类而发挥作用。⑭贤人在下位而无辅:贤人,指下卦九三爻。三爻、上爻为两阳,而两阳不应,所以说上九无"贤人"辅助。

【译文】初九爻爻辞说"巨龙潜伏在深渊,暂时不宜施展才能",这句话是什么意思?孔子认为:"这是比喻一种具有龙一样品德而隐居的君子。他不被污浊的世俗改变操守,不迷恋于成就功名;远离尘世不感到烦恼,所作所为不被世人称道也不感到苦闷;称心如意的事情就付诸实施,深以为忧的事情则绝不去做,意志坚定而不可动摇,这就是潜伏的巨龙。"

九二爻爻辞说"巨龙出在田间,利于大德大才之人出世",这句话是什么意思?孔子认为:"这是比喻具有龙之品德的君子已经得到中正之道了。他谈吐平凡却能说到做到,行动平常却能严谨有度;凡邪妄之事都能防微杜渐而使中正之德更加充实,为世人做善事而从不自我矜夸,其中正之德广泛传播于人世,人人均受到感化。《易》书说'巨龙出现在田间,利于大德大才之人出世',这句话是说大德大才之人虽然尚未居于君王之位,但是已经具备人君之德了。"

九三爻爻辞说"君子终日健行不息,时刻戒惕警惧,这样即使遇到危难也能免遭咎害",这句话是什么意思?孔子认为:"这是说明君子之所以终日健行不息,是在增进美德、营修功业。待人忠实守信,是增进美德的途径;说话出于诚心诚意,是积蓄功业的门道。看到有发展上升的征兆,就努力上进,这种人可以跟他商讨隐微之事;看到有走向终极的危险,就及时停止,这种人可以跟他合作共事,并能把事情处理得很适宜。这样就能居于上位而不骄傲,居于下位而不忧愁。所以才能终日健行不息,时刻戒惕警惧,即使遇到危难也能免遭祸害。"

九四爻爻辞说"巨龙伺机而动,有时腾跃上进,有时退处深渊,必无祸害",这句话是什么意思?孔子认为:"这是比喻处在这种境地的君子,或上升或下降,都根据具体情况而决定，不去做那种徒劳无益的邪枉之事；或上进居于尊位，或退下安守本位，都不是一成不变的，只是现在还没有决定离开在下的众人而上升。君子增进美德，营修功业，都是在等待时机以便及时进取，所以才说必无祸害。”

九五爻爻辞说“巨龙飞上云天，宜于发现大德大才之人”，这句话是什么意思？孔子认为：“俗话说：‘同类的声音相互感应，同类的气息相互求合。水向湿处流动，火向干处燃烧，浮云伴着龙吟而出，山风和着虎啸而生。圣人振作而勉力治世，则万民仰视而天下归附。’可见，依存于天者其性亲上，依存于地者其性亲下，一切事物都是各自依从其同类而发挥作用。”

上九爻爻辞说“巨龙飞升至极点，必遭困厄”，这句话是什么意思？孔子认为：“这是比喻某种人身份尊贵而没有实位，地位崇高却失去民众，虽有贤人居于下位，但贤人不去辅助他，所以他一旦轻举妄动就有困厄。”

“潜龙勿用”，下也。“见龙在田”，时舍也。[1]“终日乾乾”，行事也。[2]“或跃在渊”，自试也。“飞龙在天”，上治也。[3]“亢龙有悔”，穷之灾也。乾元“用九”天下治也。

【注释】①舍：即舒，舒展。②行事：从事某项事业。③上治：最好的局面。治，太平，指安定的局面。

【译文】“巨龙潜伏在水中，暂时不宜施展才能”，是由于地位低下微贱。“巨龙出现在田间”，是由于时势开始舒解。“终日健行不息”，是表明事业开始付诸实践。“有时腾跃上进，有时退处深渊”，是为了自我验证以使自己具有自知之明。“巨龙飞上云天”，是由于君子已经成为大德大才之人，并上居尊位而治理在下之民。“巨龙飞升至极点，终将有所悔恨”，是由于处于穷极之地却不知随机变通，必有灾难。天有元始之德而“用阳刚化为阴柔的老阳之数”即九这个数，是表明天下大治是势所必然。

“潜龙勿用”，阳气潜藏。“见龙在田”，天下文明。[1]“终日乾乾”，与时偕行。[2]“或跃在渊”，乾道乃革。[3]“飞龙在天”，乃位乎天德。[4]“亢龙有悔”，与时偕极。[5]乾元“用九”，乃见天则。[6]

【注释】①文明：文采灿烂。②与时偕行：追随时光向前发展。③乾道：天道。革：变化。④位：意为尊居“天位”。⑤极：尽，消亡。⑥天则：大自然运动变化的规律。

【译文】“巨龙潜伏在水中，暂不宜施展才能”，是说明阳气虽然已经生成但是尚未出现。“巨龙出现在田间”，是说明天下文采灿烂，前景光明。“终日健行不息”，是说明随着天时的变化而变化，不断发挥作用，从而使万物生生不息。“有时腾跃上进，有时退处深渊”，是说明天道发生变化，出现变革。“巨龙飞上云天”，则说明阳气盛旺正当天位，其造就万物之功已成，具备了天之美德。“巨龙飞升至极点，则有困厄”，是说明阳气随着时间条件的变化而达到了穷极之地，再不可能向前发展了。天有元始之德而“用阳刚化为阴柔的老阳之数”即九这个数，这是体现了大自然运行的法则。

乾“元”者，始而亨者也。“利贞”者，性情也。乾始能以美利利天下，不言所利，大矣哉！大哉乾乎！刚健中正，纯粹精也。[①]六爻发挥，旁通情也。[②]“时乘六龙”，以“御天”也。[③]“云行雨施”，天下平也。

君子以成德为行，日可见之行也。[④]“潜”之为言也，隐而未见，行而未成，是以君子“弗用”也。君子学以聚之，问以辩之，宽以居之，仁以行之。[⑤]《易》曰：“见龙在田，利见大人”，君德也。九三重刚而不中，上不在天，下不在田，故乾乾因其时而惕，虽危“无咎”矣。[⑥]九四重刚而不中，上不在天，下不在田，中不在人，故“或”之。[⑦]“或”之者，疑之也，故“无咎”。夫“大人”者与天地合其德，与日月合其明，与四时合其序，与鬼神合其吉凶，先天而天弗违，后天而奉天时。[⑧]天且弗违，而况于人乎？况于鬼神乎？“亢”之为言也，知进而不知退，知存而不知亡，知得而不知丧。其唯圣人乎！知进退存亡而不失其正者，其唯圣人乎！

【注释】①纯粹精：即纯粹之精。②旁通：广泛会通。③御天：驾驭大自然。④行：指行动目的。⑤辩：指通过论辩来辨疑决难。⑥重刚而不中：初九、九二均为阳刚之爻，九三又为阳刚之爻，所以称重；易卦每卦只有二爻、五爻居中，而九三居三位，所以称“不中”。上不在天，下不在田：易卦六爻分天、地、人三才，上、五为天，四、三为人，二、初为地，而九三居天、地之间，所以称上不在天，下不在田。⑦中不在人：九四与九三虽为人道，但人道之中，人下近于地，上远于天，而九四则下远于地，上近于天，不是人的正常处境，所以称“中不在人”。或：虚指代词，有时。⑧先天：先于天象。这里指在自然界尚未出现变化时，就预先采取必要措施。后天：后于天象。

【译文】乾卦中的“元始”，说明天的美德在于首创万物并使之亨通。“和谐有利，贞正坚固”，则是天的本性和真情。天一开始就用美善的利物之德去施利于天下，而自己却从来不居功夸耀它所施与的美善之利，这种美德是何等的伟大啊！伟大啊，天！刚强劲健，居中守正，通体不杂，始终不变，纯粹而又纯粹，堪称纯粹之精华。乾卦六爻一经发动，其变化就曲尽天地万物的情理；犹如顺着不同的时节驾起潜龙、现龙、惕龙、跃龙、飞龙、亢龙这六条巨龙，统御着整个天道的变化；行云降雨，普遍施与万物以泽惠，给天下带来太平。

君子应该以成就自己的品德为目的去做事，而且所做的事是每天显现于外，人人看得见的。而初九爻爻辞所说的“潜”，意思是君子的品德虽然已经具备，但还隐藏于内而未曾显现出来，说明其行为尚不足成就其品德，所以君子此时不能轻易施展才能。君子努力学习以积累知识，置疑问难以辨别是非，平日胸怀宽广以博学深藏，并能以仁爱之心去做事。《易》书中说：“巨龙出现在田间，利于大德大才之人出世”，这是说有这种大德大才的人虽然身居下位，但是已经具备了人君的美德。九三爻是多重刚爻重叠而成的，居于不中之位，上不能达于高天，下不能立于地面，所以要健行不息，时刻“戒惕警惧”，以便万一遇到危难也能“免遭祸害”。九四爻也是多重刚爻重叠而成的，居于不中之位，不仅上不能达于高天，下不能立于地面，而且中不能处于人境，所以强调“有时这样，有时那样”。强调“有时这样，有时那样”，是为了说明此时还存在诸多疑虑,需要审时度势,这样才能"免遭祸害"。九五爻爻辞所说的"大德大才之人",其品德像天地一样化育万物,其圣明像日月一样光照天地,其行为像四时一样井然有序,其赐吉降凶像鬼神一样毫无私念。他先于天时而行动,天不背逆他;他后于天时而处事,则能遵奉天的变化规律。天尚且不背逆他,又何况鬼神呢?上九爻爻辞所说的"上升至极点",是说明某些人只知道一味进取而不知道适时引退,只知道生存而不知道终将衰亡,只知道获得而不知道所得必失。在这方面,大概只有圣人才是明智的吧!深知进取与引退、生存与衰亡之间的关系,行为不会迷失正道的,大概只有圣人吧!

坤文言

坤至柔而动也刚,至静而德方①。"后得主"而有常,含万物而化光。坤道其顺乎②,承天而时行。

积善之家必有余庆,积不善之家必有余殃。臣弑其君,子弑其父,非一朝一夕之故,其所由来者渐矣!由辨之不早辩也。《易》曰:"履霜,坚冰至。"盖言顺也。

"直"其正也,"方"其义也。君子敬以直内,义以方外,敬义立而德不孤。"直方大,不习,无不利",则不疑其所行也。

阴虽有美,"含"之以从王事,弗敢成③也。地道也,妻道也,臣道也。地道"无成"而代"有终"也。

天地变化,草木蕃;天地闭,贤人隐。《易》曰:"括囊,无咎无誉。"盖言谨也。

君子"黄"中通理④,正位居体,美在其中,而畅于四支。发于事业,美之至也!

阴疑于阳必"战",为其兼于无阳也,故称"龙"焉⑤。犹未离其类也,故称"血"焉。夫"玄黄"者,天地之杂也,天玄而地黄。

【注释】①《坤》六爻皆阴,故至柔。《坤》变动为《屯》☳,有了两个阳爻,阳为刚。坤是地,所以称至静。古称天圆地方,故称德方。坤变动而生阳,阳为主,故后得主。常为常道,即规律。②坤道其顺乎:坤道顺天道,故称顺。③弗敢成:不敢以成功自居。④"黄"中通理:黄为中色,为中和之色;地色黄,六五爻而居上卦中位,故称黄中。坤为体为事业,有黄中之德者,身必阔,事业必成也。⑤阴疑于阳:疑通拟。为其兼于无阳也:其"兼"字,一般作"嫌"。坤以阴兼阳位,故称龙。乾称龙,坤亦称龙,故二龙交战,未离其类,坤未离阴类,故称血。阳取象气,阴取象血,即所谓"阳气阴血。"

【译文】《坤》卦(指大地)为极阴柔,一旦变化却显得相当刚健;性情极为文静,其美德却能流布四方。"大地承奉天之施予而后主持行养万物",乃常理所在;包容孕育万物而使之运化光大。大地的德行柔顺啊,承奉天道顺依四时而运行!

修善的人家,必然有多余的吉庆,作恶的人家,必多祸殃。臣子杀死他的君王,儿子杀死他的父亲,并非一朝一夕的缘故,这种大逆不道行为是渐渐萌生出来!所以,都是为君为父者未能及早明察真相。《易·坤》初六说:"天降薄霜,预示严寒将至。"这大概是说循顺着时令渐进至极吧。

(六二爻):地顺着天,道是直的,"直"是正确的,"方"是合宜的。君子以庄敬使内心正直,行为得宜以使对外方正,做到庄敬、行为得宜而确立的道德就不会孤独。正直、方正、广大,对不熟悉的事情处理起来也无不利,他的言行就无可怀疑了。

(六三爻):阴柔在下虽具有美德,暗暗地辅佐王者的大业,且成功却不敢居功。这就是地顺天的道德、妻从夫的道德、臣忠君的道德。地道顺天道德而没有成功,则是尽臣之职到最终有好的结果。

天地变化,草木繁盛。天地闭塞,贤人隐居。(六四爻):"束紧囊口,可以免遭灾祸,但也不会获得荣誉。"这大概说的是要谨慎吧!

"积善之家,必有余庆;积不善之家,必有余殃。"这句话出自《易经·文言传》,对中国历史上的善恶报应之说有重大影响,尤其是对著名的劝善书——《文昌帝君阴骘文》有直接的影响。此图是《阴骘文图说》中宣传善恶的因果报应图

(六五爻):君子的美德比黄色,中和柔润,通达道理;身居正中而守礼,美德在内心,畅发于四肢,表现于事业,是极其美好的。

(上六爻):阴气盛旺到类似于阳气,双方必然发生相互的冲突。《易经》的作者担心人们误解《坤》中没有阳爻,冲突不是阴阳交合,而是阴气兼并阳气,所以也称龙。而阴气盛极已类似于阳气,但还没有离开阴类,所以称血。"玄黄"是天地相混杂,天色玄而地色黄。

彖辞传[1]

彖辞上传

乾　卦

大哉乾元,万物资始,乃统天。云行雨施,品物流形[2],大明[3]终始,六位时成,时乘六龙[4]以御天。乾道变化,各正性命,保合太和,乃利贞。首出庶物[5],万国咸宁[6]。

【注释】①《彖辞传》,易传之一。它随上经下经分为上下两篇,共六十四节,即六十四卦每卦一节,分别解释各卦卦名和卦辞含义,揭示一卦要旨。②品物流形:品物,即各类事物;流形,指流布成形。③大明:即太阳。④六龙:即喻《乾》卦六爻。⑤首出庶物:此句说明阳气的变化循环不已,犹如冬尽春来,新的阳气又开始萌生万物。⑥万国咸宁:万国,即天下万方之意;咸宁,犹言尽皆安宁顺畅地发展。

【译文】《乾》卦"元始创造"的品德是多么伟大啊!宇宙自然的万物都依靠它而开始生成,所以它统领着天,体现着天的意志。云朵飘行,霖雨降落,各类的生物流布成形,显示着丰富多彩的生命形态。光辉灿烂的太阳四季照耀着,《乾》卦的六个阳爻按照不同的时位组成,就像阳气乘着六条巨龙按季节的变换驾驭着天的运行。大自然运行变化的规律,使宇宙自然中的万物各自形成其品德属性,又保全了阴阳会合冲和的元气,以有利于守持正固。阳气从萌芽状态开始而生成万物,又周流不息地运行,天下万方都因此而和美安宁。

坤　卦

《彖》曰:至哉坤元[1],万物滋生,乃顺承天。坤厚载物[2],德合无疆。含弘光大,品物咸亨,牝马地类[3],行地无疆,柔顺利贞。君子攸行[4],先迷失道,后顺得常。西南得朋,乃与类行;东北丧朋,乃终有庆。安贞之吉,应地无疆[5]。

【注释】①生:指生命形成;乃,只是、仅是,指地使生命成形只是顺从天意。②德,地德,即坤阴的品德;合,应合、合拍;无疆,指天给万物以生命,功德无边;含弘,指地无所不载;光大,广大,用来加重"弘"的意义分量。③行地无疆:实际是说随从种马才能奔驰不息;贞:指坚守顺从种马的本性。④失道,背离了阴从阳的正道;得常:恢复了臣从君的常规。有庆,专心从阳、值得庆贺。⑤应:符合、对应;地无疆,地德所以无边,原因就在于从天。

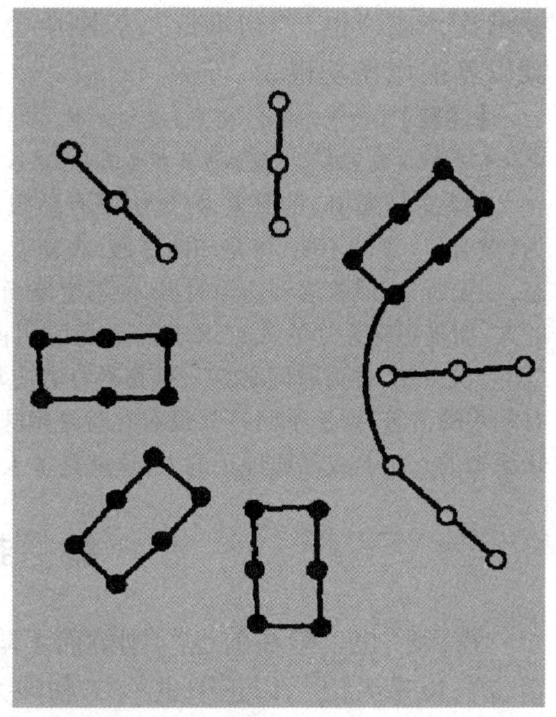

坤上交乾图,出自宋·刘牧《易数钩隐图》

【译文】配合得极好啊,生命成形起点的坤阴元气!万物因你得到了形体,你顺从和承接了天的功能。大地厚实,承载万物,品德与天合拍。无限广大包含养育一切,各类事物都在地的怀抱中顺利成长。牝马属于阴类,它能驰骋不息,在于性情柔顺,坚守了正道,所以顺利。君子所作所为,卦辞中说的"先迷",含义是指领先是违反了正道,卦辞中说的"后顺",含义是随后顺从符合常规。往西南方交朋友,这是与同类在一起;在东北方失去朋友,结果是件好事。人们安心坚守正道的吉祥,正好适应大地的美德,所以能够功德无疆。

屯卦

屯,刚柔始交而难生[①],动乎险中[②],大亨贞[③]。雷雨之动满盈[④],天造草昧[⑤],宜建侯而不宁[⑥]。

【注释】①刚柔:震雷是刚,坎水是柔。始交:开始接触。②险:坎是水,又是险。③大亨贞:元亨、利贞的解释和省略。④雷雨:震是雷,坎是水,又是雨。⑤造:创造。草昧:草莱和蒙昧,指世界正在形成,即出现了新世界。⑥宁:安宁,指苟且偷安。

【译文】屯卦是表明震雷和坎水开始接触,困难就产生了。震雷在坎险之中运动将大为顺利,并凭着以退为进和以后取先的正确策略得到好处。震雷和坎雨的动荡充满宇宙,是天在创造新世界,应该乘这个时机先建立一个侯国,而不苟且偷安。

蒙卦

蒙,山下有险,险而止,蒙。蒙,亨,以亨行时中也[①]。"匪我求童蒙,童蒙求我,"志应也。"初筮告",以刚中也。"再三渎,渎则不告",渎,蒙也。蒙以养正[2],圣功也。

【注释】①以亨行时中:犹言在蒙茫之中,以通达的态度处置进止,既得时宜,又中事机。②蒙以养正:犹言将蒙昧之人培养成具有贞正品质的人。

【译文】《蒙卦》的卦象,好比山下有险阻,使道路隔绝,因而处于蒙昧状态,故称为《蒙卦》。蒙昧不明,可是却能亨通,表面看上很难理解,它指的是虽然处于蒙昧状态,一无所知,但若遇到适当时机,说不定反而会收效更大。"不是我有求于愚昧无知的人,而是愚昧无知的人有求于我",是说明占筮者与求筮者的关系是相互应和的。"第一次占筮,神灵有问必答",这是教育者应具备的正确态度;而一而再、再而三地没有礼貌的占筮,则不予回答",没有礼貌是愚昧无知的表现。通过启蒙教育,可以把愚昧无知的人培养成品质纯正的人,这就是圣人的功业。

需　卦

需,须[1]也。险在前也[2],刚健而不陷,其义不困穷也,"需,有孚,光亨,贞吉",位乎天位[3],以正中也[4]。"利涉大川",往有功也。

【注释】①须:等待。②险在前也:需卦上卦为坎,坎为险,所以说"险在前也"。③位乎天位:指本卦九五爻的位置在卦中的天位。④以正中也:指九五爻位正且处于上卦的中位。

【译文】需,是等待的意思。危险在前,刚健而不陷于危险之中,这是需卦的性质,它的意义是不会困窘。"需,有孚,光亨,贞吉",是因为九五居于至尊的天位,位正而居中。"利涉大川",是说有所往就必定会有所收获。

讼　卦

讼,上刚下险,险而健,讼[1]。讼,"有孚窒惕中吉",刚来而得中也[2]。"终凶",讼不可成也[3]。"利见大人",尚中正也[4]。"不利涉大川",入于渊也[5]。

【注释】①上刚下险,险而健:讼卦下坎上乾,刚、健,指上卦乾,乾德刚健;险,指下卦坎,坎为险。②刚来而得中:九二爻阳刚而居中位。③讼不可成:指上九爻"争讼"穷极,事功难成。④尚中正也:指九五爻中正决讼而被崇尚。⑤入于渊:指上下卦乾刚乘坎险,将有陷入深渊之危。

【译文】讼卦象征争讼,阳刚居上,险陷居下,虽然面临危险而仍然健行不息,因而诉讼纷起。"心怀诚信,追悔警惧,持守中和之道而不偏不倚可获吉祥",说明九二爻阳刚前来处险而保持适中。"始终强争不息则有凶险",说明争讼穷极事功难成。"有利于大德大才之人出世",是因为九五爻中正决讼而被崇尚。"不利于涉越大川巨流”，是因为乾刚乘坎陷将有陷入深渊之危。

师　卦

师，众也；“贞”，正也。能以众正，可以王矣[①]。刚中而应，行险而顺，以此毒天下，而民从之，“吉”又何“咎”矣[②]。

【注释】①能以众正：能使众多部属持守正道。②刚中而应：刚中，指九二爻阳刚居中；应，指九二爻上应六五爻，而六五爻为君王。行险而顺：师卦下坎上坤，险，指下卦坎；顺，指上卦坤。毒：造成灾害。

【译文】师卦象征军队，师就是部属众多的意思；贞，是持守正固的意思。部属众多而能使之持守正道，就可以成就王业了。刚健居中处下又上应尊者，象征君王将兵权完全托付给统帅，统帅做难险之事而顺合正理，凭仗这些条件兴兵征战，尽管会给天下造成灾害，但是民众却甘愿追随之，这样便会十分吉祥，又哪里还会有什么灾祸呢？

比　卦

比，“吉”也；比，辅也，下顺从也[①]。“原筮，元永贞，无咎”，以刚中也[②]。“不宁方来”，上下应也[③]。“后夫凶”，其道穷也[④]。

【注释】①下顺从也：比卦下坤上坎，下顺从，指在下群阴顺从于九五爻。这是解释卦名。②以刚中也：指九五爻刚健居中。③上下应也：上，指九五爻；下，指初、二、三、四诸爻。应，应合，感应。④其道穷也：指上六处于卦终而“亲比”之道穷尽，说明为什么“后夫凶”。

【译文】比卦象征亲近，亲则吉祥；所谓“比”，就是亲近即相亲相爱，相互辅助的意思，有如属下都能顺从尊上。“古人当年筮遇此卦，大吉大利，利于占问长久之事，没有灾祸”，是因为圣明的君王刚健而居中。“不安宁的事也会并行而至”，是由于上下五个阴爻都争着与唯一的阳爻九五相应合。“缓缓来迟者必有凶险”，是由于亲近之道至此已经穷尽，走投无路了。

小畜卦

小畜，柔得位而上下应之[①]，曰小畜。健而巽，刚中而志行[②]，乃亨。“密云不雨”，尚往也[③]。“自我西郊”，施未行也[④]。

【注释】①柔，阴柔，指六四；得位，地位和德才相称，指六四是阴爻居阴位，而且地位仅低于君王；上下，指本卦上下卦中的全体阳爻。本句是说六四以一阴而扶助五阳，力不从心，只能解决些小问题。②健，下卦《乾》的属性；巽，上卦《巽》的属性；刚中，指九五阳刚中正；志行，实现抱负。③尚：语气词，表示勉励。④施，育养活动；未行，未显出效果。

【译文】“小畜”，阴柔得其位而上下的阳刚与之相应，因此称为小有畜积。下乾强健而上巽逊顺，九二九五都刚健居中而志向可以施行，因此获得亨通。“聚积着浓密的云层而不降雨”，说明乃在进行之中；“云气自我方西郊升起”，是指抱负刚刚开始实施没能畅行。

履　卦

履，柔履刚也。说而应乎乾，是以履虎尾，不咥人，亨[①]。刚中正，履帝位而不疚，光明也[②]。

【注释】①柔，指六三爻；刚，指上乾为刚；说，即悦，指下兑为说。咥（dié）：咬。②自“刚中正”至“光明也”，此卦九五阳刚中正之象，谓其尊居“君位”，行为无所疚病，以赞“履”德之光明。

【译文】谨慎行事，犹如阴柔者小心地行走在阳刚者之后，以和悦应合健强，这就像小心行走在虎尾之后，虎不咬人，亨通。又像阳刚者居中守正，登上天子之位，也自然不会愧疚，因为已具有光明的德行。

泰　卦

泰，小往大来，吉，亨。则是天地交而万物通也，上下交而其志同也[①]。内阳而外阴，内健而外顺，内君子而外小人；君子道长，小人道消也[②]。

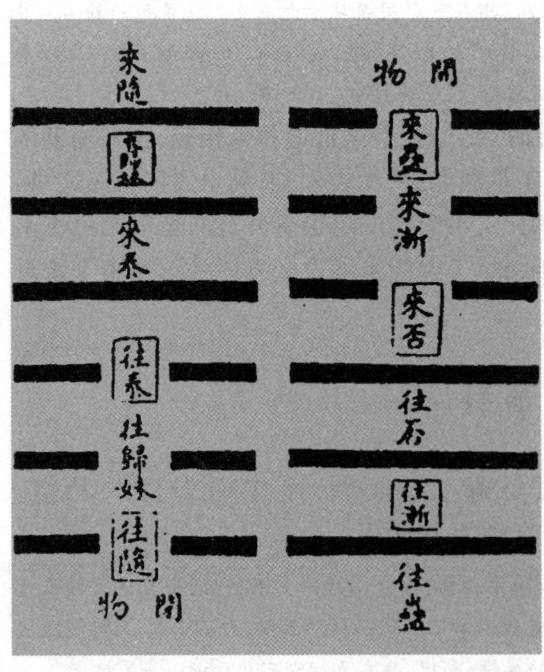

否泰往来图，出自宋·佚名《周易图》

【注释】①自“泰”至“上下交而其志同也”，以天地自然及人类社会的阴阳相交而“通泰”之理，释《泰》卦的卦名及卦辞。②自“内阳而外阴”至“小人道消也”，以《泰》卦内乾外坤之象，揭示“通泰”之时“君子”昌盛、小人衰亡的道理，以明《泰》卦之大旨。

【译文】通泰，柔小者往外，刚大者来内，吉祥，亨通。这是天地阴阳交合而万物生养之道畅通，君臣上下交合而人们思想意识协同。此时阳者居内、阴者在外，刚健者居内、柔弱者在外，君子居内、小人在外，于是君子之道增长，小人之道消亡。

否 卦

否之匪人，不利君子贞，大往小来。则是天地不交而万物不通也，上下不交而天下无邦也[①]。内阴而外阳，内柔而外刚，内小人而外君子。小人道长，君子道消也[②]。

【注释】①自“否之匪人”至“天下无邦也”，以天地自然及人类社会的阴阳不相交而“否塞”之理，释卦辞“否之匪人，不利，君子贞，大往小来”之义。②自“内阴而外阳”至“君子道消也”，以外乾内坤之象，揭示“否塞”之时“小人”昌盛、“君子”衰亡的道理，以明《否》卦之大旨。

【译文】否塞之世人道不通，不利君子守持正固，此时刚大者往外、柔小者来内，表明天地阴阳不交而万物生养之道不得畅通，君臣上下不交而天下离异不成邦国。阴者居内、阳者居外，柔弱者居内、刚健者居外，小人居内、君子居外；于是小人之道增长，君子之道消亡。

同人卦

同人，柔得位得中而应乎乾，曰同人[①]。同人，曰同人于野，亨，利涉大川，乾行也[②]。文明以健，中正而应，君子正也[③]。唯君子为能通天下之志[④]。

【注释】①自“同人”至“曰同人”：卦中六二爻柔顺得位于中，与九五阴阳相应之象，释卦名“同人”之义。②自“同人”至“乾行也”，以上卦乾健能施行“同人”之道，释卦辞“同人于野，亨，利涉大川”之义。③自“文明以建”至“君子正也”，以下卦离为文明、上卦乾为健，六二与九五中正互应诸象，释卦辞“利君子贞”之义。④“唯君子为能通天下之志”，总结只有“君子”能以正道和同天下人心，阐明卦辞“利君子贞”的含义。

【译文】和同于人，如柔顺者处得正位，守持中道又能上应刚健者，叫和同于人。和同于人强调：和同于人处在同一的原野，可获亨通，利于涉越大河巨流，表明刚健者的同心志在施行。禀性文明而又刚健，行为中正而又互相应和，这是君子和同于人的美德呀。只有君子才能会通统一天下民众的意志。

大有卦

大有，柔得尊位大中而上下应之[①]，曰大有。其德刚健而文明，应乎天而时行[②]，是以元亨。

【注释】①柔，指六五；大中，指君王的中而不偏的品德和行为准则，即把握宏观平衡；上下，指全部阳爻。②刚健，指下卦乾的属性；文明，指上卦离的属性；天，天道，客观规律；时行，做事因时制宜，即从实际出发。

【译文】盛大富有，阴柔得君位，注意宏观平衡，上下都来呼应，这就叫盛大富有。品德刚健而又文明，适应天道而又因时行事，所以大为亨通。

谦　卦

谦，亨。天道下济而光明[①]，地道卑而上行[②]。天道亏盈而益谦，地道变盈而流谦[③]，鬼神害盈而福谦，人道恶盈而好谦。谦尊而光，卑而不可逾，君子之终也。

【注释】①下济：向下帮助万物成长。济：帮助。②上行：向上发展，去补天道之不足。③流谦：使谦退流传。

【译文】谦退能使事业顺利。属于天的规律是向下使万物成长，大地一片光明，属于地的规律是虽然卑下却向上发展，去补天的规律的不足。天的规律是使满盈受到亏损，使谦退得到好处，地的规律是改变满盈现状，使谦退流传，鬼神是损害满盈而降福谦退的，人们是厌恶满盈而爱好谦退的。谦退是尊显光荣的，要说卑下却是不可逾越的，是君子的归宿。

豫　卦

豫，刚应而志行[①]，顺以动，豫。豫，顺以动。故天地如之[②]。而况"建侯行师"乎？天地以顺动，故日月不过，而四时不忒[③]。圣人以顺动，则刑罚清而民服。豫之时[④]，义大矣哉。

【注释】①刚应而志行：比喻君主能统领众人，贯彻自己的意志。②如：《说文》："如，随从也。"③忒：《释文》引郑注云："忒，差也。"即差错。④豫之时：指豫卦所蕴涵的顺时而动的哲理。

【译文】豫卦，为一阳爻对应五阴爻，刚得柔相应，且君之意志得以实行。顺着自然而动是豫卦。豫卦顺着自动而动，因此天地的运行也是如此，更何况建国封侯，出兵打仗呢？天地按照其运行规律而运动，所以太阳和月亮的运行从来就没有出现过失误，而四季交替循环也从来没有出现过差错。圣人能够顺时而动，所以在他的治理下刑罚清明，广大的百姓就服从他，豫卦所蕴含的顺时而动的意义大得很啊！

随　卦

随，刚来而下柔，动而说，"随"。[①]大"亨，贞，无咎"，而天下随时。[②]随时之义大矣哉。

【注释】①刚来而下柔，动而说：随卦下震上兑，刚、动，指下卦震，震为阳卦，义为动；柔、说（悦），指上卦兑，兑为阴卦，义为悦。刚来而居于柔下，象征君王能礼下臣民，君王礼下臣民，臣民必然追随君王。②天下随时：天下万物适时追随。

【译文】随卦象征追随，在卦中表现为阳刚谦居于阴柔之下，一旦有所举动，万物必然欣然而从，所以称为“追随”。大为“亨通”，“利于占问，没有灾祸”，于是天下万物都适时而追随之。追随必然适时，因为时机的价值十分巨大啊！

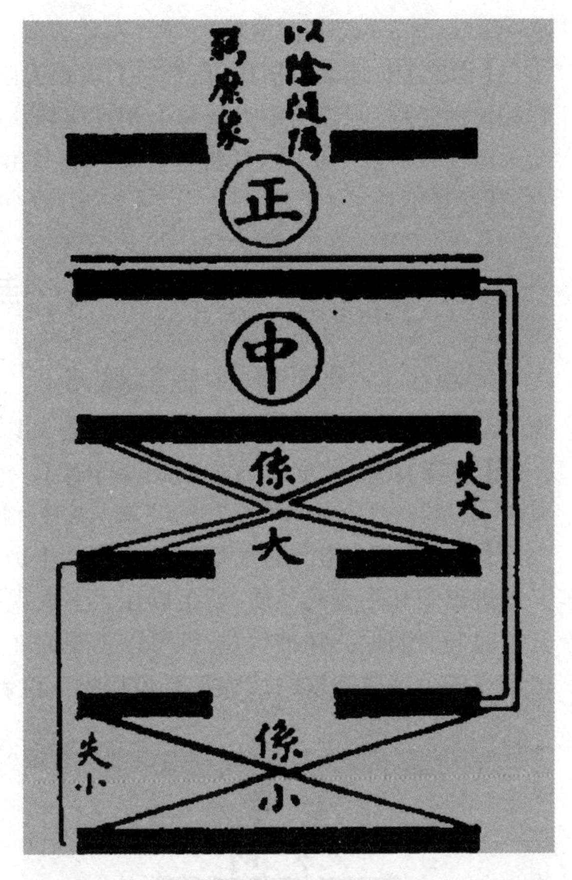

随系失图，出自宋·佚名《周易图》

蛊　卦

蛊，刚上而柔下，巽而止，“蛊”。[①]蛊“元亨”，而天下治也。“利涉大川”，往有事也。“先甲三日，后甲三日”，终则有始，天行也。[②]

【注释】①刚而柔下，巽而止：蛊卦下巽上艮，刚、止，指上卦艮，艮为阳卦，义为止；柔、巽（顺），指下卦巽，巽为阴卦，义为顺。②终则有始：终了之后又会重新开始。有，又。天行：宇宙的运行规律。天，大自然。

【译文】蛊卦象征拯弊治乱，在卦象上表现为阳刚居上而阴柔处下，万物顺从，其弊其乱必能得以整治，所以称“拯弊治乱”。拯弊治乱，“大为亨通”，于是天下就乱而复治。“利于涉越大川巨流”，是说天下混乱，正是向前迈进、大有作为的时机。“经过七日的观察思考，就会知道应该怎么去做”，是说混乱终结的时候太平就开始了，这是宇宙运行的规律。

临　卦

临，刚浸而长，说而顺，刚中而应。[①]大“亨”以下正，天之道也。“至于八月有凶”，消不久也。[②]

【注释】①刚，指初九爻和九二爻两爻；浸，渐。说而顺：临卦下兑上坤，说即悦，指下卦兑，兑为悦；顺，指上卦坤，坤为顺。刚中而应：刚中，指九二爻，此爻阳刚居下卦之中位。应，指九二爻上应六五爻。②消不久:消而不久。

【译文】临卦象征临察,在卦象上表现为阳刚之气正日渐增长,进逼阴气,下临万物和悦而温顺,刚健居中且与尊上相互应和。最为“亨通”而且行为正当,是因为这正与天道一致。而“到了八月将有凶险”,则是由于阳气不会永远强大,此时已经接近消亡,其好景不长了。

观　卦

大观在上,顺而巽,中正以观天下①。观盥不荐,有孚颙若,下观而化也②。观天之神道③,而四时不忒;圣人以神道设教,而天下服矣。

【注释】①大观、中正:指九五阳刚居中得正。②下观而化:此句释卦辞“观,盥而不荐,有孚颙若”,说明“观仰”的目的是为了使天下顺从美好的教化。③神道:神妙的自然规律。

【译文】宏大庄严的气象总是呈现在上方崇高之处,譬如具有温顺和巽的美德,又体现出中和正直的品质,就足以让天下人观仰。卦辞说“当你观仰了祭祀礼仪中刚开始时倾酒灌地的降神仪式,就可以不观仰随后的众多献飨礼的细节,因为此时心中已经充满了诚敬肃穆的情感”,是说居处下位者通过观仰崇高伟大的气象能够受到美善的教化。观仰大自然运行的神奇美妙规律,就能领会四季交相更替而毫无差错的奥妙;圣人效法大自然运行的神妙规律设教于天下,天下万民便纷纷信从顺服。

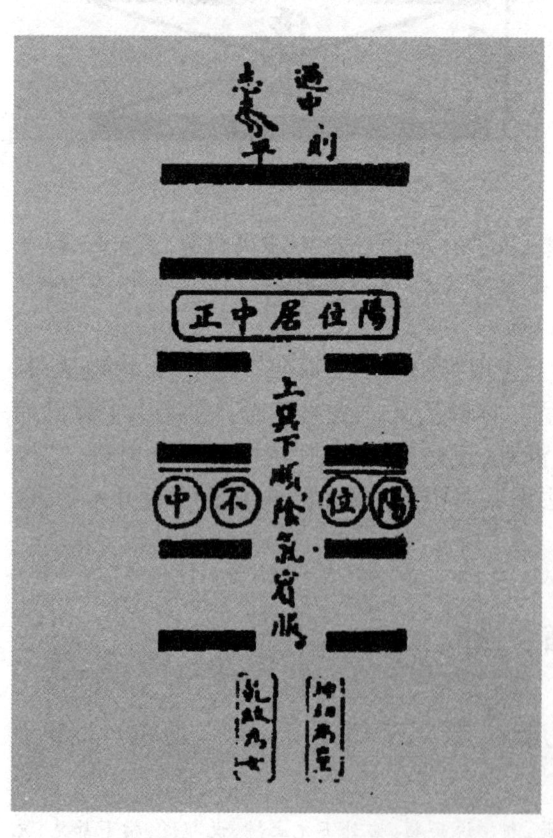

观观国光图,出自宋·佚名《周易图》

噬嗑卦

颐①中有物曰噬嗑。噬嗑而亨,刚柔分②。动而明③。雷电合而章④,柔得中⑤而上行,虽不当位,“利用狱”⑥也。

【注释】①颐:腮、下颌。②刚柔分:是指卦中阳爻和阴爻分开了。③动而明:指本卦下卦为震为动,上卦为离为火为明。④雷电合而章:雷,震为雷。电,指卦中的下卦离。章,显明。⑤柔得中:指六二阴爻居于下卦的中位。⑥利用狱:本卦的阴爻都被夹在阳爻之间,有被幽闭之象,所以说“利用狱”。

【译文】腮中有物称为噬嗑。噬嗑而亨通,是因为阴柔与阳刚分开了，君子与小人没有混杂在一起。噬嗑卦的性质是动而明。雷电交合而彰明，柔阴处于下卦的中位而向上运行，虽然六五没有居于正当之位，但仍然“利用狱”。

贲　卦

贲，亨。柔来而文刚，故亨[①]。分刚上而文柔，故小利有攸往[②]。刚柔交错，天文也；文明以止，人文也。观乎天文，以察时变；观乎人文，以化成天下[③]。

【注释】①自“贲”至“故亨，六二柔爻居下卦之中以文饰九三刚爻之象，谓阴阳交贲故获亨通”，以释卦辞“贲，亨”之义。②“分刚上而文柔，故小利有攸往”，上九爻阳刚高居卦终而文饰六五爻柔之象，谓六五爻文饰而有利，以释卦辞“小利有攸往”之义。③自“刚柔交错，天文也”至“以化成天下”，以“天文”、“人文”为例，阐明“文饰”之道的重大作用。化成天下：教化促成天下昌明。

【译文】文饰，亨通，阴柔前来文饰阳刚，阴阳交饰于是亨通。又分出阳刚居上文饰阴柔，所以柔者利于有所前往。阳刚美与阴柔美交相错杂，这是天的文采（天文）；文章明理而止于礼仪，形成人类的文采（人文）；仰观天的文采，可晓四时运转规律；观察人类的文采，可推行教化促成天下的昌明。

剥　卦

剥，剥也，柔变刚也[①]。不利有攸往，小人长也[②]。顺而止之，观象也；君子尚消息盈虚，天行也[③]。

【注释】①“剥，剥也，柔变刚也”，五阴爻来剥蚀并改变阳刚孤释卦名。②“不利有攸往，小人长也”，五阴众多而有小人盛长之象，释卦辞：“不利有攸往”之义。③自“顺而止之”至“天行也”，下坤为顺，上艮为止之象及天道盛衰规律，说阴剥阳之势不长久，君子可顺势止剥之道。

【译文】剥，意为剥落，譬如阴柔者侵蚀改变阳刚的本体，不利于有所前往，说明小人的势力盛长。此时应当顺势而制止小人的行动，这从卦象中可以观知；君子崇尚消亡、生息，盈盛亏虚的转化哲理，这是大自然运行的规律啊！

复　卦

复，亨，刚反[①]。动而以顺行，是以出入无疾，朋来无咎[②]。反复其道，七日来复，天行也[③]。利有攸往，刚长也[④]。复其见天地之心乎[⑤]。

【注释】①“复，亨，刚反。”卦下一阳回复上升之象，谓阳刚返回上复心可亨通，以释卦名及卦辞“复，亨”之义。②自“动而以顺行”至“朋来无咎”，下卦震为动、上坤为顺之象，说明阳动而顺利无阻，群阴必喜而引阳为朋，以释卦辞“出入无疾，朋来无咎”之义。③自“反复其道”至“天行也”，举大自然运行剥尽复来为说，以释卦辞“反复其道，七天来复”之义。④“利有攸往，刚长也”，卦中阳刚之势日益盛长之象，释卦辞“利有攸往”之义。⑤“复其见天地之心乎。”谓“复阳”为天地“生物”之心，叹美此卦大义。

【译文】回复，亨通，说明阳刚更甦返回，阳动上复而能畅通，阳气内生外长无所疾患，刚健友朋前来无所祸患。返转回复沿着一定的规律，过不了七天必将回复转来，这是大自然的运行法则。此时利于有所前往，说阳刚顺畅上长。复回的规律，大概体现着天地生育万物的用心吧？

无妄卦

无妄，刚自外来而为主于内，动而健，刚中而应①。大亨以正，天之命也②。其匪正是眚，不利有攸往，无妄之往何之矣？天之不佑，行矣哉③？

【注释】①自“无妄”至“刚中而应”，说明阳刚自外来内为主，内外二体既能震动又秉刚健，刚中居尊位更应和下者，故物皆不敢妄为，以释卦名。②“大亨以正，天之命也”，谓“无妄”之时可致亨通，必须守正，是天命，不可违背。以释卦辞“元亨利贞”之义。③自“其匪正有眚”至“行矣哉”，谓“无妄”之时，违背正道者不获“天祐”，故不得妄行，以释卦辞“其匪正有眚，不利有攸往”之义。

《大畜》卦中所说的“养贤”是指善待贤人，古代许多有作为的君主都有养贤的举措。此为《蒲轮征贤图》，选自明·张居正《帝鉴图说》，讲述汉武帝征求贤人之事

【译文】不妄为，阳刚者从外而内成为主宰，震动而刚强，刚正居中而又应合于下。如此大为亨通而万物守持正固，这是天命所致。背离正道者必有祸患，不利有所前往，说明在万物无妄为时候背离正道而前往，哪里有路可走呢？天命不给予祐助，怎敢这样妄行啊！

大畜卦

大畜，刚健笃实辉光，日新其德①。刚上而尚贤，能止健，大正也②。不家食吉，养贤③也。利涉大川，应乎天也。

【注释】①刚健，下体乾卦的性质、特点是公正无私、自强不息；笃实，上体艮卦的性质,特点是稳重、坚定、求实。这些是表示积畜的道德光辉伟大。②刚上,指上九阳爻位于君位之上;尚贤,指君王尊重以上九为代表的贤才;止健,上卦艮为止,下卦乾为健。大正,指尚贤是用人的最大正道,止健是行为的最大正道。这些表示畜养方面的伟大。③养贤:养育人才;包括用贤在内。

【译文】大畜卦象征所畜对象的特点是大。道德是刚健、笃实,两者交相辉映,天天有进步。阳刚在上,尊重贤才,自强不息而不妄行,又能该止则止。这些都是最大的正道。所谓不在家中吃闲饭才是吉祥,是说国家应该养贤。所谓利于渡过大江大河,是说养贤符合天道。

颐　卦

颐,“贞吉”,养正则吉也。①“观颐”,观其所养也;“自求口实”,观其自养也。②天地养万物,圣人养贤以及万民,颐之时,大矣哉。③

【注释】①养正:养而正,即颐养而遵循正道。②观其所养:指观察颐养的客观条件。观其自养:指观察颐养的主观条件。实,食,食物。③以及万民:以之及于万民。之,代“养贤”。时:适时。这里的“时”就是上文说的颐养的正道。

【译文】颐卦象征颐养,“占问会获吉祥”,是说只有遵循正道而颐养才能获得吉祥。“观察事物的颐养现象”,是观察获得养育的客观条件;应当明白,能不能用正道“自谋口中食物”,是观察养生之道正确与否的方法。天地养育万物,圣人养育贤才并以此遍及于万民,可见,适时颐养,其道理太弘大了啊!

大过卦

大过,大者过也①。栋桡,本末弱也。刚过而中②,巽而说③,行,利有攸往,乃亨。大过之时大矣哉!

【注释】①大者过:大指卦中的阳爻,由于是四个,所以说“过”。②本末弱:本指初爻,末指上爻,弱指阴爻,由于阴爻居于初和上,所以说“本末弱”。③刚过而中:阳爻有四个,是“刚过”。“中”指九二和九五都以阳爻居中,是得中说。④巽而说:逊顺而快乐。逊顺是下巽的性质,悦(说)乐是上兑的性质。

【译文】“大过”,是号称为“大”的阳爻多了。“栋桡”,是号称为“弱”的阴爻一居于本,一居于末。阳爻太多而得中,下巽逊顺而上兑快乐,动起来,发展下去有好处,事业会顺利,“大过”的意义是重大的。

坎　卦

习坎,重险也,水流而不盈①。行险而不失其信②,维心亨,乃以刚中也;行有尚,往有功也。天险不可升也,地险山川丘陵也,王公

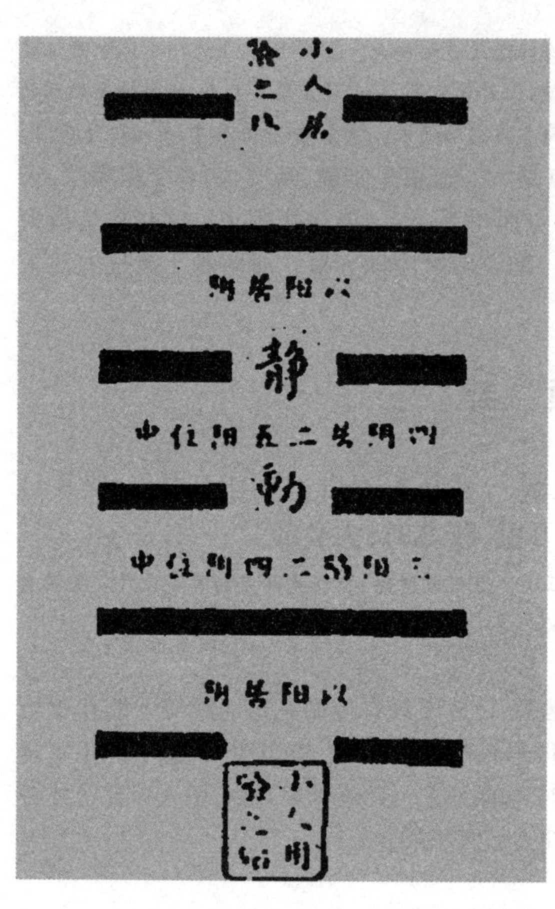

习坎行险图，出自宋·佚名《周易图》

设险以守其国：险之时用大矣哉[③]！

【注释】①重险也，水流而不盈：此谓上下坎两“险”相重，若水流陷穴，不能盈满，以释卦名“习坎”之意。②行险而不失其信：指二、五阳刚居中，为行险不失信之象。③险之时义大矣哉：此句总结前三句所举“天险”、“地险“、“王公设险”之例，从“用险”的角度叹美“坎险”之时的弘大功用。

【译文】两个坎卦相重，意思是重重险陷，就像水流注入深深的陷穴中不见盈满。行走在险陷的境地而不失笃实诚信，就能使内心亨通无碍，这是由于阳刚居中行为不偏；“努力向前发展必被崇尚”，说明往前进取能够建立功业。天险是人们所无法升越的，地险体现于高山大河丘陵之境，国王公侯往往设置险关保护自己的国境：“险陷”之时的功用是多么弘大啊！

离　卦

离，丽[①]也。日月丽乎天，百谷草木丽乎土，重明以丽乎正，乃化成天下。柔丽乎中正，故“亨”，是以“畜牝牛[②]，吉”也。

【注释】①丽：附丽，附着。②牝牛：母牛。

【译文】离，是附丽的意思。日月依附于天而运行，百谷草木依附于地而生存，光明而又光明依附于正固，就会化育成功天下的万物。柔顺依附于中正，所以说亨通，所以说“畜牝牛，吉”。

彖辞下传

咸卦

咸，感也。柔上而刚下，二气感应以相与[1]，止而说，男下女[2]，是以"亨，利贞"，"取女，吉"也。天地感而万物化生，圣人感人心而天下和平。观其所感而天地万物之情可见矣。

【注释】①柔上而刚下，二气感应以相与：这是用卦体（即形态结构）来解释卦名及卦辞。②男下女：有两层意义，一是说卦形，少男位于少女之下；二是说少男始终按礼行事，恭娶少女。

【译文】《咸》卦，是感动。（艮下兑上，艮刚兑柔），是柔在上而刚在下，阴阳二气相感应而相处。（艮是止，兑是悦），止而悦。（艮为阳卦，兑为阴卦，是阳在阴下），男在女下，（婚礼男下于女）。因此"亨利贞，取女吉"。（天气下降，地气上升），天地阳阴二气相感，而万物化生。圣人用德行来感动人心，而天下和平。观察他们的相感，天地万物的情状可以看见了。

恒卦

恒，久也。刚上而柔下，雷风相与，巽而动[1]，刚柔皆应[2]，恒。恒"亨无咎，利贞"，久于其道也。天地之道恒久而不已也。"利有攸往"，终则有始也[3]。日月天而能久照，四时变化而能久成。圣人久于其道而天下化成。观其所恒，而天地万物之情可见矣。

【注释】①巽而动：上卦为震，震义为动；下卦为巽，巽义为逊。因而本卦具有谦逊而又敢为的义道。②刚柔皆应：指本卦下卦相对的各爻都是刚柔相应。③高亨说："'天地之道恒久而不已也'一句与'利有攸往，终则有始也'一句当互移其位，盖传写之误。

【译文】恒卦，就是恒久的意思。阳刚居于上，阴柔居于下。雷厉风行，二者常是相辅相成而不停地活动，既能谦逊地顺从，同时又能积极地行动，刚柔相济，所以本卦取名为恒卦。恒卦卦辞说"亨通，没有灾祸，利于坚守正道"，是说必须不懈、毫不动摇地坚持正道。天地的运行法则，就是永恒常久、丝毫没有间歇停止的。"有所往则有利"，是说事物变化发展的规律是周而复始、循环无穷的，到了终点同时就又获得了新的起点。太阳月亮遵循自然规律就能长久地普照万物，春夏秋冬交替变化就能长久地生成万物，圣人坚持不懈、毫不动摇地坚守正道就能达到治理天下的目的。通过观察能够反映恒久这一规律的具体实例，我们就不难发现天地万物瞬息万变的真情了！

遯 卦

“遯,亨”,遯而亨也;刚当位而应,与时行也。[①]“小利贞”,浸而长也。[②]遯之时,义大矣哉。

【注释】①刚当位而应:遯卦下艮上乾,刚,指九五爻;当位,指九五爻阳爻居阳位、尊位。与时行:顺应时势而行。行,这里特指退避。②浸而长:因浸润扩展而成长壮大。浸,浸润。长,增长。

【译文】遯卦象征退避,“退避,亨通顺利”,意思是必须先行退避尔后方可致亨通顺利;这在卦象上表现为阳刚者处正居尊而能与在下者相互应和,并顺应时势及早退避。“利于柔小者占问”,是由于柔小的阴气正在浸润扩展而成长壮大。可见,对于退避来说,顺应时势,意义是多么重大啊!

大壮卦

“大壮”,大者壮也;刚以动,故壮。[①]“大壮,利贞”,大者正也。[②]正大,而天地之情可见矣。[③]

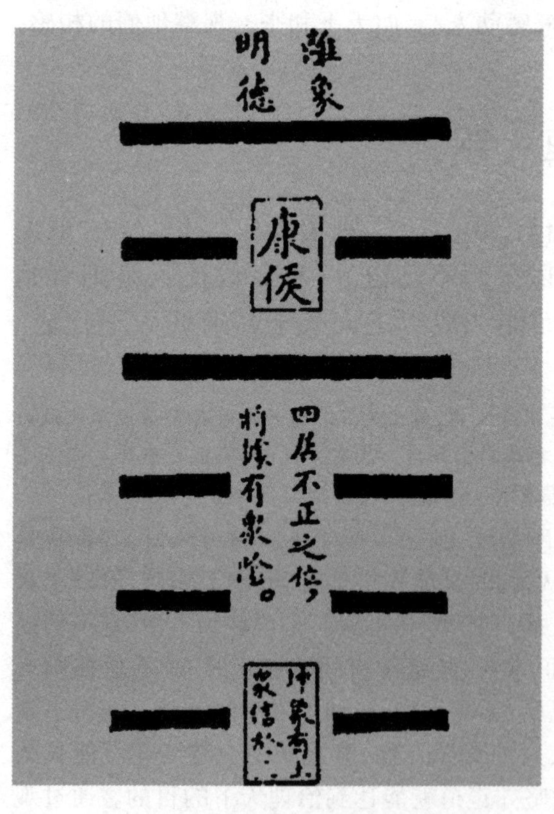

晋康侯之象,出自宋·佚名《周易图》

【注释】①大者壮:大者盛壮。刚以动:大壮卦下乾上震,刚,指下卦乾,乾性刚;动,指上卦震,震为动。②大者正:意为刚大者不但要大而且还要正。③正大,而天地之情可见:古人认为,天地化生万物不偏不倚,其德既大且正,所以称“正大”可见“天地之情”。

【译文】大壮卦象征刚大盛壮,而“刚大盛壮”,指的是刚大者声势强大盛壮;其气质刚健而又能奋动,所以称“盛壮”。“刚大盛壮,利于占问”,是由于刚大者不但要刚大而且还要端正。只要持守端正刚大的态度,天地化育万物的端正刚大的精神就可以明白了!

晋 卦

“晋”,进也,明出地上。[①]顺而丽乎大明,柔进而上行,是以“康侯用锡马蕃庶,昼日三接”

也。[②]

【注释】①明出地上：晋卦下坤上离，明，指上卦离，离为火、为日，所以“明”；地，指下卦坤，坤为地。②顺而丽乎大明：顺，指下卦坤，坤性顺；丽乎大明，指下卦离，因为离既有“附丽”之义，又有“大明”之象。柔进而上行：柔，指六五爻；上行，指六五爻上进而居尊位。

【译文】晋卦象征进长，所谓“晋”，意思就是进长，其情状就像光明一步一步出现在地面上。由于在下者顺从而又附丽于在上者的宏大光明，以柔顺之德不断进长而向上直行并得居尊位，所以才能“像尊贵的公侯得到天子赏赐的众多车马，并在一天之内蒙受三次接见”。

明夷卦

明入地中，明夷。内文明而外柔顺[①]，以蒙[②]大难，文王[③]以之。“利艰贞”，晦[④]其明也。内难而能正其志，箕子[⑤]以之。

【注释】①内文明而外柔顺：本卦内卦为离为明，外卦为坤为顺，所以卦的性质为内文明而外柔顺。②蒙：受。③文王：指周文王。④晦：昏暗。⑤箕子：商纣王的叔父，曾因进谏纣王而被纣王囚禁。

【译文】光明入于地中叫明夷。本卦的性质为内文明而外柔顺。在蒙受大难时，能做到内文明而外柔顺的例子是周文王。“利艰贞”，是说光明已尽而变为黑暗。在国内艰难时，能正固其君子之志的例子是商代的箕子。

家人卦

家人女正位乎内，男正位乎外，男女正，天地之大义也[①]。家人有严君焉[②]，父母之谓也。父父，子子，兄兄，弟弟，夫夫，妇妇，而家道正，正家而天下定矣。

【注释】①大义：大原则。②严君：严厉的家长。

【译文】就一家人来说，女的应该在家内搞好家务，男的应该在家外搞好工作，这是天地间的大原则。一家人有严厉的家长，是说父母。做父亲的要像父亲，做儿子的要像儿子，做哥哥的要像哥哥，做弟弟的要像弟弟，做丈夫的要像丈夫，做妻子的要像妻子，这样家里就会搞好，搞好一家天下也就搞好了。

睽　卦

睽[①]，火动而上，泽动而下，二女同居[②]，其志不同行。说而丽乎明，柔进而上行，得中而应乎刚，是以小事吉。天地睽而其事同也，男女睽而其志通也，万物睽而其事类也。睽之时用大矣哉。

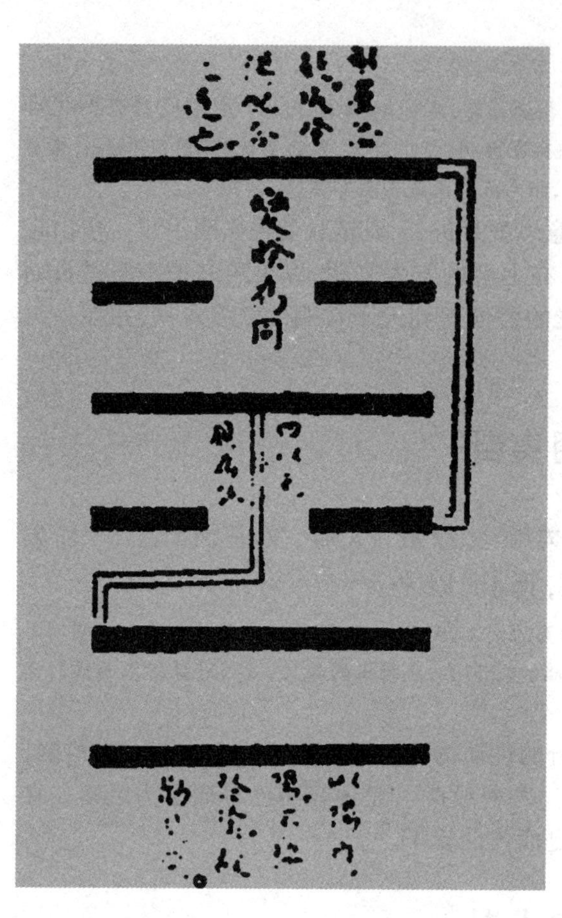

睽卦象图，出自宋·佚名《周易图》

【注释】①睽：睽卦上体离卦，离为火，下体兑卦，兑为泽，火在上面焰向上，泽在下面水向下，象征火水相悖。②二女：八卦中，离为中女，兑为少女，两者共处一卦之中，好比二女共居一室，但长大后各自成家，志向行为都不相同。

【译文】隔阂离异，好比火焰炎炎向上，泽水流动向下，又好比二女同居一室，志向不同而行为乖异。不过，态度和悦而依附光明，柔顺上进、处事适中而能应合于刚强，这就是从小事做起可获吉祥的道理。正因为天地阴阳对立，才能共同化生万物；男女性别不同，才能彼此心志相通而相爱；万物不同，才能有类有合。睽违离隔之时，正是大有作为的时候啊！

蹇　卦

蹇，难也，险在前也；见险而能止，知矣哉[①]！蹇，利西南，往得中也；不利东北，其道穷也[②]。利见大人，往有功也；当位贞吉，以正邦也[③]。蹇之时用大矣哉[④]！

【注释】①自“蹇”至“知矣哉”，上卦坎为险、下卦艮为止之象，可见险而止、不犯难而行之寓意，以释卦名。②自“蹇”至“其道穷也”，谓蹇难之时应以适中之道行于平顺之地，才不致困穷，以释卦辞“利西南，不利东北”之义。③自“利见大人”至“以正邦也”，谓蹇难之时当建树济蹇之功而端正邦国，释卦辞“利见大人，贞吉”之义。正：端正。④“蹇之时用大矣哉”，以叹美蹇时的济蹇功用之大。

【译文】蹇，意思是行事难，险境在前面欲行必难。临险而停止，可为明智啊！蹇难之时，利于向西南平地，前往就能合宜适中；不利于向东北山麓，此道必将有穷途。利于出现大人，说明前往济蹇必能建功；居得其位以守持正固可获吉祥，说明这样可解除蹇难端正邦国。处蹇难之时而济蹇的功用是多么宏大啊？

解　卦

解，险以动，动而免乎险，解[①]。解，利西南，往得众也；其来复吉，乃得中也；有攸往，夙吉，往有功也[②]。天地解而雷雨作，雷雨作而百果草木皆甲坼,解之时大矣哉[③]。

【注释】①自"解"至"解",下坎为险、上震为动之象,险能动则解难而脱险。以释卦名。②自"解"至"往有功也",从舒解险难当施益于众、无险即归于适中之道、有险速解可建功三个角度,释卦辞"利西南""其来复吉""有攸往,夙吉"之义。③自"天地解而雷雨作"至"解之时大矣哉",上震为雷、下坎为雨之象,以天地舒解、雷雨兴作、草木舒展为例,广喻事物"舒解"之时的情状,揭示"舒解"之时的宏大功效。

【译文】舒解,置身险而能奋动,奋动解脱就能免除险难,这就是舒解。舒解险难,利于西南众庶之地,说明前往解难必将获得众人拥护;返回安居可获吉祥,说明速往解难必能建功。天地舒解于是雷雨兴起,雷雨兴起使百果草木舒展萌芽生长,舒解之时的功效是多么宏大啊!

损　卦

损,损下益上,其道上行[①]。损而有孚,元吉,无咎,可贞,利有攸往[②]。曷之用?二簋可用享。二簋应有时,损刚益柔有时[③]。损益盈虚,与时偕行[④]。

【注释】①自"损"至"其道上行",上艮为阳能止于上,下兑为阴能悦而顺其上,有损下益上之象,其旨在于奉上而行,以释卦名。②自"损而有孚"至"利有攸往","损"、"有孚"之间加"而"字,揭示有信是损道之根本。以释其下"元吉,无咎,可贞,利有攸往",此"四善"均因"有孚"而得。孚:信也。③自"曷之用"至"损刚益柔有时",说明施行"减损"必须适时,不论以"二簋淡食"奉上,还是损下之刚以益上之柔,均当顺"时"而不滥为,以释卦辞"曷之用,二簋可用享"之义。④"损益盈虚,与时偕行",总说此卦揭示"损益"之道在适时的意义。

【译文】减损,即言减损于下而增益于上,其道理是下者有所奉献于上者。减损之时能心存诚信,就至于吉祥,必无咎害,可以守持正固,利于有所前往。怎样体现减损之道呢?两簋淡食就足以奉献给尊者及神灵。奉献两簋淡食必须迎合其时,减损在下之阳刚而增益居上之阴柔也要适时。事物的减损增益或盈满亏虚,都是配合其时而自然进行的。

益　卦

益,损上益下,民说无疆[①],自上下下[②],其道大光。"利有攸往",中正有庆。"利涉大川",木道乃行。益动而巽,日进无疆。天施地生,其益无方[③]。凡益之道,与时偕行。

【注释】①无疆:犹言无边。②下下:前一"下"为动词,犹言深入。后一"下"用如名词,即下层,犹言民间。③无方:无方,犹言不分种类,不分地域,一视同仁。

【译文】益卦,就是通过减损上层高贵一方,来使下层卑贱下方受益,广大民众,内心喜悦无限。恩惠自上而下广泛施向民间,这种体恤下情的精神必定会大放光芒。

“利于有所往”，是因为保持中庸之道，采取了不偏不倚的公正态度，所以前去行事必定会带来喜庆吉祥。“利于渡河涉水”，就是说借助于舟楫和桥梁的便利，前进的道路将会畅通无阻。增益过程由雷霆般的主动进取与微风般的温和谦让组成，一天比一天发展而没有个尽头。就好比上天降下雨露，大地承受而滋生万物一样，这种增益活动不受地域限制，遍及四面八方。总的来看，减损高贵一方使卑下者受益的关键所在，就是要掌握时机酌情进行。

夬　卦

夬，决也，刚决柔也，健而悦，决而和。“扬于王庭”，柔乘五刚①也。“孚号有厉”，其危乃光②也。“告自邑，不利即戎”，所尚乃穷③也。

【注释】①柔乘五刚：指卦中一阴位于五阳之上。②光：广、大。③所尚乃穷：指上六处在上位的日子快穷尽了。

【译文】彖辞说：夬，就是决的意思，是阳刚冲决阴柔。卦的性质为健而悦、决而和。“扬于王庭”，是指一柔阴反居于五刚阳的上面。“孚号有厉”，是说其危险很大。“告自邑，不利即戎”，是因为柔阴在上位的日子快完了。

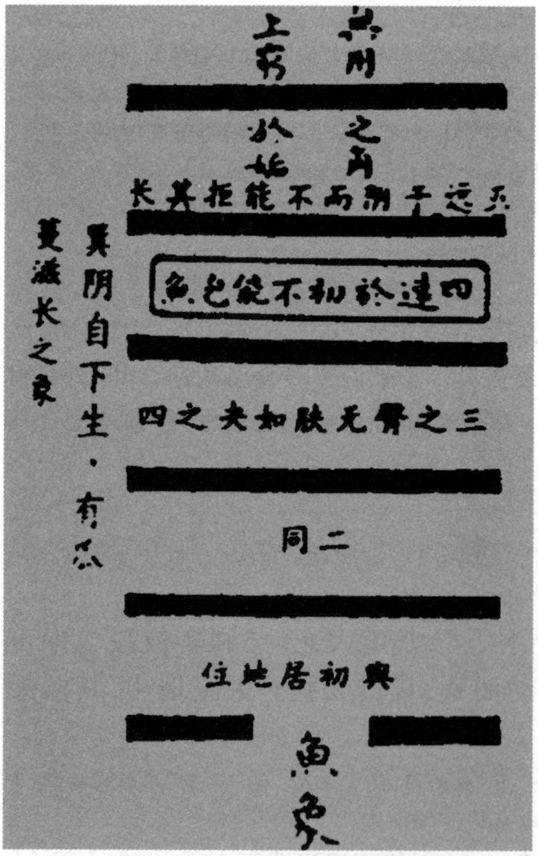

姤遇图，出自宋·佚名《周易图》

姤　卦

姤，遇也，柔遇刚也。①“勿用取女”，不可与长也。②天地相遇，品物咸章也；刚遇中正，天下大行也。③姤之时，义大矣哉！

【注释】①柔遇刚：姤卦下巽上乾，柔，指初六爻这个阴爻；刚，指二、三、四、五、上这五个阳爻。②不可与长：不可与之长久相处。③天地：指阴阳二气。品物：各类事物。品，类。章：彰。刚遇中正：刚，指九五爻，此爻位居上卦之中，阳爻处阳位，所以是遇中处正。

【译文】姤卦象征相遇，姤意思就是相遇，具体而言，指阴柔遇到阳刚，而相应相合。“不宜娶此女为妻”，是由于不可与行为不端的女子长久相处。然而天地阴阳二气相互遇合毕竟是正常现象，因此只要双方相遇，万物的化育生长就能昭然显现出来；阳刚遇中处正，其理想抱负必将畅行于天下。可见，相遇的时间因素十分重要！

萃　卦

萃，聚也；顺以说，刚中而应，故聚也。[①]"王假有庙"，致孝享也；"利见大人，亨"，聚以正也；"用大牲吉，利有攸往"，顺天命也。[②]观其所聚，而天地万物之情可见矣！

【注释】①顺以说：萃卦下坤上兑，顺，指下卦坤，坤为顺；说，即悦，指上卦兑，兑为悦。刚中：指九五爻阳刚居上卦中位。②致孝享：向祖先表达孝意和诚心。致，表达。享，奉献。

【译文】萃卦象征会聚，萃，意思就是会聚；具体而言，指物性和顺而欣悦，阳刚居尊处上能够持守中道并迎合于下，所以就能广聚众物。"君王来到宗庙祭祀祖先"，这是对祖先表达孝敬之意，奉献诚信之心；"利于大德大才之人出世，亨通顺利"，是由于大德大才之人主持会聚必能持守正道；"用大牲祭祀，必获吉祥，利于有所举动"，是告诫人们会聚必须顺从天命。观察会聚现象，天地万物的情状就可以明白了！

升　卦

柔以时升，巽而顺，刚中而应，是以大"亨"。[①]"用见大人勿恤"，有庆也；"南征吉"，志行也。[②]

【注释】①柔以时升：柔，指上下卦均为阴卦；以，因。巽而顺：升卦下巽上坤，巽，即逊和，指下卦巽，巽义顺，顺在这里是逊和的意思；顺，指上卦坤，坤义顺。②庆：庆祥，喜庆。

【译文】升卦象征上升，在卦象上表现为循沿阴柔之道适时上升，逊和而又柔顺，阳刚居中而又能向上迎合于尊者，所以最为"亨通"。"利于大德大才之人出世，不必有什么忧虑"，是由于此时上升必有喜庆；"向南方兴兵征战，必获吉祥"，是由于上升的志向可以如愿畅行。

困　卦

困，刚揜也[①]。险以说，困而不失其所，"亨"，其唯君子乎！[②]"贞大人，吉"，以刚中也；"有言不信"，尚口乃穷也[③]。

【注释】①刚揜(yǎn)：困卦下坎上兑，而坎为阳卦，兑为阴卦，阳下而阴上，呈阳刚被遮而不能伸之象。②险以说：险，指下卦坎，坎为险；说即悦，指上卦兑，兑为悦。③刚中：指九二爻和九五爻阳刚居中。尚口：崇尚多言巧辩。口，指言说，论辩。

【译文】困卦象征困穷，这是由于阳刚被阴柔遮蔽而志向不能施展。身处险境而仍然欢快欣悦，说明虽然困穷仍然不放弃所持守的理想，追求"亨通顺利"的前景，这

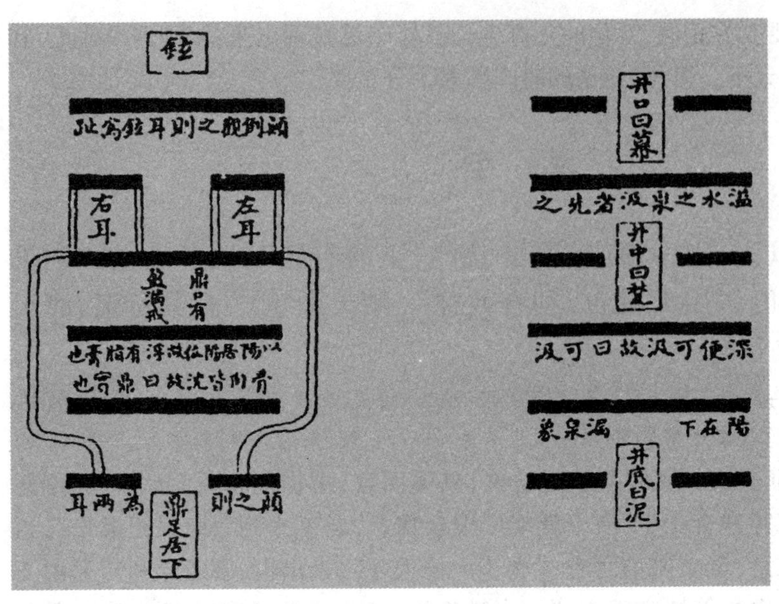

井鼎水火二用之图，出自宋·佚名《周易图》

大概只有君子才能如此吧！“占问，大德大才之人可获吉祥”，是因为阳刚君子具有居中守正的美德；身处困境“即使有言相说也不被相信”，是因为崇尚多言巧辩不唯于事无补，反而会使自己更加困穷。

井 卦

巽乎水而上水，井；井养而不穷也。①“改邑不改井”，乃以刚中也；“汔至亦未繘井”，未有功也；“羸其瓶”，是以凶也。②

【注释】①巽乎水而上水：井卦下巽上坎，巽即顺，指下卦巽，巽义顺；水，指上卦坎，坎为水。②刚中：指九二爻和九五爻，此二爻阳刚而分别处于上下卦之中位。

【译文】井卦象征水井，在卦象上表现为顺沿水性向下挖掘而引水向上，开出的便是水井；井以水养人而汲取不尽。“村镇变动而水井不能迁移”，是由于君子具有阳刚居中守正的美德；“水将枯竭也无人淘井”，则无法实现井水养人的功用；“毁坏水瓶”，便无法打水，所以凶险。

革 卦

革。水火相息①，二女同居其志不相得，曰革。“巳日乃孚”，革而信之。文明以说，大亨以正。革而当②，其悔乃亡。天地革而四时成，汤武革命③，顺乎天而应乎人，革之时大矣哉！

【注释】①息：同“熄”，熄灭。②当：适当、恰当。③汤武革命：汤指商汤，武指周武王。革命，实施变革以应天命，在此指改朝换代。

【译文】革卦。水火不容而相互熄灭对方，二女同居一室，心志不相同，必然相互要革除对方，所以叫革。“巳日乃孚”，是说变革之后而能受到百姓信任。革卦的性质是文明以悦，所以能以中正之德来保持大为亨通。变革而恰当，就会没有悔吝。天地不断变革而四时形成，商汤和周武改朝换代，上顺应于天命，下符合人心，革的时用意义真大啊！

鼎　卦

鼎[①]，象也。以木巽火，亨饪也[②]。圣人亨以享上帝，而大亨以养圣贤。巽而耳目聪明，柔进而上行，得中而应乎刚，是以“元亨。[③]”

【注释】①鼎：古代烹煮食物的器具。②亨：同烹。③高亨说：“‘元’下当有‘吉’字，转写脱去。经文曰：‘元吉，亨’，传文亦当曰：‘元吉，亨’，明矣。卦辞云‘元吉，亨’者，元，大也；亨，通也。此言大吉而亨通也。”

【译文】鼎卦，是说此卦的形状好像古代烹饪的鼎。鼎的内卦为巽，巽下为木；外卦为离，离上为火。木柴被火燃烧，这就是烹饪食物。而圣人烹饪食物以祭祀天帝，进而大规模地烹饪食物以供养圣贤，使他们谦顺辅佐尊者，而尊者就会耳聪目明，继而前进向上，得处中位又能够保持柔顺的美德，所以就十分亨通。

震　卦

震，亨。“震来虩虩”，恐致福也[①]。“笑言哑哑”，后有则也[②]。“震惊百里”，惊远而惧迩也。“不丧匕鬯”[③]，出可以守宗庙社稷，以为祭主也。

【注释】①致：得到。②后：君王。③不丧匕鬯：朱熹《周易本义》：“程子以为‘迩也’下脱‘不丧匕鬯’四字，今从之。”按：程颐《易传》有道理，今添上“不丧匕鬯”四字。

【译文】《彖传》说：震卦是讲中兴事业会亨通的。“霹雳响起来很可怕，”但恐惧会得到好处。“谈笑咿哑自若”，是君王自有原则。“霹雳惊动百里以内”，是使远近的人都害怕。“不倾出勺子里的香酒”，出去可以守住宗庙社稷，做祭祀的主人。

艮　卦

艮，止也。时止则止，时行则行；动静不失其时。其道光明[①]。艮其止，止其所也。上下敌应，不相与也，是以不获其身，行其庭不见其人，无咎也[②]。

【注释】①自“艮”至“其道光明”，揭示抑止之道要适时而用，才能动静得当，而抑止的道理便因之而光明，以释卦名之义。②自“艮其止”至“无咎也”，说明抑止之道应当止其所止，上下六爻皆敌对而不相亲与之象，指明抑止邪欲应相背而使被止者不见邪欲的道理。

【译文】艮，即言抑止。其时应当抑止就抑止，应当前行就前行；或动或静不能违背适当的时机，抑止的道理就能光辉灿烂。施止于应当抑止之处，说明抑止适得其所。上下之间相互敌对，不相交往亲与，所以就像不让身体朝向当止的私欲。犹如行走在庭院也两两相背，互不见对方所止的邪恶，这样抑止就不会有灾祸。

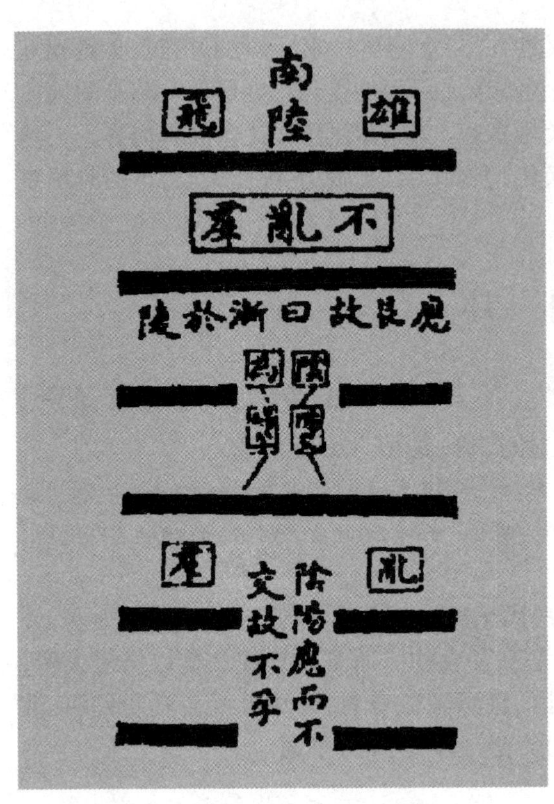

鸿渐南北图，出自宋·佚名《周易图》

渐 卦

渐之进也，女归吉也[①]。进得位，往有功也；进以正，可以正邦也[②]。其位，刚得中也；止而巽，动不穷也[③]。

【注释】①"渐之进也，女归吉也"，谓事物循渐而能进，正合"女归"而获吉之象，以释卦名及卦辞"女归吉"之义。②自"进得位"至"可以正邦也"，以九五高居尊位之象，说明"渐进"而得位、得正，必可以"建功""正邦"，以释卦辞"利贞"之义。③自"其位"至"动不穷也"，以九五阳刚居中而处尊位之象，及下艮为止、上巽为逊顺之象，说明事物有刚健中和、静止逊顺的美德，即可渐进而获益。

【译文】渐渐向前行进，犹如女子出嫁循礼渐行可获吉祥。渐渐行进获得正位，说明前往必能建立功勋；渐渐行进而遵循正道，就可以端正邦国民心。事物能够渐居尊位，往往由于阳刚强健又有中和美德；只要静止不躁而又谦逊和顺，这样逐渐行动就不致困穷。

归妹卦

归妹，天地之大义也。天地不交，而万物不兴；归妹，人之终始也。说以动，所归妹也[①]；征凶，位不当也。无攸利，柔乘刚也[②]。

【注释】①自"归妹"至"所归妹也"，举"天地"、"万物"因阴阳结合而繁衍生息之例，说明归妹之宏大意义，并举下兑为说、上震为动之象，谓因悦而动正可嫁出少女，以释卦名。②自"征凶"至"柔乘刚也"，九二和六五爻均居位不当之象及六三以阴乘阳之象，以释卦辞"征凶，无攸利"之义。

【译文】嫁出少女，是天地阴阳的宏大意义。天地阴阳不相交，万物就不能繁殖兴旺；嫁出少女，人类就能终而复始地生息不止。欣悦而能动，说明可以嫁出少女。往前进发将有凶险，说明置身处位不妥当；无所利益，说明阴柔乘凌阳刚之上。

丰 卦

丰，大也。明以动，故丰①。王假之，尚大也；勿忧宜日中，宜照天下也②。日中则昃，月盈则食；天地盈虚，与时消息，而况于人乎？况于鬼神乎③。

【注释】①自“丰”至“故丰”，是说光明之德而动必可获致“丰大”，以释卦名。②自“王假之”至“宜照天下也”，说明“丰”之所尚在于美德宏大，并谓即获“丰”之所尚在于美德宏大，并谓即获“丰大”者当以其德照临天下，以释卦辞“王假之，勿忧，宜日中”之义。③自“日中则昃”至“况于鬼神乎”，广引天地、日月盈盛必亏的现象，揭明“丰”极必衰，处“丰”不可过“中”之理。

【译文】丰，是丰厚盛大的意思，道德光明而后实施于行动，所以能获丰大成果。譬如有德君王可以达到丰大的境界，这是崇尚宏大的道德；不必忧虑，宜于像太阳正居中天一样保持充盈的光辉，说明宜于让盛德之光遍照天下。太阳高居中天必将西偏，月亮圆满盈盛必将亏蚀；天地有盈满也有亏虚，无不伴随着时运更替着消亡与生息，又何况人呢？何况鬼神呢？

旅 卦

旅，小亨，柔得中乎外①，而顺乎刚②。止而丽乎明，是以“小亨，旅贞吉”也。旅之时义大矣哉。

【注释】①柔得中乎外：指六五爻以阴居于外卦的中位。②顺乎刚：指六五顺承于上九。

【译文】旅卦，有小的亨通，是因为阴柔居于外卦的中位，而顺承于阳刚。本卦的性质是止而文明，所以“小亨，旅贞吉”。旅的时用意义真大啊！

旅次舍图，出自宋·佚名《周易图》

巽 卦

重巽以申命[①]。刚巽乎中正而志行[②]。柔皆顺乎刚[③],是以“小亨。利有攸往,利见大人。”

【注释】①申命:申,申述,表明。命,意旨。②刚巽乎中正:本卦九二、九五阳爻,为刚,分别居于下卦与上卦的中位,所以说“刚巽乎中正”。③柔皆顺乎刚:本卦初六,六四阴爻,为柔,分别居于二阳爻之下,是阴柔俯顺于阳刚之象。像臣民俯顺于君上,所以为“小亨”之兆。

【译文】两个巽卦上下重叠,意在重申上面的意旨。阳刚者行为果敢、刚毅、公正,人人顺从,他的志向和抱负才能实现,而阴柔者能以谦柔去顺乎阳刚,所以说“稍见亨通,利于出利,利于公见王公贵族”。

兑 卦

“兑”,说也。[①]刚中而柔外,说以“利贞”,是以顺乎天而应乎人。[②]说以先民,民忘其劳;说以犯难,民忘其死。[③]说之大,民劝矣哉![④]

【注释】①说:通“悦”,欣悦,欢乐。下同。②刚中而柔外:兑卦下兑上兑,这里的刚中,指九二爻和九五爻,此二爻阳刚居中;柔外,指六三爻和上六爻,此二爻阴柔处外。③先民:这里蒙后省略一“劳”字,完整的说法应为“先于民而劳”。犯难:即赴难。劝:勉,努力。

【译文】兑卦象征欣悦,兑就是欢乐、欣悦的意思。卦中阳刚居中而阴柔处外,令人欢乐、欣悦而“利于占问”,所以正当的欢乐、欣悦既顺依天理又应合人情。阳刚君子在欢乐、欣悦之时只要勇于身先民众承受劳苦,民众必能任劳忘苦;只要勇于奔赴危难不避艰险,民众必能舍生忘死。可见,欢乐、欣悦的意义十分宏大,可以使民众都努力奋发!

涣 卦

涣,“亨”,刚来而不穷,柔得位乎外而上同。“王假有庙”,王乃在中也;“利涉大川”,乘木有功也。[①]

【注释】①王乃在中:王,喻九五爻居位正中,处九五尊位。乘木有功:乘木,指上卦巽,巽为木,和下卦坎,坎为水,上巽下坎如木舟行于水上;有功,以“乘木”即木舟行于水上喻聚合人力共渡险难。

【译文】涣卦象征涣散,意思是江河之冰到了春天又化为水,占得此卦之所以“亨通顺利”,是由于阳刚者前来居处于阴柔之中而自身却未陷入困穷,而阴柔者则在外获得正位,并向上与阳刚者心志协同,从而使阴阳二气虽然涣散却心聚神通。“举行祭祀大典,君王亲自来到宗庙祭祀祖先”,是由于君王聚合人心居正处中;“利于涉越大川巨流”，是由于乘坐木舟渡河能够同心协力涉越险难，从而获得成功。

节　卦

节，“亨”，刚柔分而刚得中。[①]“苦节，不可贞”，其道穷也。[②]说以行险，当位以节，中正以通。[③]天地节而四时成；节以制度，不伤财，不害民。[④]

【注释】①刚柔分而刚得中：节卦下兑上坎，这里的刚指上卦坎，坎为阳卦；柔指下卦兑，兑为阴卦；刚得中，指九二爻和九五爻，这两个阳爻分别居于上下卦之中。②其道穷：指上九爻穷极于上。③说以行险，当位以节，中正以通：说，即“悦”，指下卦兑，兑为悦；险，指上卦坎，坎为险；当位，指六四爻和九五爻，此二爻阴得阴位、阳得阳位，所以称“得位”；中正，指九五爻，此爻阳居阳位且在上卦之中，因而居中处正，所以称“中正”。④制度：本义为典章制度，这里引申为尺度，分寸。

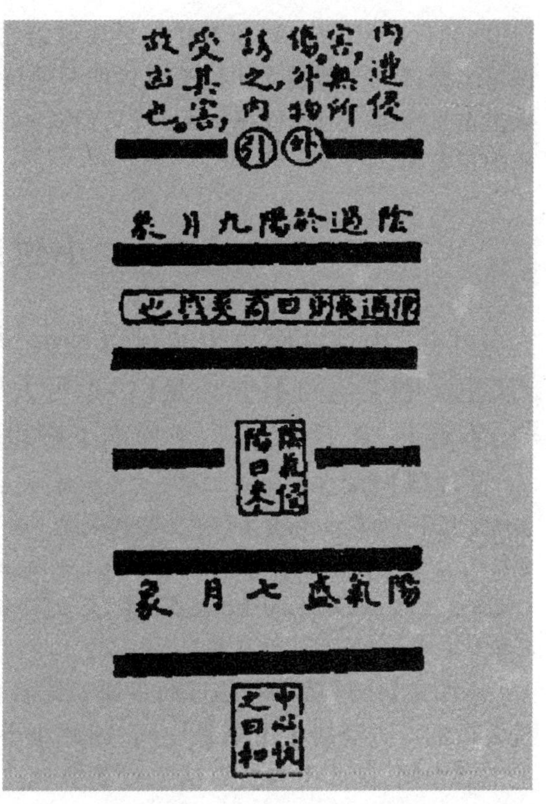

涣躬图，出自宋·佚名《周易图》

【译文】节卦象征节制，而占得此卦必致“亨通顺利”，是由于阳刚与阴柔分别居于上下而区分得非常清楚，且阳刚又获得中正之道。“举行祭祀大典，如果以节制为苦事因而不肯节制，则不可占问”，因为节制之道至此已经穷极不通了。穷极不通便有险难。如果能够欢乐欣悦地趋险赴难，并持守中正，也会畅通无碍。天地的运行正是由于有一定的节制，才使四季得以形成并严整有序；而节制又要有法度，这样才能既不浪费资财，又不伤害民众。

中孚卦

“中孚”，柔在内而刚得中；说而巽，孚乃化邦也。[①]“豚鱼吉”，信及豚鱼也；“利涉大川”，乘木舟虚也；中孚以“利贞”，乃应乎天也。[②]

【注释】①柔在内而刚在中：中孚卦下兑上巽，这里的柔指六三爻和六四爻；刚指九二爻和九五爻。②乘木舟虚：木舟，指上卦巽，巽为木，而木可以造舟。

【译文】中孚卦象征内心诚信，在卦象上表现为柔顺者处内而谦虚至诚，刚健者居外而中实有信；遂使在下者欢乐欣悦，在上温文和顺，共同以诚信之德教化家邦。

"用豚和鱼祭祀祖先,可获吉祥",是说诚信之德已经达到豚和鱼身上,连它们也具有诚信之德;"利于涉越大川巨流",说明只要持守诚信之德,无论遇到什么危难,都能像乘坐木舟涉越江河那样畅行无碍;只要胸怀诚信"占问便有利",是因为能够应合天道的中正美德。

小过卦

小过,小者过而亨也。过以利贞,与时偕行也。柔得中[①],是以"小事吉"也。刚失位而不中[②],是以"不可大事"也。有飞鸟之象焉。"飞鸟遗之音,不宜上,宜下,大吉",上逆而下顺也[③]。

【注释】①柔得中:指六二居于下艮中间,六五居于上震中间,是得中说。②刚失位而不中:指阳爻九居于阴位四,而且不居于上震中间,是一般爻位说结合得中说。③上逆而下顺:孔颖达《周易正义》:"此就六五乘九四之刚,六二乘九三之阳,释所以'不宜上,宜下,大吉'之义也。"六五在九四上面,以柔乘刚,是逆;由于出现在上震,是为"上逆"。六二在九三下面,以柔承刚,是顺:由于出现在下艮,就是"下顺"。这些都是关系说。

【译文】小过是小者超过而亨通。凭着合于正道得到好处而超过,是随顺着时机发展的。柔爻居于上下卦中间,因此小事情吉利。刚爻失去应有位置又不居于上下卦中间,因此干起大事情来就不顺利。说"飞鸟遗之音,不宜上,宜下,大吉",是由于六五在九五之上,以柔乘刚而逆于上,六二在九三之下,以柔承刚而顺于下的缘故。

既济卦

既济,亨,小者亨也。利贞,刚柔正而位当[①]也。初吉,柔得中也[②]。终止则乱,其道穷也。

【注释】①刚柔正而位当:正而位当,象征君臣上下各在其位,各尽其职,共同追求事业成功。②初吉,柔得中也:柔,具体指阴爻六二居下卦中间,象征臣下公正而又不偏激、片面。既济以内卦即下卦为主,初、二两爻均代表成功的初期。

【译文】既济卦象征成功,亨通,连小者也会亨通。利于坚守正道,是由于刚柔各正其位,各当其职。初期吉利,说明阴柔也能守正不偏。终期停止前进将会出现动乱,说明前进的道路已经走不通了。

未济卦

未济"亨",柔得中也[①]。"小狐汔济",未出中也[②]。"濡其尾,无攸利",不续终也。虽不当位,刚柔应也[③]。

【注释】①柔得中：本卦六五之爻为阴爻，为柔，居上卦中位，是阴柔得位。②未出中：犹言所行不合事理。③虽不当位，刚柔应也：本卦初六、六三、六五均为阴爻，而居阳位，是“不当位”。但是九二、九四、上九均为阳爻，为刚，与三阴爻相互呼应，所以说“刚柔应”。

【译文】未济卦，有亨通之象，因为柔弱者善于顺从并能居于中位不偏倚。“小狐狸快要渡过河，”但还在水里，处在危险之中。“小狐狸的尾巴被河水浸湿了。所行无所利”，说明虽然经过努力想促使事情成功，但不能持续下去，最终没有什么吉利。未济卦的全部爻位都不正当，但若能使刚柔相济，则还是能够成功的。

象辞传[①]

象辞上传

乾　卦

天行健,君子以自强不息。

“潜龙勿用”,阳在下也。

“见龙在田”,德施普也[②]。

“终日乾乾”,反复道也[③]。

“或跃在渊”,进“无咎”也。

“飞龙在天”,“大人”造也[④]。

“亢龙有悔”,盈不可久也。

“用九”,天德不可为首也[⑤]。

【注释】①《象传》:《易传》之一。随上下经分为上下两篇,主旨在于解释各卦卦象及各爻爻象。又分为《大象传》和《小象传》。②普:普遍,广泛。③反复道:反复行道。④造:为,作。⑤天德:阳刚之德。不可为首:不可以有终极之时,否则便会刚去柔来。首,终。

【译文】高天的运行强劲而刚健,君子具有高天的美德,因此能够奋发自强,健行不息。

“巨龙潜伏在深渊,暂时不宜施展才能”,表明阳气初生居位低下,尚无力进取。

“巨龙出现在田野”,表明德业昭著,正在普施天下。

“终日健行不息”,表明反复行道以求进而上升。

“有时腾跃上进,有时退处深渊”,表明审时而进“必无灾祸”。

“巨龙飞上云天”,表明“大德大才之人”已经振作奋起,大展雄才。

“巨龙飞升至极顶,必遭困厄”,表明已经上升到穷极之地,不可能长久存在下去。

“用九之数”,表明高天的德业不可以有终极之时。

坤　卦

地势坤[①],君子以厚德载物。

"履霜坚冰",阴始凝也;驯致[2]其道[3],至"坚冰"也。

"六二"之动,"直"以"方"也[4];"不习无不利",地道光也。

"含章可贞",以时发也[5];"或从王事",知光大也。

"括囊无咎",慎不害[6]也。

"黄裳元吉",文[7]在中也。

"龙战于野",其道穷也。

"用六永贞",以大终也。

【注释】①坤:顺。②致驯:犹顺推。③道:指自然之道。④直、方:指人的行为。⑤发:发扬,发现。⑥不害:没有害处。⑦文:纹,文采。

【译文】大地的气势平坦舒展,顺承天道。君子有鉴于此,取法大地,以宽厚的德行载育万物。

"当踏在寒霜之上,预示结冰的季节就要到来。"说明这是阴气开始凝结了。顺着自然规律的发展,有了霜,就必然导致冰雪的到来。

对于人来说,按六二的道理去行动,必然胸怀坦荡,规矩守法。"即使不加修习也不会有什么不利",这是大地的德行发扬光大的结果。

所以说,"胸怀才华而不露,就可保持纯正",美好的东西总会有机会显示出来。"如果辅佐君王从事政务",将会大显身手,光大发扬。

"缄口不语,必无损失"是以此比喻为人做事要注意收敛,谨慎行事,才不会出现灾祸。

"穿着黄色的衣裙,大吉大利",是因为黄色示中,而把有文采的内衣藏在里面,是为人谦逊的一种表现。

"两龙在野地相斗",表示已经到了穷途末路。

"用六之数,利于占卜长久之吉凶",说明为人要永远正直,就会实现远大的目标。

屯 卦

云雷,屯,君子以经纶[1]。

虽"磐桓",志行正也;以贵下贱,大得民也[2]。

"六二"之难,乘刚也[3];"十年乃字",反常也。

"即鹿无虞",以从禽也[4];"君子舍"之,"往吝",穷[5]也。

"求"而"往",明也。[6]

"屯其膏",施未光也。[7]

"泣血涟如",何可长也?

《屯·象传》云："以贵下贱，大得民也。"地位尊贵的人虚心对待地位低下的人，就一定会受到拥戴。图为明·张居正《帝鉴图说》之"下车泣罪图"，讲述大禹外出遇到一群犯人，于是下车哭泣，检讨自己德化不够，致使人民犯罪，这一行为被看做是"以贵下贱"的典范

【注释】①经纶：治丝，整理丝线，引申为治理国家。②以贵下贱：以尊贵的身份下降到贫贱的环境中去。③乘刚：乘是凌驾之义。乘刚就是柔在刚之上。这是以六二的爻位而言的。六二是阴爻，可下面的初九是阳爻，故言乘刚。④从禽：从，通作纵，放纵。禽，指鹿。古代飞禽走兽均可称禽。⑤穷：穷尽，穷途。⑥明：明智，正确。⑦施光：施，施展。光，光大，广大。

【译文】云和雷在空中结合，虽未下雨，这就形成了《屯》卦的象征。有地位的人有鉴于此，以雷的威严，雨的恩泽，开创功业，治理国家。

虽然徘徊难进，但志向和行为端正。在困难的时刻，能把自己尊贵的身份下降到贫贱的环境中去，就可大得民心。

六二卦示艰难，是因为柔盛于刚，所以女子不宜出嫁，"要待十年之后才能出嫁"，这就成了反常的现象了。

"追猎山鹿没有看林人引导"，就只有把鹿放掉。聪明人所以舍鹿不追，因为一意追逐，行进困难，必遭险恶。

"为求婚而积极前往"，是一种明智的举动。

"只顾自己囤积财富，而不帮助别人"，是喻其为人悭吝，无人帮助，所以其发展是不可能广大的。

"泪水涟涟，伤心而归"，这种情况怎么可能长久呢？

蒙卦

山下出泉，蒙。君子以果行育德[①]。

"利用刑人"，以正法也。

"子克家"，刚柔节也[②]。

"勿用取女"，行不顺也[③]。

"困蒙"之"吝",独远实也④。

"童蒙"之"吉",顺以巽也⑤。

"利"用"御寇",上下顺也⑥。

【注释】①山下出泉:这是以蒙卦的卦象而说的。蒙卦上艮为山,下坎为水之象,泉流出山必渐汇成江河,正如"蒙稚"渐启;果:果敢、坚决。果,用如动词。"果行"犹言果决其行,含"百折不挠"之意。②刚柔节:这是以九二的爻位而言的。九二阳刚,有"子"能治家,下者为尊者师之象;六五阴柔,有尊者下求贤师,虚心受教之象。二、五应合,故称"刚柔节"。③行不顺:这是指六三阴居阳位,下乘九二。④独远实:阳实阴虚,四独远九二,故称。尚秉和说:"实为阴,初、三、五皆近阳,四独居,故曰'独远实'。"⑤顺以巽:巽(xùn),服从,谦逊。以,连词,犹"而",犹言谦逊。⑥上下顺:上下和顺,同心同德。

【译文】如同"山下溢出泉水",这就是蒙卦的象征。但要发掘甘泉意喻启蒙教育,就要坚持不懈地采取果敢的行动去培养优秀的品德。

用树立典型的办法进行启蒙教育,是为了确立法度,以便遵循。

"儿辈已成家室",表明阴阳配合,刚柔相济,故成家室。

"不能娶此女为妻",是因为此女启蒙教育不良,行为不合礼仪。

处于困境之中的年幼无知的人,是因为他困居独处,离现实生活太远了。

"年幼无知的儿童之所以吉祥",是因为他们能够恭顺地对待蒙师,容易接受教导。

发现缺点,要以御寇的手段治蒙,这样施教才可能使上下顺应,同心和谐。

需　卦

云上于天,需;君子以饮食宴乐。①

"需于郊",不犯难行也;

"利用恒无咎",未失常也。②

"需于沙",衍在中也;虽"小有言",以"终""吉"也。③

"需于泥",灾在外也;自我"致寇",敬慎不败也。④

"需于血",顺以听也。⑤

"酒食贞吉",以中正也。⑥

"不速之客来,敬之终吉",虽不当位,未大失也。⑦

【注释】①云上于天,需:需卦上卦为坎,坎为云,云生雨,雨即水;下卦为乾,乾为天。云集于天,待时降雨,所以坎、乾为"需"。宴乐:安乐。晏即"晏",安乐。②未失常:未曾违背常理。③衍在中:此句是说九二爻阳刚居中,犹如水流在河中漫延,不可躁进。衍,漫延。④灾在外:指九三爻尚有险难在身外。⑤顺以听:"听"与"顺"义近互文。此句是说六四爻柔,能顺而听命以上行。⑥中正:指九五爻阳爻居于阳位而居中处正。⑦位不当:上六爻阴爻居阴位,本当其位,但由于已经上达极顶,遂致进退无路,使之虽居于最高位,却等于无位,所以称"位不当"。

【译文】阴云聚于高天而待时降雨,象征"等待";君子观此卦象和卦名,便知道应当等待时机以饮食颐养身体,以安乐陶冶性情。

“在郊野中等待”，表明不向险难之地贸然前行；“宜于持之以恒，必无灾祸”，是由于这样没有违背常理。

“在沙滩上等待”，是由于水流在沙滩中漫延，不可躁急轻进；尽管“略有口舌是非”，但是坚持至终也能获得“吉祥”。

“在泥泞中等待”，是由于尚有灾祸在身外；自己不慎“招致贼寇到来”，就会自取其咎，表明处于此时此地唯有恭谨审慎才能避免失败。

“在血泊中等待”，是说应当顺处静待，听命于时势的安排。

“在酒食宴享中等待，占问会获吉祥”，是由于居中得正。

“不速之客来访，只要以礼敬之，最终将获吉祥”，表明尽管处位不当，却未必会遭受重大损失。

讼 卦

天与水违行，讼；君子以作事谋始[①]

“不永所事”，讼不可长也；虽“小有言”，其辩明也。

“不克讼归逋”，窜也；自下讼上，患至掇也。[②]

“食旧德”，从上“吉”也。[③]

“复即命，渝”，“安贞”，不失也。

“讼元吉”，以中正也。

以讼受服，亦不足敬也。[④]

【注释】①天与水违行，讼：讼卦上卦为乾，乾为天；下卦为坎，坎为水。②窜：伏窜，即躲藏。自下讼上，患至掇：下，指九二爻；上，指九五爻。此二爻不相应，所以有争讼之象。患至掇，指九二爻“患至”是咎由自取。掇，拾，这里引申为“自取”。③从上：指六二爻阴柔承乾卦阳刚。④以：因。

【译文】天向西转，水往东流，二者相互背道而行，象征“争斗”；君子观此卦象和

《讼·象传》说：“君子以作事谋始”，指君子做事时要有预见性。图为明代张居正《帝鉴图说》中的《戒酒防微图》，说大禹尝了酒后感叹后世必有人因酒亡国，这充分体现了禹的预见性，符合《易经》中“君子以作事谋始”的思想

卦名，悟出做事应当预谋其初，以杜绝争斗的根源。

“不为争斗之事纠缠不休”，是说争斗不可长久持续下去；尽管“略有口舌是非”，但是通过争辩是非最终得以辨明。

“争斗失利，返回以后就应当逃避”，这是为了躲藏起来；卑下者与尊上者争斗，祸患临头完全是咎由自取。

“安享旧日俸禄”，表明顺从尊上可获吉祥。

“回心归于正理，改变争斗初衷”，“安守正道”，便无损失。

“审断争斗，判明是非曲直，大吉大利”，是由于尊上者断案持中守正。

此爻表明因争斗而得到华服之赏，并不值得尊敬。

师　卦

地中有水，师；君子以容民畜众。[①]

“师出以律”，失律凶也。

“在师中吉”，承天宠也；“王三锡命”，怀万邦也。[②]

“师或舆尸”，大无功也。

“左次无咎”，未失常也。

“长子帅师”，以中行也；“弟子舆尸”，使不当也。

“大君有命”，以正功也；“小人勿用”，必乱邦也。[③]

【注释】①地中有水，师：师卦上卦为坤，坤为地；下卦为坎，坎为水，所以称“师”为“地中有水”。师，众的意思。古人认为地中最“众”之物为水，所以用“水”解释师卦卦义。②承天宠：指九二爻与六五爻有应。天，指六五爻。③正：定，评定。

【译文】大地之中蕴藏着丰富的水源，象征“军队”；君子观此卦象和卦名，便广泛地容纳和蓄养民众。

“军队出征，必须遵依号令而行动”，是由于军纪败坏必有凶险。

“统率军队出征打仗，持守中道而不偏不倚，可获吉祥”，是因为这样可以受到君王的宠爱；“君王多次颁布诏命，奖赏其功”，是由于君王怀有平治天下的宏大志向。

“士兵时而用大车载运尸体归来”，表明一点战功也没有建树。

“军队驻扎在左方准备随时撤退，可以免遭灾祸”，因为这样做没有违背用兵的通常之道。

“长子率师征战”，表明做事居中不偏；“次子用大车载尸而归”，这是因为用人不当。

“天子颁布诏命”，是为了论功行赏；“不要重用小人”，因为一旦重用小人必将使国家陷入战乱之中。

比　卦

地上有水，比。先王以建万国，亲诸侯[①]。

《比卦·象传》说："地上有水，比。先王以建万国，亲诸侯"。其意是指国君把天下分封为诸侯国，才能得到诸侯的亲附。此图为《连环图画封神传》中的《分封列国图》，讲述武王建立周朝后分封诸侯的情形

比之"初六"，有它吉也②。

"比之自内"，不自失也。

"比之匪人"，不亦伤乎③！

外比于贤，以从上也。

显比之吉，位正中也。舍逆取顺，失前禽也。邑人不诫，上使中也。④

比之无首，无所终也⑤。

【注释】①"地上有水，比。先王以建万国，亲诸侯"，为比卦的《大象传》。揭示比卦下坤为地、上坎为水之象，谓水居地面正为"亲比"之象征，推阐出先王效法此象，建国封侯以相亲比的意义。②"比之初六，有它吉也"，为《比》卦初六爻的《小象传》。解说比初六爻辞"有它，吉"之义。③"比之匪人，不亦伤乎"，为比卦六三爻的《小象传》。以解说比六三爻辞"比之匪人"的象征内涵。④"显比之吉，位正中也；舍逆取顺，失前禽也；邑人不诫，上使中也"，为《比》卦九五爻的《小象传》。以解说九五爻辞"显比；王用三驱，失前禽，邑人不诫"的象征内涵。⑤"比之无首，无所终也"，为比卦上六爻的《小象传》。以解说比上六爻辞"比之无首"的象征内涵。

【译文】地上的水与地亲密无间，象征亲密比辅；先王因此而封邦建各国，并亲近诸侯。《比》卦的初六爻，说明九五广应于他方必获吉祥。从内部亲密比辅于君主，说明六二不曾自失正道。亲密比辅于行为不正当的人，岂不是可悲的事？在外亲密比辅于贤君，六四顺从于尊上。光明无私地与众人亲比而获吉祥，九五居中而刚正；田猎时舍弃违逆者取其顺从者，正如听任前方的禽兽走失；属于邑人也不相警备，这是君上使下属保持适中之道。亲密比辅于人却不领先居首，上六就没有好结果。

小畜卦

风行天上，小畜。君子以懿文德①。

复自道，其义吉也②。

牵复在中，亦不自失也③。

夫妻反目，不能正室也④。

有孚惕出，上合志也⑤。

有孚挛如，不独富也。

既雨既处，德积载也。君子征凶，有所疑也⑥。

【注释】①"风行天上，小畜。君子以懿文德"，为小畜卦的《大象传》。懿，指德行美好。②义犹言"宜"，即不悖理。③中，谓九二阳刚居中，不自失，指不失阳德。④"夫妻反目，不能正室也"，为小畜卦九二爻的《小象传》。正，用作动词，犹言"规正"；室，谓妻室。⑤上合意，指六四上承九五。⑥疑，通"凝"；指上九处"小畜"至极之时，阴气畜阳盛盈，若上九不抑止被"畜"，而沿此以往，其阳必被阴气所凝聚统化，故爻辞有"征凶"之戒。

【译文】风在天上吹，象征小有畜聚。君子用来修美文章道德待时。复返自身的阳道，初九行为合宜可获吉祥。被牵连复返阳刚之道而居守中位，九二也能不自失阳德。结发夫妻反目离异，九三不能规正妻室。阳刚施与诚信，于是脱出惕惧，说明六四与阳刚尊上意志相合。心怀诚信而牵系群阳共信一阴，九五不独享自身的阳刚富实。密云已经降雨、阳刚已被畜止，此时阳德被阴气积聚满载；君子若前往必遭凶险，往前将使阳质被阴气凝聚统化。

履　卦

上天下泽，履。君子以辩上下，定民志①。

素履之往，独行愿也②。

幽人贞吉，中不自乱也③。

眇能视，不足以有明也。跛能履，不足以与行也。咥人之凶，位不当也。武人为于大君，志刚也。④

愬愬终吉，志行也。

夬履贞厉，位正当也。

元吉在上，大有庆也⑤。

【注释】①"上天下泽，履。君子以辩上下，定民志"，为履卦的《大象传》。揭示履卦上乾为天，下兑为泽之象，谓天、泽尊卑有别，正为循礼"小心行走"的象征。②本句是指初九无所杂念，专心循礼。③"幽人贞吉，中不自乱也"，为履卦九二爻的《小象传》。解说九二爻辞"幽人贞吉"的象征内涵。④"眇能视，不足以有明也；跛能履，不足以与行也；咥人之凶，位不当也；武人为于大君，志刚也"，为履卦六三爻的《小象传》，以解说履六三爻辞"眇能视，跛能履，履虎尾咥人，凶，武人为于大君”的象征内涵。⑤“元吉在上,大有庆也”,为履卦上九爻的《小象传》。以解说履上九爻辞“元吉”的象征内涵。谓上九之时“履道”大成,故上下皆有福庆。

【译文】上为天下有泽,象征“小心行走”君子因此辨别上下名分,端正百姓循礼的意志。朴素无华、小心行走而有所前往,初九专心奉行循礼的意愿。幽静安恬的人守持正固可获吉祥,九二不自我淆乱心中的循礼信念。目眇而强视,不足以踏上征程;猛虎咬人的凶险,六三居位不适当,勇武的人要效力于大人君主,说明六三志向刚强。保持恐惧谨慎将获得吉祥,说明九四奉行小心循礼的志愿。刚断果决而小心行走,守持正固以防危险。说明九五居位正当。至为吉祥而高居上位,上九大有福庆。

泰卦

天地交,泰;后以财成天地之道,辅相天地之宜,以左右民。[①]

“拔茅征吉”,志在外也。[②]

“包荒得尚于中行”,以光大也。

“无往不复”,天地际也。

“翩翩不富”,皆失实也;“不戒以孚”,中心愿也。[③]

“以祉元吉”,中以行愿也。

“城复于隍”,其命乱也。

【注释】①天地交,泰:泰卦上卦为坤,坤为地;下卦为乾,乾为天。天地上下颠倒,形不可交而气可交,呈通泰之象,所以用“天地交”解释泰卦卦名。后:君王。财:通“裁”,裁制。左右:治理。②志在外:志在上进。③失实:即不富有。实,富实。

【译文】高天与大地相互交合,阴阳二气沟通无碍,象征“通泰”;君王观此卦象和卦名,便构拟出天地交通之道,协理天地化生之事,以治理天下万民。

“拔除茅草,兴兵征战可获吉祥”,表明志在向外进取。

“有包容大川的胸怀”,“能够辅佐持中不偏的君王”,是由于德行光明正大。

“不能总是向上而不复返”,因为处在天地交接之际,转化不可避免。

“往来翩翩,举止轻浮,不与其邻人共同富有”,表明上卦都失去了富实;“不以诚信之念相互告诫”,表明诸阳内心都有应下的意愿。

“因居此位而获得福泽,大吉大利”,是由于有居中不偏并将去应下的意愿。

“城墙倾斜在城河之中”,表明发展前景已经错乱,即将发生转化。

否卦

天地不交,否;君子以俭德辟难,不可荣以禄。[①]

“拔茅贞吉”,志在君也。

“大人否亨”,不乱群也。[②]

“包羞”,位不当也。

"有命无咎",志行也。

"大人"之"吉",位当也。

"否"终则"倾",何可长也。

【注释】①天地不交,否:否卦上卦为乾,乾为天;下卦为坤,坤为地。天在上而地在下,本属正常,但在《易经》作者看来却属异常,所以称"天地不交",并此解释否卦卦义。辟:通"避"。②不乱群:指九五爻不可应六二爻,不然便陷入小人之群而导致正邪混乱,群,这里指群小。

【译文】高天与大地不相交合,阴阳二气阻隔不通,象征"闭塞";君子观此卦象和卦名,便以节俭美德避开危难,不去追求荣耀,谋取利禄。

"拔除茅草,占问必获吉祥",是因为志在辅佐君王。

"大德大才之人反其道而行之,亨通顺利",是由于不为群小所惑乱。

"被包容而居下,终将招致羞辱",是由于居位不当。

"君王颁布诏命,必无灾祸",表明志向可以施行。

"大德大才之人""可获吉祥",是由于居位正当。

"闭塞"终极必然导致"开通",是因为闭塞的状态不会永久保持下去。

同人卦

天与火,同人;君子以类族辨物。①

出门"同人",又谁"咎"也。

"同人于宗","吝"道也。

"伏戎于莽",敌刚也;"三岁不兴",安行也?②

"乘其墉",义"弗克"也;其"吉",则困而反则也。③

"同人"之"先",以中直也;"大师相遇",言相"克"也。

"同人于郊",志未得也。

【注释】①与,亲和。类族:"类"和"族"都是同类的意思,而"类"在这里用作动词,意为归类。②安:疑问代词,怎么。③义:通"宜"。反则:复返正道。反,返。则,法则。

【译文】高天在上,烈火在地上熊熊向上燃烧,双方相互亲和,象征"人事和同";君子观此卦象和卦名,便依类认识人类群体,辨析宇宙万物,以识异而求同。

刚走出大门就能"与人亲近和同",自然不会有谁危害他。

"与宗族内部的人亲近和同",这是招致"艰难"之门。

"在林莽之中预设伏兵",是由于前面有强敌;"三年也不敢兴兵出战",是由于不能贸然行动。

"高据城头之上",是由于此时宜与敌方亲近和同,因而不能发动进攻;"可获吉祥",则是由于困穷不通时能够复归正道。

"与人亲近和同","起先失声痛哭",表明中正坦直;"大军出征告捷,各路兵马相遇会师",因为打败了强敌。

"在城邑郊外与人亲近和同",表明与人亲近和同的志向最终未能实现。

大有卦

火在天上，大有；君子以遏恶扬善，顺天休命。①

大有“初九”，“无交害”也。

“大车以载”，积中不败也。

“公用亨于天子”，“小人”害也。

“匪其彭无咎”，明辨晳也。②

“厥孚交如”，信以发志也；“威如”之“吉”，易而无备也。③

大有“上”吉，“自天佑”也。

【注释】①火在天上，火有：大有卦上卦为离，离为火为日；下卦为乾，乾为天。古人认为火高在天，是五谷丰收之象，所以用“火在天上”解释大有卦卦义。②辨：通“辨”。晳(zhé)：明，这里是明智的意思。③信：诚信，忠信。易：简易。

【译文】烈火高烧在天空，必使五谷丰登，象征“富有”；君子观此卦象和卦名，便抑恶扬善，以顺应上天的美命。

“初九”爻就有大有之象，是由于“与人交往而不涉及利害”。

“用大车运载资财”，表明只有处在正中之位才不会招致危败。

“王公按时向天子进献贡品”，表明小人当此大任会招致祸害。

“富有过人而不自骄，则无灾祸”，因为具有审时度势从而好自为之的智慧。

“胸怀诚信以与上下交接”，这是要以自己的诚信之心来启发他人的诚信之志；“威严自显”而“吉祥”，表明居位得当，即使行为平易而无所戒备，也能使他人畏服。

大有卦“上九”爻之所以吉祥，是由于有来自于上天的保佑。

谦　卦

地中有山，谦。君子以裒多益寡，称物平施①。

明·张居正《帝鉴图说》之《赏强项令图》，讲述东汉洛阳令董宣不畏强权，严格执法并因此受到光武帝赏赐，从此洛阳的不法豪强不敢再作奸犯科。这件事验证了《大有·象传》中“君子以遏恶扬善”的主张

谦谦君子，卑以自牧也[②]。

鸣谦贞吉，中心得也。

劳谦君子，万民服也。

无不利，㧑谦，不违则也。

利用侵伐，征不服也[③]。

鸣谦，志未得也。可用行师，征邑国也[④]。

【注释】①“地中有山，谦。君子以裒多益寡，称物平施”，为谦卦的《大象传》。揭示谦上坤为地、下艮为山之象，谓土中有山，为谦虚的象征。②牧：治，即制约。③“利用侵伐，征不服也”，为谦卦六五爻的《小象传》。以解说《谦》六五爻辞“利用侵伐”的象征内涵。④“鸣谦，志未得也。可用行师，征邑国也”，为谦卦上六爻的《小象传》。以解说谦上六爻辞“鸣谦，利用行师、征邑国”的象征内涵。

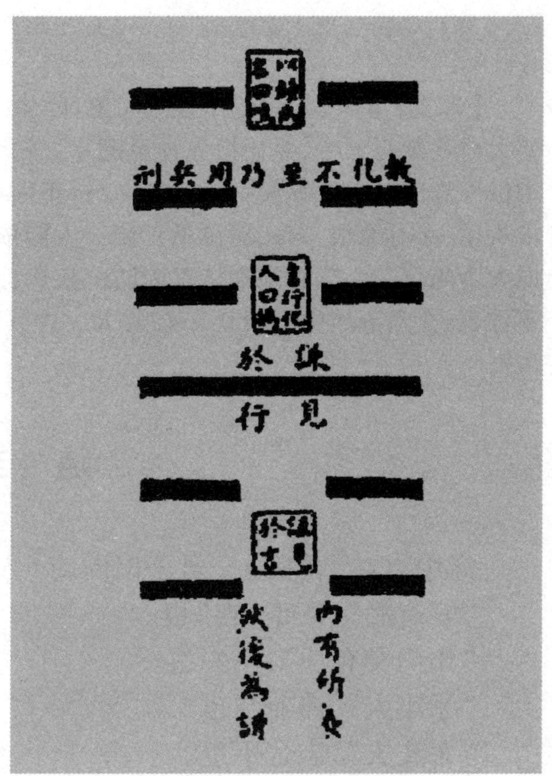

谦象图，出自宋·佚名《周易图》

【译文】地中有山，象征谦虚；君子取过多以补充不足，权衡各种事物以公平地施与。谦而又谦的君子，说明初六用谦卑来制约自己。谦虚名声外闻、守持正固可获吉祥，六二靠中心纯正赢得名声。勤劳谦虚的君子，广大百姓都服从他。无所不利、发挥扩散谦虚的美德，六四不违背谦虚的法则。利于出征讨伐，六五是征伐的不顺者。谦虚名声远闻，上六的心志尚未完全实现。可出兵作战，只是征讨外旁国邑。

豫　卦

雷出地奋，豫；先王以作乐崇德，殷荐之上帝，以配祖考[①]。

初六鸣豫，志穷凶也。

不终日、贞吉，以中正也。

盱豫有悔，位不当也。

由豫大有得，志大行也。

六五贞疾，乘刚也。恒不死，中未亡也。

冥豫在上，何可长也。

【注释】①“雷出地雷，豫；先王以作乐崇德，殷荐之上帝，以配祖考”，为豫卦的

《大象传》。揭示豫卦上震为雷，下坤为地之象，谓雷声发动，大地振奋，正为万物“欢乐”的象征。

【译文】雷声发出而大地振奋,象征“欢乐”;先王以制作音乐,赞美功德,通过盛大典礼献祀天帝,并让祖先神灵配享。初六沉溺于欢乐自鸣得意,欢乐之志必将穷极导致凶险。不等候一天终竟、守持正固可获吉祥,六二居中持正。媚眼悦上寻求欢乐,必有悔恨,六三居位不正当。人们依赖他喜获欢乐,大有所得,九四的阳刚向大为施行。六五必须守持正固防范疾病,阴柔乘凌阳刚不甚妥当;必将长久健康不致丧亡,六五居中不偏就未必败灭。昏冥纵乐,高居上位,这种欢乐怎能保持长久呢?

随　卦

泽中有雷[①],《随》。君子以向晦[②]入宴息[③]。
“官有渝”,从正“吉”也。
“出门交有功”,不失也。
“系小人”,弗兼与也[④]。
“系丈夫”,志舍下也。
“随有获”,其义“凶”也。
“有孚在道”,“明”功也。

《连环图画封神传》版画之《西伯赦归图》,描绘了周文王被商纣王囚于羑里后又获释的情景。《随》卦中说的“拘系之,乃从维之”即指此事

"孚于嘉吉",位正中也。

"拘系之",上穷也。

【注释】①泽中有雷:这是以随卦的卦象为说的。随卦是震下兑上,震表示雷震,兑表示水泽,所以说:"泽中有雷"。②向晦:向,方向。晦,阴暗、日落。③宴息:休息。④弗:不;兼与:犹兼有。所以把他拘系,他不屈服。

【译文】《象辞》说:水泽之中隐藏着惊雷,这就是《随》卦的象征。君子有鉴于此,取法自然,随时作息,向晚安息。

所谓"思想随时代而变化",必须遵守正道,才能获得吉祥。

所谓"走出门外,与他人交往,大有好处。"因为这没有任何损失。

所谓"抓住了青年人",就不能再兼有其他了。

所谓"抓住了成年人",便有意放弃了作用不大的青年人。

所谓"追逐之中有所收获",这本是一件有危险的事。

所谓"要有一片诚信,合乎正道",这是由于明察事理而取得的功绩。

所谓"以诚信的态度对待善良的人,可获吉祥",这是因为立于中正之道。

"把周文王囚禁起来",说明殷王纣已经穷途末路了。

蛊　卦

山下有风,《蛊》。君子以振民育德。①

"干父之蛊",意承考也。

"干母之蛊",得中道也②。

"干父之蛊",终"无咎"也。

"裕父之蛊",往未得也。

"干父用誉",承以德也。

"不事王侯",志可则也。③

【注释】①山下有风:这是以蛊卦的卦象为说的。蛊卦是巽下艮上。巽代表风,艮代表山,所以说"山下有风"。这是比喻社会上贤达人士在宣传德育思想的风气十分盛行。②得:得当,恰当。③则:准则、榜样。这里作动词用,效法,以某某为准则。

【译文】大山之下刮起大风,象征"革新治乱"。君子有鉴于此,效法自然,振奋万民,培育道德。

"匡正父辈的过失",意在继承前人的德业。

"匡正母辈的过失",没有必要去进行占卜。

"匡正父辈的过失",最后是不会有什么灾祸的。

"宽容父辈的过失",以后什么事情都难以处理。

"匡正父辈的过失而受到赞誉",以美德继承前人的事业,总会受到欢迎的。

《化行中都图》。孔子在任中都宰时推行礼教，移风易俗，使得这里的民风有了很大的改善。据此，在作《蛊·象传》时说："君子以振民育德"

"不为王侯效命"，说明志行高洁，令人效法。

临卦

泽上有地，临；君子以教思无穷，容保民无疆。①

"咸临贞吉"，志行正也。

"咸临吉无不利"，未顺命也。②

"甘临"，位不当也；"既忧之"，"咎"不长也。

"至临无咎"，位当也。

"大君之宜"，行中之谓也。

"敦临"之"吉"，志在内也。③

【注释】①泽上有地，临：临卦上卦为坤，坤为地；下卦为兑，兑为泽。地高泽低，有高低相临之象，所以用"泽上有地"解释临卦卦义。②未顺命：这是对于"至于八月有凶"而言的。"八月有凶"是天命，不可抗拒，九二爻并没有顺从这个天命，所以说："未顺命也"。命，这里指君命。③内：这里指家邦或国邦。

【译文】沼泽之上有大地，地高泽低而高低相临，象征"临察"；君子观此卦象和卦名，便花费百般心思教化百姓，凭借光大的德行包容、保护万民。

"胸怀感化之心下临百姓，占问可获吉祥"，是由于心态、行为都很端正。

"胸怀感化之心下临百姓，必获吉祥而无所不利"，这是由于并未顺承君命。

"凭着甜言蜜语下临百姓"，是由于居位不当；"已经忧惧自己的过失并加以改正"，表明"灾祸"不会久长。

"亲自下临百姓"，表明居位正当。

"知道自己身为天子应当做什么"，是说应当奉行中和之道。

"敦厚宽仁地下临百姓"而"可获吉祥"，是由于心志一直系恋着国邦。

观　卦

风行地上[①]，观。先王以省方[②]，观民设教。

初六"童观"，"小人"道也。

"窥观女贞"，亦可丑也。

"观我生，进退"，未失道也。

"观国之光"，尚"宾"也。[③]

"观我生"，观民也。

"观其生"，志未平也。[④]

【注释】①风行地上：这是以观卦的卦象为说的。观卦是坤下巽上，坤代表地，巽代表风，所以说"风行地上"。②省：视察；方：各方，各个邦国，亦即天下各地。③尚：尊重。④志未平：平，安定。此言"上九"虽居不任事的"虚位"，也得时时修美德行，不可安逸其志。

【译文】好像轻风吹遍大地，万物可见可感，这就是观卦的象征。历史上的君王也就如风吹大地一样省视全国，观察万民，设置教化，移风易俗。

所谓"像幼稚的儿童一样观察问题"，是比喻无知无识的老百姓观察事物。

所谓"从门缝中观察事物"，对于脚不出户的妇女来说，利于坚守正道，但也不是庄重的举动。

所谓"观察自己过去的治国之道，审时度势，用以决定今后的进退"，这样做没有违背治国大道。

所谓"观察国内的风土民情，这对于君王的宾客是很有利的"，说明该国尊重嘉宾。

所谓"观察自己治理区域的状况"，是为了通过观察以审度治民之道。

所谓"观察其他治理区域的状况"，表明自己的志向还要向更高的目标进攻。

噬嗑卦

电雷，噬嗑。先王以明罚敕法[①]。

屦校灭趾，不行也[②]。

噬肤灭鼻，乘刚也[③]。

"遇毒"，位不当也[④]。

"利艰贞，吉"，未光也。

"贞厉，无咎"得当也。

"何校灭耳"，聪不明也。

【注释】①敕(chì)：整理。②不行：不能行动。③乘刚：这是以"六二"的爻位为说的。在本

《噬嗑》卦中的“何校”是肩扛刑具。图为明代版画《瑞世良英》中的《政清民悦》图，描绘了犯人带着刑具的情形

卦中，“初九”是阴爻，“六二”以阴爻居于“初九”之上。所以是“乘刚”。④位不当：这是以“六三”的爻位为说的。“六三”以阴爻居于阳位，所以说“位不当”。比喻人事，指各种越级越职，或行事不称其职的行为。⑤光：光明。⑥聪：听觉。

【译文】电雷交击，犹如咬合，就是噬嗑卦的象征。前代的帝王有鉴于此，从而明察刑罚轻重，整理法律条文，从而威治天下。

所谓“脚上戴着木枷，伤了脚趾”，是为了加以惩戒，以免再犯法受刑。

所谓“因为偷吃好肉而被处割鼻之刑”，是为了惩治这种犯上的行为。

所谓“中毒”，是因为吃了不该吃的东西。

所谓“占卜艰难之事则曰有利，结果吉祥”，表明目前仍处艰难之中，尚未进入光明之境。

所谓“占卜的结果是危险的，但最终尚无灾祸”，是由于处理得当，才能化险为夷。

所以会“戴上木枷，割去耳朵”，是因为平日不听告诫，结果犯了刑律。

贲　卦

山下有火[①]，贲。君子以明庶政[②]，无敢折狱[③]。

“舍车而徒”，义弗乘也[④]。

“贲其须”，与上兴也。

“永贞之吉”，终莫之陵也[⑤]。

六四当位[⑥]，疑也；“匪寇婚媾”，终无尤也。

六五之吉，有喜也。

“白贲无咎”，上[⑦]得志也。

【注释】①山下有火：这是以贲卦的卦象为说的。贲卦离下艮上，离代表火，艮代表山，故曰“山下有火”。②庶政：繁杂的政事。③无敢折狱：不敢对判断狱讼掉以轻心。④义：通作“宜”，适宜。⑤陵：通作“凌”，侵犯。⑥当位：这是以“六四”的爻位爻象为说的。“六四”是以阴爻处于阴位，故曰“当位”。⑦上：指上九，比喻人间居于上位者。

【译文】《象辞》说：山下有火，照耀林木，光彩焕发，象征“文饰”。治国之人有鉴于此，能够用明察的眼光处理政事，而不敢依据文饰之辞，裁判狱讼案件。

所谓“宁肯步行而不愿坐车”，是为了显示鞋之美丽，最好不去坐车。

所谓“修饰自己的胡须”，是为了显得年轻漂亮，为上级效力。

所谓“占卜长久之事则曰吉祥”，表明至终不会受人凌辱。

从《六四》的情况来看，虽然是正当之事，却仍有人怀疑，不过“这不是强盗抢掠而是前来抢婚”，于是疑虑消失，终无灾祸。

从《六五》吉利的情况表明，因为这毕竟是喜事临门。

所谓“修饰素白，不好华丽，没有灾祸”，是说居于上位者的志向已经实现，所以崇尚质朴了。

剥　卦

山附于地，剥；上以厚下安宅。①

“剥床以足”，以灭下也。

“剥床以辨”，未有与也。②

“剥之无咎”，失上下也。

“剥床以肤”，切近灾也。

“以宫人宠”，终无尤也。

“君子得舆”，民所载也；“小人剥庐”，终不可用也。③

【注释】①山附于地，剥：剥卦上卦为艮，艮为山；下卦为坤，坤为地。山本来在地上，不说山

《剥》卦中说：“贯鱼，以宫人宠，无不利。”意思是说宫女们像贯穿在一起的鱼一样依次得到君王的宠爱，不会有什么祸患。图为《人镜春秋》中描绘的南朝宋文帝观看宫女脱衣表演的场景

在地上,而说“山附于地”,是由于山经过风雨长期侵蚀,终于崩倾而委附于地。②与:助,这里指辅佐者。③载:通“戴”。

【译文】高山经过风雨侵蚀,崩裂倒塌而委附于地,象征“剥落”;尊上者都观此卦象和卦名,便加厚基础,安实房屋。

“剥蚀大床先损及床腿”,是说“凶”的原因在于损坏下部基础。

“剥蚀大床已经损及床头”,表明没有找到辅佐者。

“虽然处在剥蚀之中,却没有灾祸”,是由于被剥蚀者失去了上下的人等的支持。

“剥蚀大床已经损及床身”,是说灾祸已经临近。

“引导宫中妃嫔承受君王的宠爱”,表明最终也没有怨尤。

“君子摘食硕果将会得到大车运载”,表明君子为百姓所拥戴;“小人摘食硕果将会剥落房屋”,表明小人终究不可重用。

复　卦

雷在地中,复;先王以至日闭关,商旅不行,后不省方。①

“不远”之“复”,以修身也。

“休复”之“吉”,以下仁也。

“频复”之“厉”,义“无咎”也。

“中行独复”,以从道也。

“敦复无悔”,中以自考也。②

“迷复”之“凶”,反君道也。③

【注释】①雷在地中,复:复卦上卦为震,震为雷;下卦为坤,坤为地。地为阴,雷在地中震动,阳气复生,有复归之象,所以用“雷在地中”解释复卦卦义。至日:这里指冬至日。关:门阙。后:君。②考:考察。③反:违背。

【译文】沉雷在地中震动,阳气渐渐复生,象征“复归”;先王观此卦象和卦名,便在微阳初兴的冬至那天闭门休闲静养,客商和游子都不再外出远行,连君王也不省视天下。

“行而不远”就适时“复返”,目的是为了修洁自身。

“高高兴兴地复返”而“必获吉祥”,是由于能够向下亲近仁人。

“频繁地复返”虽然“会有危险”,但是从情势上看还不至于有什么灾祸。

“居中行正,独自复返”,目的在于遵从正道。

“敦厚诚信地复返,不会遭遇困危”,是由于居中不偏并能反省自身。

“误入迷途又不知复返”,“必遭凶险”,是由于君王的所作所为违反为君之道。

无妄卦

天下雷行,物与,无妄;先王以茂对时育万物。①

“无妄”之“往”，得志也。

“不耕获”，未富也。

“行人得”牛，“邑人灾”也。

“可贞无咎”，固有之也。

“无妄”之“药”，不可试也。[②]

“无妄”之“行”，穷之灾也。

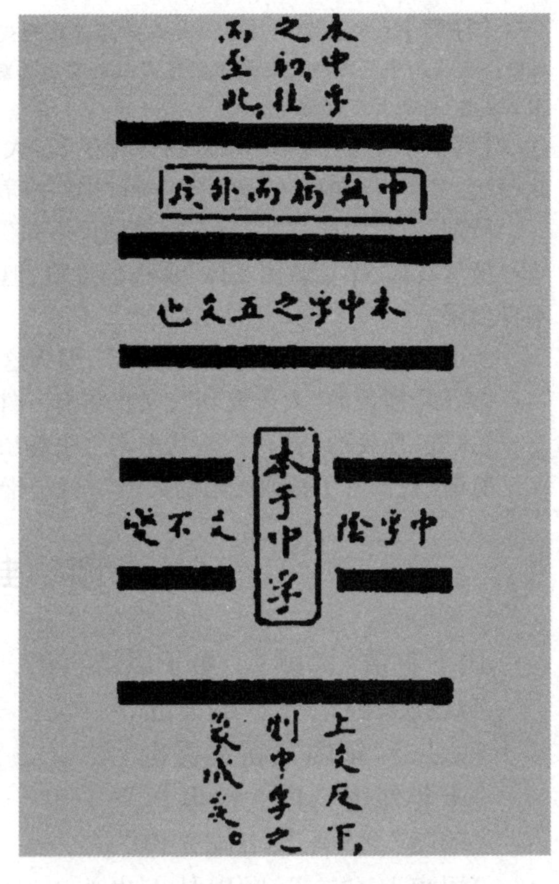

无妄本中孚图，出自宋·佚名《周易图》

【注释】①天下雷行，物与，无妄：无妄卦上卦为乾，乾为天；下卦为震，震为雷。雷行天下，声传百里，无物不受其震动，万物都应声复苏，所以用“天下雷行，物与，”解释无妄卦卦义。与：应。茂：盛。对时：应合天时。对，配合，应合。②试：用。

【译文】雷声在天下震响、散播，万物都受其震动，无不应声复苏，象征“不妄为”；先王观此卦象和卦名，便用天下行雷般的强大威势来应合天时，养育万物。

“不妄为却有所作为”，是说进取之志必然实现。

“既不耕耘也不期望收获”，表明不能致富。

“路人顺手牵走”耕牛，表明“邑中人家将遭受缉捕之祸”。

“可以占问，没有灾祸”，表明固守不动才能免遭灾祸。

“患了意想不到的疾病”，“无须用药治疗而自会痊愈”，表明有病不可胡乱用药。

虽“不妄为”，但“若有举动”，将因时穷难通而遭遇灾祸。

大畜卦

天在山中，《大畜》[①]。君子以多识前言往行，以畜[②]其德。

“有厉，利已”，不犯灾也。

“舆说輹”，中[③]无尤也[④]。

“利有攸往”，上合志也[⑤]。

《六四》“元吉”，有喜也。

《六五》之“吉”，有庆也。

“何天之衢”，道大行也。

【注释】①天在山中:这是以大畜卦的卦象为说的。大畜是乾下艮上,乾代表天,艮代表山,故曰:"天在山中",亦即天之光明照耀群山之意。②畜:通作"蓄"。③中:中正。④尤:过失,怨恨。⑤上合志:符合上天的意志。

【译文】天光普照山中,万物竞相生长,大畜卦象征"积蓄"。有地位的人有鉴于此,就会多读多记前贤的嘉言与美行,用以培养与积蓄好的美德。

所谓"有危险的征兆,只有将事情停下来",这样才不至于造成灾难。

虽然有如"车辐脱离车体"那样的危险,但只要行为合于中正之道,就不会有什么不良后果。

所谓"再有行动会是有利的结果",因为这与天意相合。

《六四》所说的"大吉大利",是指将有一件喜庆之事。

《六五》所说的"吉利",是从根本上去解决了问题,所以可喜可贺。

所谓"犹如有了畅通无阻的大道",就是指"蓄德"之道路,通行无阻。

颐　卦

山下有雷[1],《颐》。君子以慎言语,节饮食。

"观我朵颐",亦不足贵也。

《六二》"征凶",行失类也[2]。

"十年勿用",道大悖也[3]。

"颠颐"之"吉",上施光也[4]。

"居贞"之"吉",顺以从上也[5]。

"由颐,厉吉",大有庆也。

【注释】①山下有雷:这是以《颐》卦的卦象为说的。《颐》卦是震下艮上,震代表雷,艮代表山,故曰"山下有雷"。②行:出行;类:众也。③悖:违背。④光:通作"广"⑤从上:顺从上天。

【译文】春雷在山下震动,草木竞相萌生,这就是《颐》的象征。有地位的人有鉴于此,应当言语谨慎,节制饮食,用以修德养身。

只知羡慕别人吃得好,而不知自己去求实,这种人是不可能富贵的。

《六二》所说的"有战事必有凶险",是说明统治者的行动完全丧失了百姓的支持。

所谓"十年之内无所作为",是因为与正道相悖实在太远了。

所谓"为百姓求得养育"的这种"吉利",是说明统制者施恩甚厚,养民有余。

所谓"平安居处之所以吉祥",是由于安分守道,顺从上天的安排。

遵循颐养之道,先艰难而后吉祥,因为善人终得善报。

大过卦

泽灭木,大过;君子以独立不惧,遁世无闷。[1]

"藉用白茅",柔在下也。

"老夫女妻",过以相与也。

"栋桡"之"凶",不可以有辅也。

"栋隆"之"吉",不桡乎下也。

"枯杨生华",何可久也?"老妇士夫",亦可丑也!

"过涉"之"凶",不可"咎"也。

【注释】①泽灭木,大过:大过卦上卦为兑,兑为泽;下卦为巽,巽为木。泽木是滋养木者,水涨却灭了木,实在太过分,所以用"泽灭木"解释大过卦卦义。

【译文】大泽水涨,淹没了树木,象征"大有过越";君子观此卦象和卦名,便独立自持并无所畏惧,决然遁世而毫不苦闷。

"用洁白的茅草铺地以陈放祭品",表明柔顺居下,行为敬谨。

"年迈老汉娶了个年轻娇妻",表明虽行为过分,但尚能与人亲和。

"大梁弯曲"而"必有凶险",是由于不能再加木辅之。

"大梁隆起"而"可获吉祥",是由于大梁不再向下弯曲。

"枯槁的杨树开出新花",生机怎么能维持长久呢?"年迈的老太婆嫁了个年轻的美丈夫",这一举动也太不庄重。

"盲目过河,大水淹没了头顶"而"凶祸已成",不可再加责难,因为责难也没有什么益处。

坎 卦

水洊至,习坎;君子以常德行,习教事。①

"习坎入坎",失道"凶"也。

"求小得",未出中也。

"来之坎坎",终无功也。

"樽酒簋贰",刚柔际也。

"坎不盈",中未大也。

"上六"失道,"凶三岁"也。

【注释】①水洊(jiàn)至,习坎:坎卦上下卦均为坎,坎为水,重坎有水流连续不断之象,所以用"水洊至"解释坎卦卦义。

《坎·象传》中说:"君子以常德行,习教事"。图为《孔子习礼伐檀图》,讲述孔子离开卫国去曹国,路过宋国时与弟子于大树下习礼之事,符合《坎·象传》中的说法

洊，再，重。常：用作动词，使……常。习：修习，实践。教事：政教事务。

【译文】水流不断，连连而至，象征“重重险难”；君子观此卦象和卦名，便恒久地保持美德善行，反复修习政教事务。

“面临重重险难又落入陷穴深处”，表明违背履险之道“必有凶险”。

“从小处谋求脱险虽能得逞”，但是尚未逃出险境。

“来来去去都处在险难之中”，表明最终难成履险之功。

“一樽薄酒，两筐淡食”，表明阳刚与阴柔相互交接。

“陷穴尚未满盈”，表明虽然居中，但是平险功业尚未光大。

“上六”爻违背履险正道，所以“凶险将持续三年”。

离 卦

明两作[1]，《离》。大人以继明照于四方。

“履错”之“敬”，以辟[2]“咎”也。

“黄离元吉”，得中道也。

“日昃之离”，何可久也！“突如其来如”，无所容也。

“六五”之“吉”，离王公也。

“王用出征”，以正邦也。

“获匪其丑”，大有功也。

【注释】①明两作：作，升起。《离》卦是由两个单卦“离”所组成。离代表日，故曰“明两作”。就是说太阳连续不断地升起，今天升起明天又升起。《周易集解》：“虞翻曰‘两谓日与月也。’‘作，成也。’”②辟：通作“避”。

【译文】太阳高悬天空，光明连续照耀。这就是《离》卦的象征。伟大的人物也就如一次又一次升起的太阳一样，以其连续不断的光辉美德，普照四方。

“听到纷至沓来的脚步声”而“立刻警惕戒备”，可以避免灾害。

所谓“被黄色附着就会大吉大利”，是因为黄色象征中正之道。

“太阳偏西，挂在天边”，怎么可能长久呢？

对于“突如其来的灾难”，是没有办法可以承受的。

《六五》所说的“吉祥”，是表示臣下遇灾，但依附于王公之力，得以化凶为吉。

“君王出兵征伐”，是为了国家的安全；“抓获了敌人及其同党”，是取得了重大的战功。

象辞下传

咸卦

山上有泽，咸；君子以虚受人。①

“咸其拇”，志在外也。

虽“凶居吉”，顺不害也。

“咸其股”，亦不处也；志在“随”人，所“执”下也。②

“贞吉悔亡”，未感害也；“憧憧往来”，未光大也。

“咸其脢”，志末也。

“咸其辅颊舌”，滕口说也。③

【注释】①山上有泽，咸：咸卦上卦为兑，兑为泽；下卦为艮，艮为山。山气向上，泽水向下，山泽通气，相互感应，所以用“山上有泽”解释咸卦卦义。②处：安居不动。下：自卑居下。③滕：通“腾”，水滔滔流动的样子，这里是形容说话滔滔不绝。

【译文】高山之上有大泽，山气向上，泽水向下，山泽通气，象征“感应”；君子观此卦象和卦名，便以若谷的虚怀广纳众人的教益，以此去与他人相互感应。

“交相感应在脚的大拇指”，表明感应之志在于向外发展。

“虽有凶险，但居家不出可获吉祥”，表明顺依正道并与之感应，就可以免遭祸害。

《感谏勤政》图，出自明·张居正《帝鉴图说》。周宣王沉湎女色，不事朝政，王后姜氏规劝宣王，说宣王失政是自己的责任，请求宣王惩罚自己。周宣王听后既感且愧，从此励精图治。周宣王虚心受谏的行为，是符合《咸》卦中的“君子以虚受人”之说的

"交相感应在大腿",表明不能居家静处;志在"盲目追随"他人,表明所抱的志向不高,甘居人下。

"占问可获吉祥,困厄将会消亡",是由于志在行正,从而免遭祸害;"心意不定,思绪不绝",表明感应之道尚未光大。

"交相感应在脊背",表明感应之志不够远大。

"交相感应在面颊和口舌",表明感应之道已成,双方感情非常和谐,因而说起知心话来滔滔不绝。

恒　卦

雷风,恒;君子以立不易方。[1]

"浚恒"之"凶",始求深也。

"九二悔亡",能久中也。

"不恒其德",无所容也。

久非其位,安得"禽"也?

"妇人贞吉",从一而终也;"夫子"制义,从妇"凶"也。[2]

"振恒"在上,大无功也。

【注释】①雷风,恒:恒卦上卦为震,震为雷;下卦为巽,巽为风。雷风相与,是自然界的恒常关系,所以用"雷风"解释恒卦卦义。立不易方:树立持之以恒的观念。方,道。②制义:裁制即决断事理。义,理。

【译文】雷动而风行,雷风相与是宇宙之间恒常不变的现象,象征"恒久";君子观此卦象和卦名,树立持之以恒的观念。

"有所追求,持续得过于恒久"而凶险,表明开始所求过深,将遭凶祸。

"九二"爻"困厄消亡",是由于能够持之以恒坚守中正之道。

"不能持之以恒地保持美德",将无处容身。

"长久地居于不当之位,打猎怎么能捕得'禽兽'呢?"

"占问妇人之事,可获吉祥",是由于依附一个丈夫而终生不渝;"男人"则应当决断事理,若像妇人那样则必有凶险。

高高在上"动摇不安,变化无常",不会取得多大功效。

遯　卦

天下有山,遯;君子以远小人,不恶而严。[1]

"遯尾"之"厉",不往何灾也?

"执用黄牛",固志也。

"系遯"之"厉",有疾惫也[2];"畜臣妾吉",不可大事也。

"君子好遯,小人否"也。

"嘉遯贞吉",以正志也。

"肥遯无不利",无所疑也。

【注释】①天下有山,遯:遯卦上卦为乾,乾为天;下卦为艮,艮为山。②惫:羸弱困顿的样子。

【译文】高天之下立着大山,天远离山,象征"退避";君子观此卦象和卦名,便疏远小人,但又不能露出憎恶之情,只得庄严立身,自甘退避。

"退避不及,落在后边"而"必有危险",但若不前往,又有什么灾祸呢?

"被黄牛皮绳捆绑",是为了加强辅佐时事的意志。

"心中有所系恋,迟迟不能适时退避"而"必有危险",表明将染上疾患,疲惫不堪;"畜养臣仆和侍妾可获吉祥",是说奴仆只能做侍疾之类小事,而不可担当治国大事。

"君子虽然心怀恋情,但是已经适时退避,小人却做不到。"

"选择最佳时机适时退避,占问可获吉祥",是由于心志端正。

"高飞远走,彻底退避,无所不利",表明已经毫不犹疑,无所系恋。

大壮卦

雷在天上,大壮;君子以非礼弗履。①

"壮于趾",其"孚"穷也。

"九二贞吉",以中也。

"小人用壮,君子用罔"也。

"藩决不羸",尚往也。

"丧羊于易",位不当也。

"不能退,不能遂",不详也;"艰则吉",咎不长也。②

【注释】①雷在天上,大壮:大壮卦上卦为震,震为雷;下卦乾,乾为天。雷主动,天主健,动而健,有盛壮之象,所以用"雷在天上"解释大壮卦卦义。②详:周详,周到。

【译文】震雷响彻天际,声威刚健而气势雄壮,象征"刚大盛壮";君子观此卦象和卦名,便遵守礼制,凡是非礼的事情都不去做。

"脚趾盛壮",表明其诚信之德已经穷尽。

"九二"爻"占问可获吉祥",是由于阳刚居中。

"小人恃盛壮以逞刚强,君子则虽然盛壮而不妄用。"

"藩篱牴开了裂口而羊角却被缠绕",表明利于有所举动以求进取。

"在田边丢了羊",是由于居位不当。

"既不能后退,也不能前进",是由于处事不周;"经受艰苦磨难则可获吉祥",表明灾祸不会久长。

晋 卦

明出地上,《晋》。君子以自昭明德。[①]

“晋如摧如”,独行正也。

“裕无咎”,未受命也。

“受兹介福”,以中正也。

“众允”之,志上行也。

“鼫鼠贞厉”,位不当也。

“失得勿恤”,往有庆也。

“维用伐邑”,道未光也。[②]

【注释】①昭:显明,发扬。②道未光也:道:指王道;光:光大。道未光也即王道还没有发扬光大。

【译文】《象辞》说:太阳高高升起在大地上空,这就是《晋》卦的象征。有才德的人有鉴于此,乃自行发扬光大其德行。

所以能“发动进攻并摧毁了敌军”,是因为指挥决断正确。所以会“心地坦然而无灾祸”,说明指挥因地制宜,但没有承担什么责任。

所谓“得到众人的信任”,是因为斗志昂扬。

所以说“如果攻击敌人时像田鼠偷吃,占卜必然危险”,因为当时所处的位置不当。

“不要为所失所得忧伤”,这是因为勇往直前,必得吉祥。

“虽然讨伐了叛乱的邑镇”,这说明王道未能广泛实行,而采取的措施,不够光明正大。

明夷卦

明入地中,《明夷》。君子以莅众,用晦而明。[①]

“君子于行”,义“不食”也。

《六二》之“吉”,顺以则也[②]

“南狩”之志,乃大得也。

“入于左腹”,获心意也。

“箕子”之“贞”,“明”不可息也。

“初登于天”,照四国也。

“后入于地”,失则也。

【注释】①明入地中:太阳西沉,古人认为是隐入大地之中,其光明不显于外而存于地中,取得这种外晦内明之象,故有“莅众用晦而明”之说。②顺以则:这是以“六二”、“九三”爻象和爻位为

《明夷》卦说，“用晦而明”，指的是人应适当地掩饰自己的才华。图为曹操忌杀杨修图，讲述杨修因不知“用晦”，最终遭到曹操忌杀之事

据说的。“六二”阴爻为柔，“九三”阳爻为刚，“六二”居“九三”之下，所以说“顺”。则，法则。

【译文】日没大地，光明消失，《明夷》卦象征“光明受损”。有才德的人有鉴于此，在面对群众之时，就有意隐藏自己的智慧，好像不知不闻，而内心却明察一切，德行更显光辉。

“君子出行在外”，虽然挨饿，但他出于节义，忍饥不食。

《六二》所说的“吉祥”，是指马匹驯服，比喻德行柔顺，遵守法则。

所谓“到南郊狩猎”，表现出来的志向，乃是大有抱负的。

所谓“退处左方腹地”，是为了观察内中情况，这样做才可使引退者如愿以偿。

像贤者“箕子那样佯狂自保”，所表现出来的“正道”，表达了光明是不会熄灭的。

“日升高空”，光照天下，比喻美德普及四方；“日落地下”，光芒熄灭，比喻违背正义原则。

家人卦

风自火出，家人。君子以言有物而行有恒。①

“闲有家”，志未变也。

六二之吉，顺以巽也。

“家人嗃嗃”，未失也。

“妇子嘻嘻”，失家节也。

“富家大吉”，顺在位也。②

“王假有家”，交相爱也。

"咸如"之吉,反身之谓也。[3]

【注释】①风自火出:这是以《家人》卦的卦象为说的。《家人》卦是离下巽上,火内风外,故曰"风自火出"。离内巽外,火内风外,火指明德,风指教化,先有明德而后能教化,故先要讲究言行。②顺在位:这是以"六四"的爻位爻象为说的。"六四"居于"九五"之下,以阴爻承顺阳爻,"六四"又是以阴爻处于阴位,故曰:"顺在位。"③反身:反求诸己,即是说要求别人的首先要求自己做到。

【译文】风从火中产生,这就是《家人》卦的象征。有才德的人有鉴于此,说话要求有具体内容,做事要求持之以恒,这样才能教育好家人。

所谓"治家要防患于未然",是说明在家人的思想尚未变化时,就要争取预先有所防范。

《六二》所说的家事"吉祥",是因为主妇既柔顺而又谦逊。

虽然,"治家严厉而致家人抱怨",但这不是过失。如果"妻室儿女嬉笑打闹",节制无方,却是失去了家教。

"家人一起致富,大吉大利",是由于家人能够顺承其家长所致。

"君王驾临其家",说明天下的人相亲相爱。

"心存诚信,持家威严,终获吉祥",是说首先要反躬自省,严于律己。

睽 卦

上火下泽,《睽》。君子以同而异[1]。

"见恶人",以辟[2]"咎"也。

"遇主于巷",未失道也。[3]

"见舆曳",位不当也。"无初有终",遇刚也。

"交孚无咎",志行也。

"厥宗噬肤",往有庆也。

"遇雨"之"吉",群疑亡也。

【注释】①同而异:本卦的阐释,与《明夷》卦《大象传》的"用晦而明"含义相似。本卦的上卦离是火,下卦兑是泽,火向上烧,泽往下流,性质背离。君子应当效法这一精神,合而不同,亦即,顺应大势所趋,但坚持自己的原则与独立人格。②辟:通作"避"。③失道:迷失道路。

【译文】上面是火,下面是水,火炎上而水浸下,《睽》卦象征"对立"。有才德的人有鉴于此,既注意不同事物之间的统一,又注意相互之间的对立。

所谓要"见恶人",是为了主动地避免灾祸发生。

所谓"在小巷中见主人",是说明没有走错路,比喻未失正道。

所谓"见大车进行艰难",是说明车行的地方不利,比喻居位不当,行事艰难;所谓"开头不好而结果不错",是因为终于得到了强者的帮助。

所谓"相互信任就不会有灾祸",是因为自己的志向能够实现。

所谓"同族的人都在吃肉",说明往前走必有喜庆之事。

所谓“碰到大雨”，“就会吉利”，是说明如像雨水那样冲洗了污泥，各种疑问都全消失了。

蹇卦

山上有水，蹇；君子以反身修德。①

“往蹇来誉”，宜待也。

“王臣蹇蹇”，终无尤也。

“往蹇来反”，内喜之也。

“往蹇来连”，当位实也。

“大蹇朋来”，以中节也。

“往蹇来硕”，志在内也；“利见大人”，以从贵也。

【注释】①山上有水，蹇：蹇卦上卦为坎，坎为水；下卦为艮，艮为山。山险峻，水阻难，有山而且山上有水，为艰难之象，所以用“山上有水”解释蹇卦卦义。

【译文】高山之上积有大水，险峻难行，象征“行事艰难”；君子观此卦象和卦名，遇到艰难便反省自身，努力修美品德。

“有所举动虽然艰难，归来却能获得美誉”。

“君王的臣子历尽艰险奔走济难”，表明最终不会招致过失。

“外出遭遇艰难，很早就返回家园”，是由于此行胜利，内心欢喜。

“外出遭遇艰难，返回时却有车可坐”，是由于居位恰当切实。

“行事十分艰难，友朋纷纷前来相助，”是由于具有中正气节。

“外出遭遇艰难，归来可建大功”，表明志在联合内部共同济难；“利于大德大才之人出世”，是由于附从尊贵的君王。

《蹇·象传》中说：“君子以返身修德”，指君子要重视修养自己的道德。此为《德灭祥桑图》，选自明·张居正《帝鉴图说》。讲述商中宗时，一天宫廷内突然长出一棵桑树，伊尹认为这虽是不祥之兆，但君主只要坚持修德，就不会产生祸患。于是商中宗反躬自省，勤加修德，不久桑树枯死。诸侯闻讯，纷纷来朝之事

《解·象传》说，“君子以赦过宥罪”，指意为君子应宽恕他人的罪过。图为张居正《帝鉴图说》中的《纵囚归狱》图，说唐太宗放死囚归家，约定来年秋季归狱受刑，结果到了约定时间，囚犯全部归狱，唐太宗很感动，赦免了这些囚犯之事

解　卦

雷雨作，解；君子以赦过宥罪。①

刚柔之际，义“无咎”也。

“九二贞吉”，得中道也。

“负且乘”，亦可丑也；自我致戎，又谁咎也？

“解而拇”，未当位也。

“君子有解”，“小人”退也。

“公用射隼”，以解悖也。②

【注释】①雷雨作，解：解卦上卦为震，震为雷；下卦为坎，坎为雨。雷雨兴起，草木复苏，有舒解之象，所以用“雷雨作”解释解卦卦义。②悖：悖逆，引申为叛乱。

【译文】春雷兴动，喜雨普降，草木复苏，嫩芽萌生，象征“舒解”；君子观此卦象和卦名，便赦免过错，宽恕罪恶。

阳刚与阴柔相互交接应合，依理而论自然没有灾祸。

“九二”爻“占问可获吉祥”，是由于居中不偏从而有所收获。

“身负重物而乘车出行”，表明行为有欠庄重；由于自身失德而招致兵戎之灾，这又是谁的过错呢？

“像解开被缚的拇指一样摆脱小人的纠缠”，表明居位尚未正当。

“君子被缚又得以解脱”，“小人”必将退缩不前。

“王公用利箭射杀大雕”，表明叛乱已经平息。

损 卦

山下有泽，损；君子以惩忿窒欲。①

“已事遄往”，尚合志也。②

“九二利贞”，中以为志也。

“一人行”，“三”则疑也。

“损其疾”，亦可“喜”也。

“六五元吉”，自上佑也。

“弗损益之”，大得志也。

【注释】①山下有泽，损：损卦上卦为艮，艮为山；下卦为兑，兑为泽。泽低山高，有泽自损以崇山之象，所以用“山下有泽”解释损卦卦义。惩：止。窒：塞。②遄（chuán）：迅速。

【译文】高山之下有深泽，两相对比，犹如深泽自损而增加山之崇高，象征“减损”；君子观此卦象和卦名，便抑制愤怒，堵塞邪念，以自损不善，修美品德。

“停下自己的事情，赶快去协助别人”，表明与居上位者心志相合。

“九二”爻“利于占问”，是由于把持守中道作为自己的志向。

“一人独行能够专一求合”，“三人同行”，则会相互猜疑，不能齐心协力。

“减轻疾病”，也会有“可喜的结果”。

“六五”爻的“大吉大利”，是来自上天的佑助。

“不要减损，而要增益”，将会大得人心。

益 卦

风雷，益；君子从见善则迁，有过改。①

“元吉，无咎”，下不厚事也。②

“或益之”，自外来也。

“益用凶事”，固有之也。

“告公从”，以益志也。

“有孚惠心”，“勿问”之矣；“惠我德”，大得志也。

“莫益之”，偏辞也；“或击之”，自外来也。

【注释】①风雷，益：益卦上卦为巽，巽为风；下卦为震，震为雷。风烈雷疾，雷猛风怒，有相互增益之象，所以用“风雷”解释益卦卦义。②下：指下民，庶民。厚：后。

【译文】风雷相交，彼此济助，象征“增益”；君子观此卦象和卦名，见到善行就倾心追求，有了过错则立即改正。

“大吉大利，没有灾祸”，是由于庶民争先而来，奋力做事。

“有人进献”，表明所受之益是从外部不招自来。

“把增益用于救助凶险之事”，这是固有的品性。

“得到王公的信从”，表明能以增益天下之志去亲和王公。

“胸怀诚信仁爱之心”，不用占问就知道十分吉祥；“天下人必将以仁爱之心报答我的仁爱之德”，表明可以大展抱负。

“没有人增益于他”，这是一种见识不广的说法；“有人攻击他”，这是从外部不招自来的灾祸。

夬 卦

泽上于天，夬；君子以施禄及下，居德则忌。①

“不胜”而“往”，“咎”也。

“有戎勿恤”，得中道也。

“君子夬夬”，终“无咎”也。

“其行次且”，位不当也；“闻言不信”，聪不明也。

“中行无咎”，中未光也。

“无号”之“凶”，终不可长也。

【注释】①泽上于天，夬：夬卦上卦为兑，兑为泽；下卦为乾，乾为天。泽水上于天，水满溃决将倾泻下导致洪水滔天，所以用“泽上于天”解释夬卦卦义。

【译文】大泽水满而巨浪滔天，象征“决断”；君子观此卦象和卦名，施福降禄给下民，而如果积蓄德惠而不施，则必遭下民憎恶。

“不能取胜”而“贸然前往”，会招致灾祸。

“发生战事也不必忧虑”，表明得助于居中慎行之道。

《夬·象传》说，“君子施禄及下，居德则忌”，意为在上位者应将恩惠施与民众，否则会招致忌恨。图为明·张居正《帝鉴图说》中的《遣使赈恤图》，讲述了唐宪宗在灾年下令开仓赈灾之事，由此可见唐宪宗深谙“施禄及下”的道理

“君子决然前行”，是由于最终也不会有灾祸。

“行走趑趄难进”，是由于居位不当；“听了别人的话而不相信”，是由于无法辨明真情。

“居中行正而无灾祸”，表明此时中正之道尚未光大。

“不必大哭小叫”，“凶险终究难于逃避”，表明高居上位终究不会长久。

姤 卦

天下有风，姤。后以施命诰四方[①]。

系于金柅，柔道牵也。

包有鱼，义不及宾也。

其行次且，行未牵也。

无鱼之凶，远民也。

九五含章，中正也。

有陨自天，志不舍命也。

姤其角，上穷吝也。

【注释】①“天下有风，姤。后以施命诰四方”，为《姤》卦的《大象传》。以揭示《姤》卦上乾为天、下巽为风之象。

【译文】天下吹行着和风，象征“相遇”。君主因此施发命令而传告四方。紧紧系结在金属刹车器上，初六必须守持柔顺之道而接受阳刚者的牵制。厨房里有一条鱼，从九二所处的时位这一意义看是不能擅用他人之物来宴享宾客。行动趑趄难进，九三的行为未受外物牵制。失去一条鱼而有凶险，九四居上卦犹如远离下民而失去民心。九五内心含藏章美，是由于居中守正；必然有理想的遇合从天而降，说明九五的心志不违背天命。遇见空荡的角落，上九居位穷高极上而导致相遇无人的憾惜。

萃 卦

泽上于地，萃。君子以除戎器，戒不虞[①]。

乃乱乃萃，其志乱也。

引吉无咎，中未变也。

往无咎，上巽也。

大吉无咎，位不当也。

萃有位，志未光也。

赍咨涕洟，未安上也。

【注释】①“泽上于地，萃。君子以除戎器，戒不虞”，为《萃》卦的《大象传》。以揭示《萃》卦上兑为泽、下坤为地之象。泽上于地，指泽在地上，水横流为灾，比国内动乱。除，修整。不虞，料不到的事。

【译文】泽居地上，象征“会聚”；君子因此修治刀枪兵器，戒备不测变乱。行为紊乱而与人妄聚，初六的心志产生迷乱。受人牵引相聚可获吉祥而不致祸害，六二居中守正的心志未曾改变。往前将无祸害，六三能够向上驯服于阳刚。大为吉祥然后才无祸害，九四居位尚不妥当。广聚众庶而保有尊位，九五会聚天下的心志尚未光大。咨嗟哀叹而又痛哭流涕，上六求聚不得而未能安居穷上之位。

《萃卦·象传》说，“君子以除戎器，戒不虞”，意为国家应经常修治战具，以防战争的发生。此图即描述了古代的将领在灾荒之年教民习武、以防外来侵略的情景，这一行为符合《萃·象传》中的说法

升　卦

地中生木，升。君子以顺德，积小以高大①。

允升大吉，上合志也。

九二之孚，有喜也。

升虚邑，无所疑也。

王用亨于岐山，顺事也。

贞吉升阶，大得志也。

冥升在上，消不富也。

【注释】①“地中生木，升。君子以顺德，积小以高大”，为《升》卦的《大象传》。以揭示《升》卦上坤为地、下巽为木之象，谓地中生木，自微及著，正为“上升”的象征；然后推阐出“君子”当效法此象，以顺行其美德，积小善以成就大事业的道理。

【译文】地中生出树木，象征“上升”；君子因此顺行美德，积累小善以建树崇高宏大的事业。宜于上升而大为吉祥，初六上承并顺合二阳的志而俱升。九二的诚信美德，必将带来喜庆。上升顺畅犹如直入空虚的城邑，九三此时上升可以无所疑虑。君王来到岐山祭祀神灵，六四要顺从服侍君上。守持正固可获吉祥于是沿着阶梯上升，说明六五大遂上升的心志。昏昧至甚却仍然上升而高居极位，上六的发展趋势必将削弱而不能富盛。

困　卦

泽无水，困。君子以致命遂志。①

"入于幽谷",幽不明也。

"困于酒食",中有庆也。

"据于蒺藜",乘刚也。"入于其宫不见其妻",不祥也。

"来徐徐",志在下也。虽不当位,有与也。

"劓刖",志未得也。"乃徐有说",以中直也。"利用祭祀",受福也。

"困于葛藟",未当也。"动悔,有悔","吉"行也。

【注释】①泽无水:《困》卦的上卦坎是泽,下卦兑是水。泽中的水,漏到下面,泽中缺水,所以穷困;致命遂志:献出自己的生命。君子当效法这种精神,在穷困中,就是不惜生命,也要达成理想。

【译文】沼泽之中已没有水,这就是《困》卦象征的"困顿"。有地位的人有鉴于此,不惜牺牲生命,力图摆脱困境,实现自己的理想。

"隐处幽深的山谷",表明无处容身,只得暂居幽暗不明之地。

所以会"酒食过量"而病困,是因为有喜庆之事。

"被石头绊倒,被蒺藜刺伤",好像弱者凌辱强者,历尽艰难,"回到家中,不见了妻子",这真是不祥之兆。

所谓"姗姗来迟",表明身处困境,只得低首下气。由于甘居下位,态度谦卑,却能得到一些援助。

所以会"既受割鼻之刑,又受剁脚之刑",是因为尚未得志;所以会"终得脱身的机会",是因为中正而刚直;所以会"祭祀吉祥",因为他受到神的福祐。

所以会"困阻于葛藤的纠缠",是由于行动安排不适当。因此,"一动就有悔恨,但关键在于悔改",改过之后继续前进,是会吉祥幸福的。

马陵伏弩图,选自清·马骀《百将图传》,讲述了孙膑受庞涓陷害、遭受刖刑,后来脱身到了齐国任军师,在与魏国的战争中,于马陵道设伏、杀死庞涓之事。这符合《困》卦九五爻说的"劓刖,困于赤绂,乃徐有说"(指遭受有权势的人的酷刑,被挖鼻或砍足,渐渐得以有机会脱身)的说法

井　卦

木上有水,井。①君子以劳民相劝。②

"井泥不食",下也。"旧井无禽",时舍也。

"井谷射鲋",无与也。

“井渫不食”,行“恻”也。求“王明”,“受福”也。

“井甃,无咎”,修井也。

“寒泉”之“食”,中正也。

“元吉”在上,大成也。

【注释】①木上有水:这是以《井》卦的卦象为说的。《井》卦巽下坎上,巽代表木,坎代表水,故曰:“木上有水”。言树木体内有水分津润,由根茎向上运行,正如井水被汲上养人。②劳民相劝:劳民,就是说要为民操劳。相,助也。相劝,就是说要劝民互助。比喻“君子”观《井》卦之象,悟知应当劳民相劝,广益于人,以效法“井养而不穷”之德。

【译文】用水桶将井水源源汲出,这就是《井》卦的象征。有地位的人有鉴于此,尽力为百姓效劳,劝勉人们相互济助。

“井水混浊不能食用”,这是因为井位太低泥沙淤积。所谓“旧井无水,连鸟雀都不光临”,是说年久失修,旧井已被废弃。

用漏水的陶罐汲水,就好像“从井口去射井中的小鱼一样”,徒劳无功。

“井水掏清却不能汲出饮用”,这使路人都感到惋惜;期盼“君王贤明”,是为了共享福泽。

“井壁用砖石垒砌起来,没有出现什么失误”,就是说正在顺利修井。

“水清泉甘,凉爽可口,供人饮用”,表明君王中正不偏,施惠于众。

“身居高位的当权者”,所以获得“大吉大利”,是大有成就的象征。

革 卦

泽中有火,《革》。君子以治历明时。①

“巩用黄牛”,不可以有为也。

“巳日革之”,行有嘉也。②

“革言三就”,又何之矣!

“改命”之“吉”,信志也。

“大人虎变”,其文炳也。

“君子豹变”,其文蔚也。“小人革面”,顺以从君也。

【注释】①泽中有火:这是以《革》卦的卦象为说的。《革》卦下离上兑,离代表火,兑代表泽,所以说“泽中有火”;②嘉:美好、喜庆。

【译文】水泽干涸,燃起烈火,《革》卦就像征“变革”。有地位的人有鉴于此,修订历法,明辨季节。

所谓“好像用黄牛皮捆绑在一起,使人动弹不得”,就是说在这种情况下,不可能有所作为,难行变革。

所谓“祭祀之日进行变革”,因为在这种日子里采取行动,效果更佳。

所谓“变革之时必须谨慎行事”,“变革之言必须再三考虑”,说明实行变革千万不能操之过急。

所谓“变革天命，改朝换代，必然吉祥”，表明人民心悦诚服，可以实现变革的理想。

“伟大人物以猛虎般的气势进行变革”，表明德行昭彰，光彩焕发。

所谓“当权者实行变革就像豹子变毛那样，内外颜色都变”，这是因为表里如一，光彩蔚然。所谓“老百姓变革事物，只注重表面变化”，因为他们只要求表明态度，顺应时势变化也就可以了。

鼎　卦

木上有火，鼎；君子以正位凝命。[①]

“鼎颠趾”，未悖也；“利出否”，以从贵也。

“鼎有实”，慎所之也；“我仇有疾”，终无尤也。[②]

“鼎耳革”，失其义也。[③]

“覆公𫗧”，信如何也！[④]

“鼎黄耳”，中以为实也。

“玉铉”在“上”，刚柔节也。

【注释】①木上有火，鼎：鼎卦上卦为离，离为火；下卦为巽，巽为木。“木上有火”，为烹煮食物之象，正合鼎卦卦义。凝：严守。②之：动词，去，往。③义：宜，适当。④信如何：信如之何。信，信任。

【译文】木柴燃烧，火焰灼灼，象征“鼎器”在烹煮食物；君子观此卦象和卦名，便端正自己的居位，严守使命，恭谨履职。

“大鼎颠倒，其足向上”，这样未必违背情理；“宜于倾倒无用之物”，表明应当上从尊者。

“鼎中盛满食物”，表明应当谨慎前行；“我的配偶身患疾病”，表明我最终不会有灾祸。

“大鼎失去了鼎耳”，表明居位失当。

“王公的美食倾倒出来”，表明大臣不值得信任！

“大鼎配上黄色鼎耳”，表明居中可以获得实利。

“玉制的鼎耳吊环”高居“上位”，表明阳刚能用阴柔加以调节。

震　卦

洊雷，震；君子以恐惧修省。[①]

“震来虩虩”，恐致福也；“笑言哑哑”，“后”有则也。

“震来厉”，乘刚也。

“震苏苏”，位不当也。

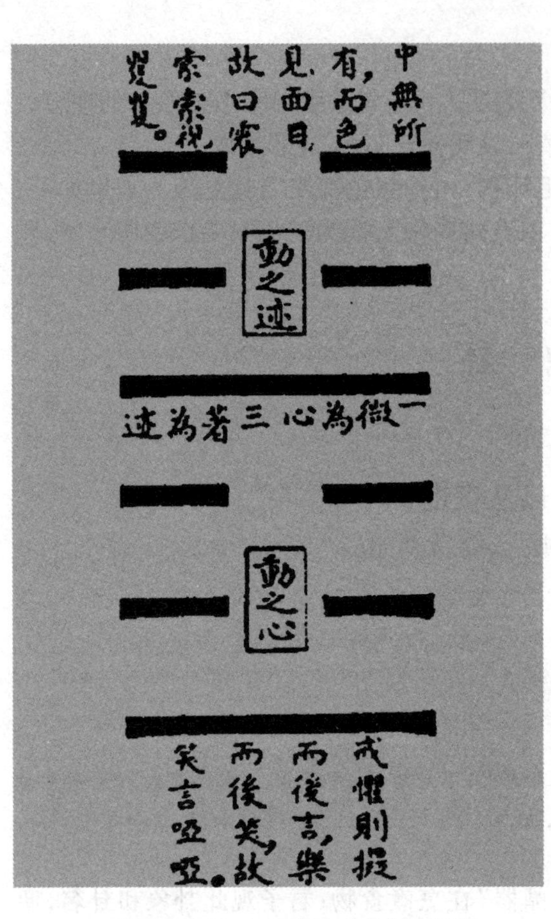

震动心迹图，出自宋·佚名《周易图》

"震遂泥"，未光也。

"震往来厉"，危行也；其事在中，大"无丧"也。

"震索索"，中未得也；虽"凶""无咎"，畏邻戒也。

【注释】①洊(jiàn)雷，震：震卦上下卦均为震，震为雷。洊，再，重。两震相重，则一雷未过而一雷又起，雷声应和雷声而有震动不已之象，所以用"洊雷"解释震卦卦义。

【译文】雷声轰鸣，连连而起，震天动地，象征"震动"；君子观此卦象和卦名，便惶恐警惧、自我戒惕，以修身省过、增益美德。

"雷霆骤响震得万物惊恐惶惧"，表明警惧戒惕能够得到福泽；"尔后又谈笑风生"，表明惊恐惶惧过后便能遵循法则。

"雷霆骤响，必有危险"，是由于阴柔乘凌于阳刚之上。

"雷霆震动，惶惶不安"，是由于居位不当。

"雷霆震动，惊慌失措而坠入泥沼之中"，表明阳刚之德尚未光大。

"雷霆震动，上下往来都有危险"，表明应当提防危险，谨慎前行，只要能够持守中道，便"无重大损失"。

"雷霆震动，索索发抖"，表明未能居位适中；虽然"必有凶险"，但是"没有灾祸"，是由于近邻所受的震动使之感到恐惧而预先有所戒备。

艮 卦

兼山，艮；君子以思不出其位。[1]

"艮其趾"，未失正也。

"不拯其随"，未退听也。

"艮其限"，危"薰心"也。

"艮其身"，止诸躬也。[2]

"艮其辅"，以中正也。

"敦艮"之"吉",以厚终也。

【注释】①兼山,艮:艮卦上下卦均为艮,艮为山。兼山,两山重迭。一山即能阻止,两山更能阻止,所以用"兼山"解释艮卦卦义。出:超越。位:本分。②躬:自身。

【译文】两座大山重叠,阻遏万物前进,象征"抑止";君子观此卦象和卦名,便抑止内心邪欲恶念,使自己的所思所虑都不超越本分。

"抑止脚趾而不让起步",表明尚未违背正道。

"无法举步追随应该追随的人",表明既不能前行,又不能退回原地听从抑止之命。

"抑止腰胯的运动",表明危险"像烈火烧灼,使人心忧如焚"。

"抑止上身,使之不得妄动",表明能够自我抑止。

"抑止面颊使其不得妄言",表明能够居中守正。

"以敦厚的美德抑止邪欲恶念","必获吉祥",是由于宽厚的美德能够保持至终。

渐　卦

山上有木,渐;君子以居贤德善俗。①

"小子"之"厉",义"无咎"也。

"饮食衎衎",不素饱也。

"夫征不复",离群丑也;"妇孕不育",失其道也;"利用御寇",顺相保也。②

"或得其桷",顺以巽也。

"终莫之胜吉",得所愿也。

"其羽可用为仪吉",不可乱也。

【注释】①山上有木,渐:渐卦上卦为巽,巽为木;下卦为艮,艮为山。"山上有木",日渐高大,

《渐卦·象传》说,君子以居贤善俗,意为在上位者要提高自己的德行来改善风俗。图为《焚锦销金》图,讲唐玄宗初期,为制止社会上的奢靡之风而禁止宫中妇女身穿珠玉锦绣并将其焚毁之事。这一举措对移风易俗起到了很好的表率作用

有渐进之象,所以用“山上有木”解释渐卦卦义。②群丑:同类。丑,类。

【译文】山上有树木,逐年生长,日渐高大,象征“渐进”;君子观此卦象和卦名,便逐渐增进贤德,改良风俗。

“幼童所遭遇的危险”,从卦义上看“没有什么灾祸”。

“安享饮食和乐欢快”,表明不是只享俸禄不尽臣职。

“丈夫出征一去不再复返”,表明离远其同类;“妻子虽然身怀有孕却无颜生子”,是由于有失妇道;“利于防御贼寇”,表明应当使夫妇关系和顺相保。

“有的落在木椽之上”,表明温顺而又谦和。

“外物最终不能取胜”却“可获吉祥”,是由于实现了自己的愿望。

“羽毛美丽异常,可以用于仪饰”,表明洁美的志向不会迷乱。

归妹卦

泽上有雷,归妹。君子以永终知敝[①]。

归妹以娣,以恒也[②];跛而履吉,相承也。

利幽人之贞,未变常也。

归妹以须,未当也。

愆期之志,有待而行也。

帝乙归妹,不如其娣之袂良也。其位在中,以贵行也。

上六无实,承虚筐也。

【注释】①“泽上有雷,归妹。君子以永终知敝”,为《归妹》卦的《大象传》。以揭示《归妹》卦下兑为泽、上震为雷之象,谓泽上有雷,泽悦而雷动,正为“嫁出少女”的象征。②恒:常。

【译文】泽上响着震雷,象征“嫁出少女”,君子因此长久至终地保持夫妇之道并明白不可淫逸而敝坏此道。

嫁出少女充当侧室,初九的经历是婚嫁之常道;宛如足跛而努力行走,说明初九的吉祥在于以偏助正相与承事夫君。

利于幽静安恬的人守持正固,九二未曾改移严守妇节的经常之道。

嫁出少女在引颈期待成正室,六三的行为不妥当。

九四超延出嫁佳期的心志,在于静待时机而后行。

帝乙嫁出少女,却不如侧室的衣饰华美;六五居位尊显而能守中不偏,身份高贵而能施行谦俭之道。

上六阴虚无实,正如手奉空虚的竹筐。

丰　卦

雷电皆至,丰。君子以折狱致刑[①]。

虽旬无咎,过旬灾也[②]。

有孚发若，信以发志也。

丰其沛，不可大事也。折其右肱，终不可用也。

丰其蔀，位不当也。日中见斗，幽不明也。遇其夷主，吉行也。

六五之吉，有庆也。

丰其屋，天际翔也。窥其户，阒其无人，自藏也。

【注释】①“雷电皆至，丰；君子以折狱致刑”，为丰卦的《大象传》。以揭示丰卦上震为雷、下离为电之象，谓雷电皆至，正为威明盛德“丰大”的象征。②过旬：即“过均”，犹言“不均等”。

【译文】雷震和电闪一起到来，象征“丰大”。君子因此效法雷电威明以审理讼狱及施用刑罚。

尽管阳德均等也不致祸害，而初九和九四要是阳德不均必致竞争而有灾患。

自我发挥诚信，六二应当以诚信来开拓丰大光明的志向。

丰大幡幔而掩遮了光明，九三不可置身于大事；像折断右臂一样屈己慎守，九三终究不可施展才用。

丰大蔽障而掩挡了光明，九四居位不妥当；犹如太阳正当中午却现星斗，九四处境幽暗而不见光明；遇合阳德相平衡之主，九四可获吉祥宜于前行。

六五的吉祥，必须有福庆。

丰大其房屋，上六居位穷高犹如飞翔在天际；对着门户窥视却毫无人踪，说明上六自蔽深藏。

旅　卦

山上有火，旅。君子以明慎用刑，而不留狱①。

旅琐琐，志穷灾也。

得童仆贞，终无尤也。

旅焚其次，亦以伤矣。以旅与下，其义丧也。

旅于处，未得位也。得其资斧，心未快也。

终以誉命，上逮也②。

以施在上，其义焚也。丧牛于易，终莫之闻也。

【注释】①“山上有火，旅；君子以明慎用刑，而不留狱”，为旅卦的《大象传》。以揭示旅卦下艮为山、上离为火之象，谓山上有火，火势流动，正为“行旅”的象征。②逮：及；六五上承上九阳刚，故有“誉命”。

【译文】山上有火，象征“行旅”。君子因此明决审慎地动用刑罚而不稽留讼狱。

行旅之初举动猥琐卑贱，初六意志穷迫而自取灾患。

拥有童仆而守持正固，六二终将无所过尤。

行旅之时被火烧毁客舍，九三也因此遭受损伤；旅居在外而擅自施惠于下，其理

《旅·象传》说,"君子以明慎用刑,而不留狱",指对罪犯施刑一定谨慎。图为《览图禁杖》,讲唐太宗看人体经络图发现人的重要经脉都在背部,想到笞打犯人时主要是笞打背部的情景,于是下令狱卒不准再击打犯人的脊背

必致丧亡。

行旅之时暂作栖处,九四未能居于妥当之位;获得利斧以斫荆棘,此时九四心中不甚畅快。

终将获得美誉而荣膺爵命,六五能够向上承及尊者。

作为行旅在外的人却高居上位,其理必然要导致鸟巢被焚的灾患,在荒远的田畔丧失了牛,说明上九遭祸在外,终将无人闻知。

巽 卦

随风,《巽》。君子以申命行事。①

"进退",志疑也。②"利武人之贞",志治也。

"纷若"之"吉",得中也。

"频巽"之"吝",志穷也。③

"田获三品",有功也。

《九五》之"吉",位正中也。

"巽在床下",上穷也。"丧其资斧",正乎"凶"也。

【注释】①随风:巽卦是下巽上巽而组成,巽代表风,有如风随着风,一阵接一阵,所以说"随风"。②志:心志、心情。③穷:尽。

【译文】习习和风,阵阵相随,这就是巽卦象征的"顺从"。有地位的人有鉴于此,反复地宣传政令,不断地处理政事。

所谓"或进或退,徘徊不定",表明思想犹豫,茫然无措;"利于武人占卜",是说有利于整治这种优柔寡断。

所谓"纷纷攘攘",仍可"吉祥",是因为得了中正之道。

所谓“愁眉苦脸,勉强顺从”,会带来“麻烦”,因为他已经没有什么自己的理想了。

所谓“打猎获得多种猎物”,比喻建功立业,受到奖赏。

《九五》所以是吉祥的,因为居位端正,行为中正。

“因惊惧而伏在床下”,是说地位虽高但却无路可走。所谓“丢失了钱财”,是说虽然行为正道,但处境仍然凶险。

兑　卦

丽泽,《兑》。君子以朋友讲习。[①]

“和兑”之“吉”,行未疑也。

“孚兑”之“吉”,信志也。[②]

“来兑”之“凶”,位不当也。

《九四》之“喜”,有庆也。

“孚于剥”,位正当也。

《上六》引兑,未光也。[③]

【注释】①丽泽:两泽相连。②信:通作神。③未光也:光,光大。这是以“上六”的爻位、爻象为说的。

【译文】《象辞》说:两泽相连,两水交流,这就是兑卦象征的“喜悦”。有才德的人有鉴于此,在朋友之间讲习学问,交流知识。

“和颜悦色待人接物”,“可获吉祥”,说明行为端正,没有问题。

由于“诚信和悦”得到的“吉祥”,说明他的意志正在增强。

“采取手段,寻求欣悦”,而带来的“凶险”,说明他的行为与所处的地位是不相当的。

《九四》所说的“令人高兴”,是说终有一个喜庆的结局。

“相信小人的巧言令色”,可是自身却处于至尊的地位。

《上六》所说的“用手段取悦于人”,这不是光明正大的行为。

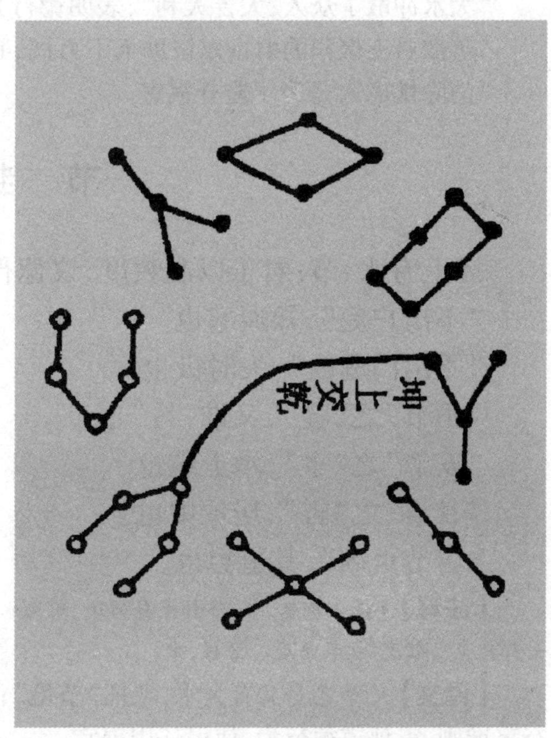

兑为少女图,出自宋·刘牧《易数钩隐图》

涣　卦

风行水上，涣；先王以享于帝，立庙。①

“初六”之“吉”，顺也。

“涣奔其机”，得愿也。

“涣其躬”，志在外也。

“涣其群元吉”，光在也。

“王居无咎”，正位也。

“涣其血”，远害也。

【注释】①风行水上，涣：涣卦上卦为巽，巽为风；下卦为坎，坎为水。水凝结而为冰，风吹冰而冰块融化、离散，所以“风行水上”正合涣卦卦义。

【译文】和风在水面吹拂，象征“涣散”；先王观此卦象和卦名，便通过祭祀上天来建立宗庙，维系民心。

“初六”爻的“吉祥”，来自于顺承上邻。

“大水流散急忙奔向几案，以祭告神灵乞求佑助”，表明愿望已经实现。

“大水冲击及自身”，表明心志在于向外寻求发展。

“大水冲散了众人，大吉大利”，表明德行光明正大。

“疏散君王聚积的财富以济助天下万民，必无灾祸”，表明身居尊位而行为端正。

“消除忧虑”，是为了避开祸害。

节　卦

泽上有水，节；君子以制数度，议德行。①

“不出户庭”，知通塞也。

“不出门庭凶”，失时极也。②

“不节”之“嗟”，又谁“咎”也！

“安节”之“亨”，承上道也。

“甘节”之“吉”，居位中也。

“苦节贞凶”，其道穷也。

【注释】①泽上有水，节：节卦上卦为坎，坎为水；下卦为兑，兑为泽。这是用上下卦卦象解释全卦卦义。数度：礼数法度。②极：中。

【译文】大泽之上又有大水，象征“节俭”；君子观此卦象和卦名，便制定礼法作为行事准则，审评道德行为，使得任用得宜。

“足不出内院”，表明深知道路通则可行、塞则须止的道理。

“足不出前院，必有凶险”，是由于丧失了适当的时机。

“度日不知节俭”而“导致嗟叹伤情”，这又是谁造成的“灾祸”呢！

“安于节俭”而“亨通顺利”，是由于能够顺承尊上之道。

“以节俭为乐事可获吉祥”，是由于居位中正。

“以节俭为苦事而不肯节俭，占问必有凶险”，表明节俭之道已经困穷不通。

中孚卦

泽上有风，中孚；君子以议狱缓死。[1]

“初九虞吉”，志未变也。

“其子和之”，中心愿也。

“或鼓或罢”，位不当也。

“马匹亡”，绝类上也。[2]

“有孚挛如”，位正当也。

“翰音登于天”，何可长也！

【注释】①泽上有风，中孚：中孚卦上卦为巽，巽为风；下卦为兑，兑为泽。风在泽上吹拂，什么地方都能吹到，犹如诚信施与天下，处处都能得其泽惠，所以用“泽上有风”解释中孚卦卦义。②绝类上：即绝类而上。绝，离开，脱离。类，同类。

【译文】大泽之上吹拂着和风，象征“内心诚信”；君子观此卦象和卦名，便以诚信之德审断狱讼，宽缓死罪。

“初九”爻“安守诚信之德可获吉祥”，表明不欲他求的心志未曾改变。

“小鹤应声相和”，这是发自内心的意愿。

“有时击鼓进攻，有时疲惫不前”，表明居位不当。

“走失一匹良马”，是为了离开同类而上承尊者。

“胸怀诚信并不系恋他人”，是由于居位正当。

“鸡鸣之声响彻天宇”，这种虚声鸣叫怎么能保持长久呢！

小过卦

山上有雷，小过；君子以行过乎恭，丧过乎哀，用过乎俭。[1]

“飞鸟以凶”，不可如何也。

“不及其君臣”，不可过也。

“从或戕之”，“凶”如何也！

“弗过遇之”，位不当也；“往厉必戒”，终不可长也。

“密云不雨”，已上也。

“弗遇过之”,已亢也。

【注释】①山上有雷,小过:小过卦上卦为震,震为雷;下卦为艮,艮为山。雷震于山,虽然超出地面但是尚未及于天宇,其声只是稍稍过越正常,所以称“小过”。

【译文】高山顶上有震雷在轰鸣,象征“小有过越”;君子观此卦象和卦名,使自己行止稍过恭敬,居丧稍过悲哀,花费稍过节俭。

“飞鸟带来凶险的兆头”,这是自招灾祸,谁也无可奈何。

“不到君王那里”,表明臣下不可超过尊上。

“将要遭人杀害”,表明凶险是何等严重!

“不要过分求进而强与他人遇合”,是由于居位不当;“有所举动便有危险,必须加以警戒”,表明不会长久无灾。

“浓云密布却不降雨”,表明已经高居上位。

“不过分求进强与他人遇合”,是由于已经上升到了极顶。

既济卦

水在火上,既济。君子以思患而豫防之[①]。

曳其轮,义无咎也。

七日得,以中道也。

三年克之,惫也。

终日戒,有所疑也。

东邻杀牛,不如西邻之时也。实受其福,吉大来也。

濡其首厉,何可久也。

【注释】①“水在火上,既济。君子以思患而豫防之”,为《既济》卦的《大象传》。以揭示《既济》卦上坎为水、下离为火之象,谓水在火上,煮物成熟,为“事已成”的象征;君子因此于事成之后思虑可能出现的祸患而预先防备。豫,即“预”。

【译文】水在火上,象征“事已成”。君子因此于事成之后思虑可能出现的祸患而预先防备。

向后拖曳车轮不使猛行,初九的行为正合谨慎守成的意义而不致祸害。

过了七日必将失而复得,六二能守持中正不偏之道。

持续三年终于获胜,说明九三为安保其成必须持久努力到疲惫的程度。

应当整天戒备祸患,六四此时要有所疑惧而慎行。

东边邻国杀牛盛祭,不如西边邻国微薄的礿祭适时明德;西邻更能切实地承受神灵降予的福泽,说明吉祥将源源来临。

小狐渡河沾湿了头部而有危险,说明上六事成之后修德不笃怎能长久守成!

未济卦

火在水上,未济。君子以慎辨物居方[①]。

濡其尾，亦不知极也。

九二贞吉，中以行正也。

未济征凶，位不当也。

贞吉悔亡，志行也。

君子之光，其晖吉也。

饮酒濡首，亦不知节也。

【注释】①"火在水上，未济。君子以慎辨物居方"，为《未济》卦的《大象传》。以揭示《未济》卦上离为火，下坎为水之象，谓火在水上，难以煮物，为事未成的象征。

【译文】火在水上，象征"事未成"。君子因此为促成其事而审慎分辨诸物使之各居适当的处所。小狐渡河被水沾湿尾巴，初六的行为也太不知谨慎持中。九二守持正固可获吉祥，此时要遵循中道而行事端正不偏。事未成而急于进取必有凶险，六三居位不妥当。守持正固可获吉祥而悔恨消亡，九四求济的志向正在践行。焕发君子的光辉，六五美德光耀必获吉祥。饮酒逸乐过度而像小狐渡河被水沾湿头部，说明上九若是这样也太不知节制了。

系辞传[1]

系辞上传

第一章

天尊地卑,乾坤定矣。[2]卑高以陈,贵贱位矣。[3]动静有常,刚柔断矣。[4]方以类聚,物以群分,吉凶生矣。[5]在天成象,在地成形,变化见矣。[6]

是故刚柔相摩,八卦相荡。[7]

鼓之以雷霆,润之以风雨;日月运行,一寒一暑。[8]乾道成男,坤道成女。[9]

乾知大始,坤作成物。[10]

乾以易知,坤以简能。[11]

易则易知,简则易从。易知则有亲,易从则有功。有亲则可久,有功则可大。可久则贤人之德,可大则贤人之业。[12]

易简,而天下之理得矣;天下之理得,而成位乎其中矣。[13]

【注释】①《系辞传》:《易传》之一。传文对《易经》经文的各个方面作了全面的分析和阐释。"系辞"二字是系属或联系之辞的意思。②尊:高。卑:下。③以:已。陈:列。位:这里用作动词,意为各居其位。④常:指一定的规律。断:分。⑤方:道,即思想观念。物:具体事物,与"方"相对。⑥象:表象,指天上之日月星辰。形:形体,指地上之万物。见:通"现",显现。⑦摩:迫击。荡:推动。⑧鼓:鼓动。这四句是说明天上物象的阴阳变化。⑨乾道成男,坤道成女:这两句是说明地面形体的阴阳变化。⑩知:为,作。大始:即太始,最初创始。成物:生成万物。⑪易:平易。知:知晓。简:简约。能:功能。⑫易则易知,简则易从……可大则圣人之业:这八句是阐发乾坤"易"、"简"之理,最后归结于人事,说明若能效法此道,即可造就贤人的"德"、"业"。⑬成位:确定位置。中:适中。

【译文】天尊贵而居高,地卑下而居低,而乾卦象征天,坤卦象征地,这样乾卦为首而坤卦为次的位序也就确定了。卑下与尊贵的位序一经排列,万物便各居其位。天的动和地的静有恒常的状态,阳刚阴柔的性质因而就判然分明。天下万事万物都以类别相同而聚合,以群体相异而区分,吉利和凶险就在这样的同与异的矛盾之中产生了。悬在天上的事物呈现出的是虚空的表象,处于地面的事物呈现的是实在的形体,这样,事物的变化就能从象与形上显现出来。

所以刚柔才会相互冲突迫击而生成八卦,八卦又会相互推动重叠而生成六十四卦。

比如雷与霆相互鼓动,风与雨相互滋润;日与月相互推动,寒与暑一往一来。又如乾道运行构成男性,坤道运行构成女性。

乾的作为体现于万物的最初创始,坤的作为体现为顺承于乾的万物生成。

乾的作为以平易而为人所知,坤的作为以简约而显其功能。

平易就容易为人知晓,简约就容易使人顺从。容易知晓则有人亲近,容易顺从则能够建功。有人亲近则处世就能长久,建功立业则立身就能宏大。而处世长久是贤人的美德,立身宏大是贤人的事业。

懂得乾德平易和坤德简约,就能掌握天下的道理;而掌握天下的道理,就能遵循这些道理而居处适中合宜的地位。

第二章

圣人设卦观象系辞焉,而明吉凶。刚柔相推而生变化。是故,吉凶者,失得之象也。悔吝者,忧虞之象也。变化者,进退之象也。刚柔者,昼夜之象也。六爻之动,三极之道也①。是故,君子所居而安者②,《易》之序也。所乐而玩者③,爻之辞也。是故,君子居则观其象,而玩其辞;动则观其变,而玩其占④。是以自天祐之,吉无不利。

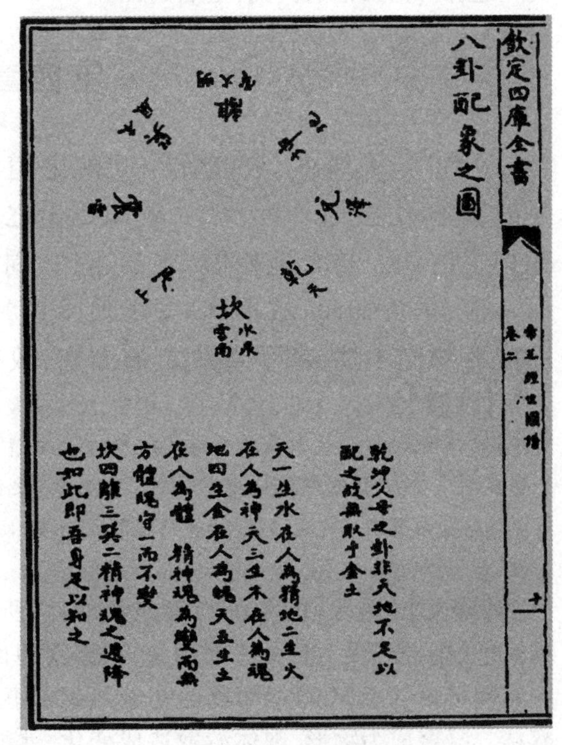
欽定四庫全書
八卦配象之圖
乾坤父母之卦非天地不足以
配之故無取于金土
天一生水在人為精地二生火
在人為神天三生木在人為魂
地四生金在人為魄天五生土
在人為體　精神魂魄變而無
方體魄守一而不變
坎四離三巽二精神魂之遺降
也如此即吾身足以知之

八卦配象之图

【注释】①三极:天、地、人为宇宙万物最崇高的,故称之为三极。②安:或读为按,案。观察也。③玩:玩赏,揣摩。④占:占断,临事卜问占断其吉凶。

【译文】圣人创立八卦及六十四卦,观察卦象爻象,把卦爻辞联系在卦爻后而来说明未来的吉凶。(分阳爻阴爻为刚柔),由刚柔的激荡而产生变化。因此卦爻辞中的吉和凶,是人事得和失的象。卦爻辞中的悔和吝,是人心忧惊的象。卦爻辞的变化,是事物旧的退去、新的进来的象。卦爻辞中的刚柔,是昼夜阴阳的象。

六爻的变动，是天道、地道、人道的变化。因此君子平居之时而细心观察的，是《易经》的象，喜乐而揣摩的，是爻的辞。所以君子平居就观察卦象和揣摩爻辞，行动就观察它的变化揣摩它的吉凶，因此上天自然保佑他，而获得吉祥，无所不顺。

第三章

彖者[1]，言乎象者也。爻者[2]，言乎变者也。吉凶，者，言乎其得失也。悔吝者，言乎其小疵也。无咎者，善补过也。是故，列贵贱者，存乎位。齐小大者，存乎卦。辨吉凶者，存乎辞[3]。忧悔吝者，存乎介[4]。震无咎者，存乎悔。是故，卦有小大，辞有险易，各指其所之[5]。

【注释】①彖：此处不是指《彖传》，而是指《卦辞》。②爻：《系辞》作者称辞为爻，不是指爻画。③辞：指卦爻辞。④介：《周易集辞》："虞翻曰：'介，纤也。故存乎介，谓识小疵也。'"⑤各指其所之：卦爻辞个个指示人的所住，趋吉避凶。

【译文】卦辞是讲卦的整体的象征意义。爻辞是讲爻所显示的微妙变化。吉凶，是讲人们行动的得失。悔吝，是讲人们行为有小的偏失。无咎，是讲人们善于补过。因此排列贵贱的在于爻位，分清大小的在于卦，辨别吉凶的在于辞，忧悔吝的在于识小疵，行动而无咎的在于追悔（而惩戒）。所以卦有大小，辞有险难平易。总之，卦辞、爻辞是各自指出他的去向（趋吉避凶）。

第四章

《易》与天地准，故能弥纶天地之道。仰以观于天文，俯以察于地理，是故知幽明之故；原始反终，故知死生之说；精气为物，游魂为变[1]，是故知鬼神之情状。与天地相似，故不违；知周乎万物而道济天下，故不过；旁行而不流，乐天知命，故不忧；安土敦乎仁，故能爱[2]。范围天化之化而不过，曲成万物而不遗，通乎昼夜之道而知，故神无方而《易》无体[3]。

【注释】①精气为物，游魂为变：精气，阴阳凝聚之气，古人认为是生命赖以存在的因素，即下文所谓"神"；游魂，魂气游散所生的变异，即下文所谓"鬼"。②安土敦乎仁，故能爱：安土，犹言"安处其环境"。这是说明通《易》者有"安土"、"敦仁"之德，故能泛爱天下。③神无方而《易》无体：这是总结前三句并全章大旨，以神的奥妙不泥于一方，比拟《易》的变化不定于一体，正是指明"阴阳不测"的辩证哲理。

【译文】《周易》的象征与天地相准拟，所以能普遍包涵天地间的道理。用《周易》的法则仰观天上日月星辰的文采，俯察地面山川原野的理致，就能知晓幽隐难见和显明可察的事理；推原事物的初始并返求事物的终结，就能知晓死和生的规律；考察精气凝聚成为物形，魂体游散造成变化，就能知晓鬼神的情实和状态。（人们掌握的《周易》哲学）和天地的道理相似相通，所以行为不违背天地自然的规律；智慧周遍于万物而道德足以匡济天下,所以动止不会偏差;权力广泛推行而不流溢淫滥,乐于天然而知其命数,所以无所忧愁;安处于自身的环境并温柔敦厚地施行仁义,所以能泛爱天下。(可见《易》道之大)足以拟范周备天地的化育而不致偏失,足以曲尽细密地助成万物发展而不使遗漏,足以会通于幽明昼夜的道理而无所不知,所以说神奇奥妙的《易》旨不泥于一方而《周易》的变化不定于一体。

第五章

一阴一阳之谓道①。继之者善也,成之者性也。仁者见之谓之仁,知者见之谓之知,百姓日用而不知,故君子之道鲜矣。显诸仁,藏诸用,鼓万物而不与圣人同忧②。盛德大业至矣哉!富有之谓大业,日新之谓盛德,生生之谓易,成象之谓乾,效法之谓坤,极数知来之谓占,通变之谓事,阴阳不测之谓神③。

【注释】①一阴一阳之谓道:这是以阴阳变更运动释“道”的概念,即指出事物矛盾对立、互相转化的自然规律。②鼓万物而不与圣人同忧:不与圣人同忧,犹言“与圣人之忧不同”。此句揭明天地之“道”化育万物,与圣人体“道”为用的区别,在于前者是自然无为,后者是有为而未免忧患,故称“不同”。③阴阳不测之谓神:此句总结上文,说明阴阳变化的神妙,不可测变,即前章“神无方而《易》无体”之义。

【译文】一阴一阳的矛盾的变化规律就叫做“道”。传继此道发扬光大以开创万物的就是“善”,蔚成此道柔顺贞守以孕育万物的就是“性”。仁者发现“道”与仁德相通就称之为仁,智者发现“道”与智德相通就称之为智,百姓日常应用此“道”却茫然不知,因此君子所谕示的《易》“道”的全面意义就很少人懂得了。天地阴阳之“道”显现于仁德,潜藏于日用,在自然无为中鼓动化育万物而与圣人体“道”尚存忧患之心有所不同。然而圣人努力效法“道”的盛美德行和宏大功业也算至极无比了!大获所有而众物归附称作宏大功业,日日更新而自我完善称作盛美德行。阴阳转化以致生生不绝叫做变易,画卦形成天的象征叫做乾,画卦仿效地的法式叫做坤,穷极蓍数以预知将来叫做占筮,会通万物的变化叫做天下的事态,阴阳矛盾互转而不可测定叫做微妙的神。

第六章

夫《易》广矣大矣,以言乎远则不御,以言乎迩则静而正,以言乎天地之间则备矣①。夫乾,其静也专,其动也直,是以大生焉。夫坤,其静也翕,其动也辟,是以广生焉②。广大配天地,变通配四时,阴阳之义配日月,易简之善配至德。

【注释】①不御:不止。正:通“证”,验证。备:全,无所不备。②翕:闭。辟:开。

【译文】《易经》的范围广大啊！说到远处则是没有止境的，说到近处则是静止而方正的。说到天地之间的事物是完备的。乾象征天，它静时为团圆形；它动时是刚直的，因此产生了大。坤象征地，它静时为闭合收敛状；它动时是开辟的，因此可产生广。乾坤所指的范围广大与天地相配，乾坤讲的变通跟四季相配，乾坤所讲的阴阳的意义跟日月相配，乾坤所讲的平易简约的美善道理，可以与圣人至德相配为统一。

第七章

子曰："《易》，其至矣乎！夫《易》，圣人所以崇德而广业也。知崇礼卑[①]，崇效天，卑法地，天地设位[②]，而《易》行乎其中矣。成性存存，道义之门。"

【注释】①知崇礼卑：是说智慧之可贵在于崇高，礼节之可贵在于谦卑。②设：确立。

【译文】孔子曰："《易》是至善至美的啊！《易》，是圣人用来推崇道德扩大功业的一部分。智慧是宝贵的，其宝贵之处在于崇高；礼仪是宝贵的，其宝贵之处在于谦卑。崇高是效法天，谦卑是效法地。天地确定位子，《易》道就运行在天地之中适当的地方了。它成就万物各自的本性，保存万物存在的必然条件，成为道义开启之门。

第八章

圣人有以见天下之赜，而拟诸其形容，象其物宜，是故谓之象。圣人有以见天下之动，而观其会通，以行其典礼，系辞焉以断其吉凶，是故谓之爻。[①]

言天下之至赜，而不可恶也；言天下之至动，而不可乱也。[②]拟之而后言，议之而后动，拟议以成其变化。[③]

"鸣鹤在阴，其子和之；我有好爵，吾与尔靡之。"[④]子曰："君子居其室，出其言，善则千里之外应之，况其迩者乎？居其室，出其言，不善则千里之外违之，况其迩者乎？言出乎身，加乎民；行发乎迩，见乎远。言行，君子之枢机。[⑤]枢机之发，荣辱之主也。言行，君子之所以动天地也，可不慎乎？"

"同人，先号咷而后笑"。[⑥]子曰："君子之道，或出或处，或默或语，二人同心，其利断金；同心之言，其臭如兰。"[⑦]

"初六，藉用白茅，无咎"。[⑧]子曰："苟错诸地而可矣，藉之用茅，何咎之有？[⑨]慎之至也。夫茅之为物薄，而用可重也。慎斯术也以往，其无所失矣。"[⑩]

"劳谦，君子有终，吉。"[⑪]子曰："劳而不伐，有功而不德，厚之至也。[⑫]语以其功下人者也。[⑬]德言盛，礼言恭。谦也者，致恭以存其位者也。"

“亢龙有悔。”[14]子曰：“贵而无位，高而无民，贤人在下位而无辅，是以动而有悔也。”

“不出户庭，无咎。”[15]子曰：“乱之所生也，则言语以为阶。[16]君不密，则失臣；臣不密，则失身；几事不密，则害成。是以君子慎密而不出也。”[17]

子曰：“作《易》者其知盗乎？《易》曰：‘负且乘，致寇至。’[18]负也者，小人之事也；乘也者，君子之器也。小人而乘君子之器，盗思夺之矣！上慢下暴，盗思伐之矣！慢藏诲盗，冶容诲淫。[19]《易》曰：‘负且乘，致寇至。’盗之招也。”

《系辞》中说，“几事不密则害成”，是指做事一定要机密，否则不但要做的事不会成功，反而危及自身。图为《三国志像》中的“董承密受衣带诏”，讲述董承受汉献帝密诏，要除去曹操，结果事情泄露，董承身死族灭

【注释】①见：通“现”，发现。赜(zé)：幽深难见，这里指深奥的道理的意义。象：象征。会通：会合变通。典礼：典常，规范。典，常。②恶：厌恶。乱：错乱。③拟：即上文的“拟诸形容”。言：指言说《易》理。议：指审议物情。动：指揭示变动规律。④鸣鹤在阴，其子和之；我有好爵，吾与尔靡之：这是中孚卦九二爻爻辞。⑤枢机：机要。枢，门轴。机，弩机。⑥同人，先号咷而后笑：这是同人卦九五爻爻辞。⑦出处：二者相对，出指出仕任职，处指隐退居家。利：锋利。金：金属。臭：气味，这里指芳香之气。⑧初六，藉用白茅，无咎：这是大过卦初六爻爻辞。⑨错：放置。⑩斯：这。术：方法。⑪劳谦，君子有终，吉：这是谦卦九三爻爻辞。⑫伐：矜夸。不德：不自居有德。⑬下人：谦卑而甘居人下。⑭亢龙有悔：这是乾卦上九爻爻辞。⑮不出户庭，无咎：这是节卦初九爻爻辞。⑯阶：阶梯，这里是导引或起因的意思。⑰几：微，这里是机密的意思。出：出口，即说出来。⑱负且乘，致寇至：这是解卦六三爻爻辞。⑲慢藏：轻慢地收藏。冶容：妖冶地打扮。

【译文】圣人发现了天下幽隐难见的道理，觉得它们非常复杂，就模拟其形态而设卦分类，并分别采用合宜的形象表达出来，这就叫做象。圣人发现了天下万物的运动变化，觉得它们非常散乱，就观察其阴阳会合交通之处，从万变中提炼出不变的常理规范，并写出文辞加以说明，用来论断发展变化的结局是吉是凶，这就叫做爻。

象能说明天下幽隐难见的复杂道理，有了象之后，人们就不再厌恶它复杂了；爻能说明天下万物散乱的运动变化，有了爻之后，人们就不再觉得它散乱了。学《易》的人，也应该在模拟卦象之后才述说其中的道理，在审议爻辞之后才根据其中揭示的吉凶采取行动，通过模拟和审议来实现自己的运动变化。

中孚卦九二爻说"鹤在树荫下鸣叫，小鹤应声相和；我有美酒一爵，愿与你共享其乐。"孔子解释说："君子平居家中，发表言论，他的言论只要是美善的，就是远在千里之外的人也会闻风响应，何况近处的人呢？平居家中，发表言论，他的言论如果不美不善，就是远在千里之外的人也会违逆背离，何况近处的人呢？言论是自身发出的，却能够影响百姓；行为是近处发生的，远方的人却能够看见。可见，言论和行为，犹如君子门上的门轴和弩上的扳机，作用很大；门轴的旋转和扳机的扳动，决定着将要降临的是荣光或是耻辱。言论和行为，是君子用来鼓动天地万物的手段，难道能够不慎重吗？"

同人卦九五爻说"与人和同亲近，起先失声痛哭，尔后又放声大笑。"孔子解释说："君子处世待人的准则，是无论奔走到外面还是静处于家中，无论沉默不语还是发表言论，都要力求两人意气投合，以形成一股锋利得可以切玉断金的力量；而意气投合的言论，其气味就像兰草那样芬芳。"

大过卦说"初六，用洁白的茅草铺地以陈放祭品，没有灾祸。"孔子解释说："假若直接把祭品陈放在地上，本来就没有什么不可，现在又铺上一层洁白的茅草，还会有什么灾祸呢？这样做，简直慎重到了极点了。茅草这种东西，本来是微不足道的，却可以用来陈放祭品，发挥重大作用。只要能够继续用这种慎重的态度办理所有的事情，就一定不会有什么过失。"

谦卦九三爻说"勤劳而谦虚，君子如果有始至终保持这种美德，必获吉祥。"孔子解释说："勤劳而不自我夸耀，有功而不居德自傲，真是敦厚到了极点了。这里说的是那些有功而能谦居人下的人啊。道德讲究的是隆盛，礼节讲是恭谨。谦虚的要旨，就是通过致力恭谨而保持其地位。"

乾卦上九爻说"巨龙飞升至极顶，会遭困厄。"孔子解释说："虽然身份尊贵，但是由于高高在上而失去了根基，使自己实际上失去了权位；虽然地位崇高，但是由于接触不到下层，使自己实际上失去了百姓；贤明的人由于身居下位而无法辅佐他，所以轻举妄动会遭困厄。"

节卦初九爻说"足不出内院，没有灾祸。"孔子解释说："动乱的产生，往往是由于言语不慎。君王说话不慎守机密，就会失去臣子；臣子说话不慎守机密，就会招致杀身之祸；办事之初不慎守机密，就会危及事情的成功。所以君子应该慎守机密，而不应该把机密泄露出去。"

孔子说："创作《易》书的人，大概都很了解盗贼的情况吧？《易》书解卦六三爻说：'身背重物而乘车出行，必然招致盗贼前来打劫。'身背重物，本来是身份卑贱的小人的事情；而出行乘坐的华丽的大车，是身份高贵的君子的车具。小人乘坐君子的车具，盗贼自然要思谋夺取它啊！君上傲慢无礼，臣下骄横暴虐，盗贼必然思谋侵伐其国啊！不去严密地收藏财物，就等于引人行窃；妖冶地打扮容姿，就等于诱人淫荡。

《易》书说‘身背重物而乘车出行，必然招致盗贼前来打劫’这句话是说盗贼都是人们自己招引来的呀。”

第九章

大衍之数五十，其用四十有九[①]。分而为二以象两[②]，挂一以象三[③]，揲之以四以象四时[④]，归奇于扐以象闰[⑤]；五岁再闰，故再扐而后挂。天数五，地数五[⑥]，五位相得而各有合[⑦]。天数二十有五，地数三十，凡天地之数五十有五[⑧]。此所以成变化而行鬼神也。《乾》之策二百一十有六，《坤》之策百四十有四[⑨]，凡三百有六十，当期之日。二篇之策，万有一千五百二十[⑩]，当万物之数也。是故四营而成《易》[⑪]，十有八变而成卦[⑫]，八卦而小成[⑬]。引而伸之，触类而长之，天下之能事毕矣。显道神德行，是故可与酬酢，可与祐神矣[⑭]。子曰："知变化之道者，其知神之所为[⑮]乎！"

【注释】①大衍之数五十，其用四十有九：大，犹"广"；衍，演绎；数，蓍数，在占筮中以蓍草之策代表。②象两：象征天地两仪。③挂一以象三：挂一，即从所分的两部分中抽取一策挂于左手小指间；三，天地人"三才"。④揲之以四以象四时：揲，音蛇 shé，用手四根一束地分数蓍策。这是说明演算蓍策是以四为单位揲数，象征"四季"。⑤归奇于扐以象闰：奇，指揲数至最后剩余的策数；扐，音勒 lè，夹于手指之间；闰，谓闰月。⑥天数五，地数五：指一至十的数目中，奇数为天的象征数，偶数为地的象征数。⑦五位相得而各有合：指五奇五偶相配相得。⑧凡天地之数五十有五：指五奇数相加得二十五，五偶数相加得三十，两者合为五十五。⑨《乾》之策二百一十有六，《坤》之策百四十有四：指《乾》卦由"老阳"爻组成，凡"老阳"爻皆从"三变"揲算过的三十六策得来，故六爻共含二百十六策；《坤》卦由"老阴"爻组成，凡"老阴"爻皆从"三变"揲算过的二十四策得来，故六爻共含一百四十四策。⑩二篇之策，万有一千五百二十：二篇，指上下经六十四卦。六十四卦阴阳爻各一百九十二爻，阳爻乘以三十六，阴爻乘以二十四，其和即为此数。⑪四营而成《易》：四营，即上文所言"分二"、"挂一"、"揲四"、"归奇"这四道揲蓍程序。依此营求，即可筮得《周易》卦形，故称"四营而成《易》"。⑫十有八变而成卦：即上文所叙"四营"为一变，三变得一爻；一卦六爻，故十八变成卦。⑬八卦而小成：指九变而成三画，得八卦之一。⑭可与酬酢，可与祐神矣：与，犹"以"；酬酢，应对；祐，助也。这两句以人事应对、祐助神灵，进一步说明《易》之用。⑮知神之所为：此处"神"字，涵有"自然规律"之意。

【译文】广为演绎的占筮之数是用五十根蓍策表示，其中虚一不用而实用四十九策。把四十九策任意分为左右两份以象征天地两仪，从中取一策悬挂在左手小指间以象征天地人三才，每束四策地揲算蓍策以象征四季，把左份揲算剩余的蓍策归附夹勒在左手无名指间以象征闰月，五年再出现闰月，于是再把右份揲算剩余的蓍策夹勒在左手中指间而后别起一挂反复揲算。天的数字象征有一、三、五、七、九这五个奇数，地的数字象征有二、四、六、八、十这五个偶数，五对奇偶数互相搭配而各能谐和。五个天数相加为二十五，五个地数相加为三十，天地的象征数总和为五十五。这就是《周易》以数字象征形成变化哲学而通行于阴阳鬼神之奥理的一方面特点。《乾》卦在蓍数中体现为二百十六策,《坤》卦为一百四十四策,两者之和相当于一年三百六十天。《周易》上下经六十四卦共为一万一千五百二十策,相当于万物之数。因此通过分二、挂一、揲四、归奇这"四营"过程就筮得《周易》的卦形,其中每十八次变数形成一卦,而前面九变出现的八卦之一则为小成之象。这样朝着六十四卦引申推广,遇到相应的事类就发挥扩展其象征意义,天下所能取法的事理就赅尽无遗了。《周易》的占筮能够彰显出幽隐的道理而神奇地玉成令德美行,所以运用《易》理可以应对万物之求,可以祐助神化之功。孔子说:"通晓变化道理的人,大概知道神妙的自然规律吧?"

第十章

《易》有圣人之道四焉:以言者尚其辞,以动者尚其变,以制器者尚其象,以卜筮者尚其占[①]。是以君子将有为也,将有行也,问焉而以言。其受命也如响。无有远近幽深,遂知来物。非天下之至精,其孰能与于此。参伍以变,错综其数[②]。通其变,遂成天下之文;极其数,遂定天下之象[③]。非天下之至变,其孰能与于此。《易》无思也,无为也,寂然不动,感而遂通天下之故[④]。非天下之至神,其孰能与于此。夫《易》,圣人之所以极深而研几也[⑤]。唯深也,故能通天下之志;唯几也,故能成天下之务;唯神也,故不疾而速,不行而至[⑥]。子曰:"《易》有圣人之道四焉"者,此之谓也。

【注释】①言:言论。辞:卦爻辞。变:卦爻辞的变化,用卦爻辞来决定行动。象:卦象,参考卦象来制造器物。占:用蓍草的演算来问吉凶。②参伍以变,错综其数:参,三也,多也;伍,五数之也。错,交而互之。综,总而挈之。此亦皆谓揲蓍求卦之事,盖通三揲两手之策,以成阴阳老少之画,究七八九六之数,以定卦爻动静之象也。③天下之文:指卦爻辞,是说明天下事物吉凶的文辞。天下之象:指卦象,用来说明天下事物的变化的。④卦爻辞本身是无思无为的,是人去占卜问它,人的诚信感动它,就能通天下事物的凶吉。⑤研几:研究事物显现以前的微露苗头,"几者动之微,吉凶之先见者也。"⑥神:神妙,指先见,事物还没出现,已经看到,所以"不疾而速,不行而至",实际是没出现,但已看到苗头。

【译文】《易》有圣人之道四个:用它来谈论要看重其爻辞。用它来行动要看重它的变化,用它来制造器物而看重它的卦象。用它来卜占吉凶而看重它的占问。因为君子将有作为,将有行动,用言语来问它。它接受人家的问,它的回报像回响。不论远的、近的、暗的、深的,遂即知道未来的事。不是天下的极精,谁还能达到这样。六爻中有三数或五数的变化,有交错综合的爻位次数。通晓它的变化,遂即成为反映天下事的文辞;极尽卦爻的位数,遂即确定天下事物的象。不是天下的最善变化的,谁能达到这样。《易》本来是没有思虑的,没有作为的,寂静不动,但用真诚感动它,遂能通晓天下的事。不是天下顶神妙的,谁能达到这样。《易》是圣人的所以极深入而研究它的微妙处。只因深奥,所以能够贯通天下人的意志;只是微妙,所以能够成就天下的事务;只是神妙,所以不急而快,不行动而能达到的。孔子说:"《易》有圣人之道四项”，就是这个说法。

第十一章

子曰：“夫《易》何为者也？夫《易》开物成务[①]，冒天下之道，如斯而已者也。”是故圣人以通天下之志，以定天下之业，以断天下之疑。是故蓍之德圆而神，卦之德方以知，六爻之义易以贡[②]。圣人以此洗心，退藏于密，吉凶与民同患[③]。神以知来，知以藏往，其孰能与此哉！古之聪明睿知神武而不杀者夫[④]！是以明于天之道，而察于民之故，是兴神物以前民用。圣人以此斋戒，以神明其德失。是故阖户谓之坤，辟户谓之乾，一阖一辟谓之变，往来不穷谓之通，见乃谓之象，形乃谓之器，制而用之谓之法，利用出入，民咸用之谓之神[⑤]。

是故《易》有太极，是生两仪[⑥]，两仪生四象[⑦]，四象生八卦，八卦定吉凶[⑧]，吉凶生大业。是故法象莫大乎天地，变通莫大乎四时，悬象著明莫大乎日月，崇高莫大乎富贵，备物致用、立成器以为天下利莫大乎圣人，探赜索隐、钩深致远以定天下之吉凶、成天下之亹亹者大乎蓍龟。是故天生神物，圣人则之；天地变化，圣人效之；天垂象，见吉凶，圣人象之；河出图，洛出书，圣人则之。《易》有四象，所以示也；系辞焉，所以告也；定之以吉凶，所以断也。

【注释】①开物成务，开创事物的内在机能，成功了就是成务。②蓍之德圆而神：用蓍草占吉凶，或吉或凶没有一定，所以是圆满而神妙。卦之德方以知：卦辞有一定，所以是方正而智慧，跟蓍

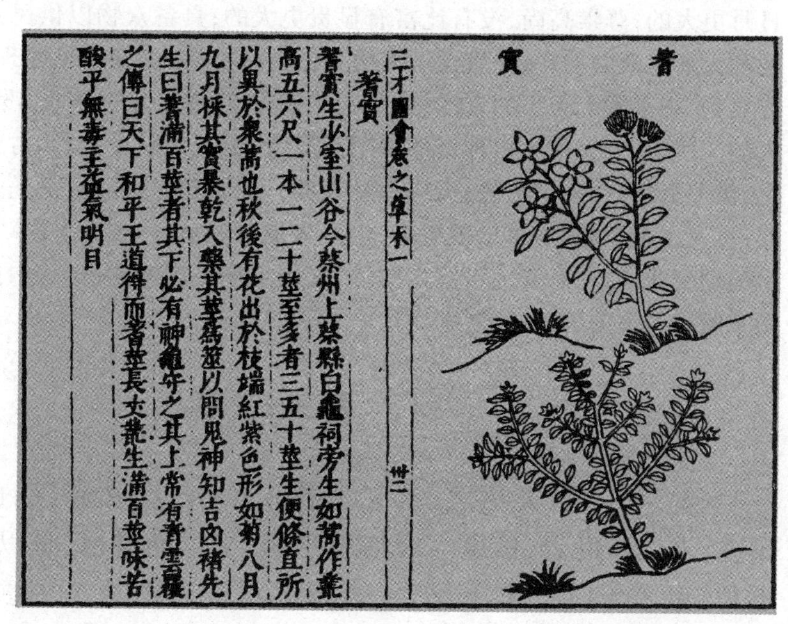

三才圖會卷之草木一　卅二

蓍實

蓍實生少室山谷今蔡州上蔡縣白龜祠旁生如蒿作叢高五六尺一本一二十莖至多者三五十莖生便條直所以異於衆蒿也秋後有花出於枝端紅紫色形如菊八月九月採其實暴乾入藥其莖爲筮以問鬼神知吉凶褚先生曰蓍滿百莖者其下必有神龜守之其上常有青雲覆之傳曰天下和平王道得而蓍莖長丈叢生滿百莖味苦酸平無毒主益氣明目

《三才图会》中的蓍草图。蓍草是古代占卜用的一种工具

占不定不同。德：德性。圆而神：圆通而神妙。③洗：通“先”。退藏于密：即从卦爻辞是到启发后，先保密，不加宣扬。吉凶与民同患。指导人民趋吉避凶。同患，同忧乐，凶同忧，吉同乐，这里当省“乐”字。④睿(ruì 瑞)知：知慧而有远见。杀：残暴。⑤阖户谓之坤：指地的静而闭藏。辟户谓之乾：指天的春雷惊蛰等。一阖一辟谓之变：指卦爻辞反映自然和人事的变化。往来不穷谓之通：指这种开阖变化是无穷尽的，懂得它才通。见乃谓之象：事物出现了用卦来表示叫象，如用乾来表示天。器：有具体形象的叫器。制而用之谓之法：如根据《涣》卦来制造舟楫即是。利用出入：指在制作时有改进。⑥“易有太极”二句：太极，宇宙本原，为无形的物质性实体，在筮法中指未分之前的四十九根蓍草；两仪，天地、阴阳。⑦“两仪生四象”二句：四象，指太阳⚌、太阴⚏、少阳⚎、少阴⚍，分别为两仪即阴 - -、阳—各重叠以阴阳而成；八卦，即八个三画卦，由四象再重叠以阴、阳画而成。⑧八卦定吉凶：八卦不能定吉凶，本句是说八卦演变为六十四卦即可定吉凶。

【译文】孔子说：“《易》书是做什么用的呢？《易》是开创事物内在机能而成就事务，包括天下万事万物的变化规律，如此而已。”因此圣人用来通晓天下人的意志，来确定天下的事业，来决断天下人的怀疑。所以蓍草占问的好处是圆满而神妙，卦辞的好处是方正而智慧，六爻的意义用变化来告人。圣人用它来启发自己的心，退下来把它藏在秘密处，吉和凶与民同乐同忧。(用蓍的)神妙来知道未来，(用卦的)智慧来记住过去。谁能达到这样啊！古代的聪明智慧神武而不残暴的人吧！因此明白天道，细察民情，用蓍占神物来做为人民行动的先导。圣人用它时适中为虔敬，来表示它具有神妙明智的德行。因此闭藏的叫做坤，开辟的叫做乾，一闭一开叫做变化，(开闭出入)往来不停叫做通达，出现的物叫做象，具有形体的叫做器。制裁象和器来利它叫做效法，利用它时或出或入有所改动，人民都用它叫做神妙。

《易》书有这样的思想：宇宙之间最先有太极，太极变化产生八卦，八卦断定吉凶，吉凶既定而趋吉避凶就能造就出盛大的事业。可以取象效法的东西，没有比天地更大的；能够变化会通的东西，没有比四季更大的；能够显示光辉而高悬的形象，没有比日月更大的；尊崇高尚，没有比富有显贵更大的；具备众物以供民众使用，创成器具以便利天下民众的功业，没有比圣人更大的；探研求索幽隐难见之理，钩取搜罗深处、远方之物，用来断定天下的吉凶，助成天下民众勤勉有为的神通，没有比蓍占与龟卜更大的。所以，上天才生出神奇的蓍草和灵龟，供圣人取法，创立占卦；天地出现四季变化，供圣人仿效，制定历法；天空垂悬天象，显示吉凶的征兆，供圣人模拟，制造天象仪器；黄河出现龙图，洛水出现龟书，供圣人取法，创立八卦。《易》书有四象，是用来显示运动变化的；在卦爻之下写出文辞，是用来报告吉凶的；文辞中拟出吉凶的占辞，是用来断定得失的。

第十二章

《易》曰：“自天祐之，吉无不利[①]。”子曰：“祐者，助也。天之所助者，顺也；人之所助者，信也。履信思乎顺，又以尚贤也，是以‘自天祐之，吉无不利’也。”子曰：“书不尽言，言不尽意。”然则圣人之意其不可见乎？子曰:“圣人立象以尽意,设卦以尽情伪[②],系辞焉以尽其言,变而通之以尽利,鼓之舞之以尽神。”乾坤,其《易》之缊邪?乾坤成列,而《易》立乎其中矣;乾坤毁,则无以见《易》;《易》不可见,则乾坤或几乎息矣[③]。是故形而上者谓之道,形而下者谓之器[④],化而裁之谓之变,推而行之谓之通,举而措之天下之民谓之事业。是故夫象,圣人有以见天下之赜,而拟诸其形容,象其物宜,是故谓之象。圣人有以见天下之动,而观其会通,以行其典礼,系辞焉以断其吉凶,是故谓之爻[⑤]。极天下之赜者存乎卦;鼓天下之动者存乎辞;化而裁之存乎变;推而行之存乎通;神而明之存乎其人;默而成之,不言而信,存乎德行[⑥]。

【注释】①自天祐之,吉无不利:这是《大有》卦上九爻辞,下引孔子语,先释“祐”字之义,然后以“信”、“顺”、“尚贤”阐发爻旨。②立象以尽意,设卦以尽情伪:情伪,指真情与虚伪。这两句说明《周易》的象征可以表达语言所不能尽述的深意,可以揭示事物的内在情态。③乾坤毁,则无以见《易》;《易》不可见,则乾坤或几乎息矣:几,接近;息,止息。这四句以循环论证法,说明《周易》的变化之道与乾坤的化育之功相依赖而为用的关系,进一步揭示前文“乾坤为《易》之蕴”的论点。④形而上者谓之道,形而下者谓之器:形,事物的形态;道,指主导形体运动的精神因素,如《周易》的阴阳变化之理;器,指表现形体的物质状态,如六十四卦、三百八十四爻的构成形式。这两句提出“道”、“器”范畴,说明居“形”之上的为抽象的“道”,居“形”以下(含“形”在内)的为具体的“器”,目的在于阐述“道”指导“器”、“器”以“道”为用的辩证关系,故下文申言“化裁”生“变”、“推行”致“通”。⑤是故谓之爻:从“圣人有以见天下之赜”至此九句,与第八章之文重复,重出的原因,前人或认为呼应前文。⑥默而成之,不言而信,存乎德行:这是说明学《易》者若能立足于美好的“德行”,必能“默”而有成,“不言”而自可取信于人。

【译文】《周易》的《大有》卦上九爻辞说:“从上天降下祐助,吉祥而无所不利。”孔子解释道:“祐助,就是帮助的意思。天所帮助的,是顺从正道者;人所帮助的,是笃守诚信者。能够践履诚信而时刻考虑着顺从正道,又能尊尚贤人,所以就获得‘从上天降下祐助,吉祥而无所不利’。”孔子说:“文字难以完全表达人的语言,语言难以完全表达人的思想。”那么,圣人的思想难道就无法体现了吗?孔子指出:“圣人创立象征形象来全面展示他的思想,设置六十四卦来全面反映物情的真实与伪诈,在卦下撰系文辞来全面表述他的语言,又变化会通三百八十四爻来全面施利于万物,于是就能鼓励推动天下人来全面发挥《周易》的神奇道理。”乾坤两卦,应该是《周易》的精蕴吧?乾坤分列上下,《周易》哲理就确立于其中了;要是乾坤的象征毁灭,就不可能出现《周易》哲学;《周易》哲学不能出现,乾坤化育的道理或许差不多无人知晓而要止息了。因此居于形体之上的精神因素叫做“道”,处于形体以下的物质状态叫做“器”,两者相互作用而导致事物交感化育并互为裁节叫做“变”,顺沿变化规律推广而旁行叫做“通”,将这些道理交给天下百姓使用叫做“事业”。因此所谓“象”,是圣人发现天下存在幽深难见的道理,就把它譬拟成具体的形态容貌,用来象征特定事物适宜的意义,所以称作“象”。圣人发现天下万物具有运动不息的情状,就观察其中的会合变通,以利于施行典法礼仪,并在六十四卦下撰系文辞来判断事物变动的吉凶,所以称作“爻”。足以穷极天下幽深难见道理的在于《周易》卦形的象征；足以鼓舞天下百姓奋动振作的在于卦爻辞的精义；足以促使万物交相感化而互为裁节的在于各爻的变动；足以让万物顺沿变化规律推广旁行的在于各卦的会通；足以使《周易》的道理显得神奇而又明畅的，在于运用《周易》的人；学《易》者能够默然潜修而有所成就，不需凭借言辞便能取信于人，在于美好的道德品行。

系辞下传

第一章

八卦成列，象在其中矣，因而重之，爻在其中矣[①]。刚柔相推，变在其中矣，系辞焉而命之，动在其中矣[②]。吉凶悔吝者生乎动者也。刚柔者立本者也，变通者趣时者也[③]。吉凶者贞胜者也。天下之道贞观者也[④]。日月之道贞明者也。天下之动贞夫一者也。

夫乾确然示人易矣[⑤]。夫坤隤然示人简矣[⑥]。爻也者，效此者也[⑦]，象也者像此者也[⑧]。爻象动乎内，吉凶见乎外[⑨]。功业见乎变，圣人之情见乎辞[⑩]。

天地之大德曰生。圣人之大宝曰位。何以守位曰仁。何以聚人曰财。理财正辞[⑪]，禁民为非曰义。

【注释】①以上四句是互文，本来应该是：“八卦成列，因而重之，象爻在其中矣。”②以上四句是互文，本来应该是：“刚柔相推，系辞焉而命之，变动在其中矣。”③趣时：顺应着占筮之时。趣：同趋，本义是疾行，这里引申为顺应。④观：昭示。⑤确然：刚劲的样子。⑥隤(kuī)然：柔顺的样子。⑦效：表现。⑧像：表现。⑨见：同现，表现。⑩辞：指卦辞爻辞。⑪辞：文辞，这里指法律。

【译文】八卦排成行列，并加以重叠，于是卦象和爻象都包括在各个卦中了。阳刚之爻和阴柔之爻相互推移，并写几句话加以说明，于是变动就体现在各个卦的当中了。吉凶悔吝产生于卦和爻的变动。阳刚之爻和阴柔之爻是所要建立的根本，爻的变化则应顺应着占筮时的要求。人事的或吉或凶要由卦象和爻象所表现出来的正确与否决定。天地之道是以正确昭示于人。日月之道是以正确产生光明。天下事物的变动是以正确达成一致。

乾卦刚劲地示人以平易，坤卦柔顺地示人以简约。爻象表现这些，卦象也表现这些，爻象和卦象在一卦之内变动，吉和凶就在外面表现出来。人们所建立的功业由变爻变卦表现，圣人的实际情况由卦辞和爻辞表现。

天地的伟大德行在于生长一切。圣人的伟大宝物在于拥有权位。凭什么守住权位，只有凭仁厚。凭什么把人聚集起来，只有凭财物。管理财物，端正法律，禁止人民干坏事就是义。

第二章

古者包牺氏[①]之王天下也，仰则观象于天，俯则观法于地，观鸟兽之文，与地之宜，近取诸身，远取诸物，于是始作八卦，以通神明之德，以类万物之情。作结绳而为罔罟，以佃以渔[②]，盖取诸《离》[③]。包牺氏没，神农氏[④]作，斫木为耜，揉木为耒，耒耨之利，以教天下，盖取诸《益》[⑤]。日中为市，致天下之民，聚天下之货，交易而退，各得其所，盖取诸《噬嗑》[⑥]。神农氏没，黄帝、尧、舜氏[⑦]作，通其变，使民不倦；神而化之，使民宜之。《易》穷则变，变则通，通则久，是以"自天祐之，吉无不利"[⑧]。黄帝、尧、舜垂衣裳而天下治，盖取诸《乾》、《坤》[⑨]。刳[⑩]木为舟，剡[⑪]木为楫，舟楫之利，以济不通，致远以利天下，盖取诸《涣》[⑫]。服牛乘马，引重致远，以利天下，盖取诸《随》[⑬]。重门击柝[⑭]，以待暴客，盖取诸《豫》[⑮]。断木为杵，掘地为臼，臼杵之利，万民以济，盖取诸《小过》[⑯]。弦木为弧，剡木为矢，弧矢之利，以威天下，盖取诸《睽》[⑰]。上古穴居而野处，后世圣人易之以宫室，上栋下宇，以待风雨，盖取诸《大壮》[⑱]。古之葬者，厚衣之以薪，葬之中野，不封不树[⑲]，丧期无数，后世圣人易之以棺椁，盖取诸《大过》[⑳]。上古结绳而治，后世圣人易之以书契，百官以治，万民以察，盖取诸《夬》[㉑]。

【注释】①包牺氏：古书多作"伏羲"，传说中原始社会早期的领袖人物。②以佃以渔：佃，即"田"，指田猎；渔，捕鱼。③盖取诸《离》：《离》，六十四卦之一，上下卦均"离"，象征"附着"。④神农氏：传说中原始社会的领袖人物，一说即"炎帝"。⑤盖取诸《益》：《益》，六十四卦之一，下震上巽，象征"增益"。⑥盖取诸《噬嗑》：《噬嗑》，六十四卦之一，下震上离，象征"咬合"。⑦黄帝、尧、舜氏：三人均为传说中原始社会的领袖人物，尧、舜已当父系氏族后期。⑧自天祐之，吉无不利：《大有》卦上九爻辞，此处引以说明黄帝、尧、舜能运用《周易》的"变通"之理，故无所不利。⑨盖取诸《乾》、《坤》：《乾》、《坤》，六十四卦的开首两卦，各以"乾"、"坤"重叠而成，象征"天"、"地"。⑩刳：音枯 kū，剖开而挖空。⑪剡：音眼 yǎn，削也。⑫盖取诸《涣》：《涣》，六十四卦之一，下坎上巽，象征"涣散"。⑬盖取诸《随》：《随》，六十四卦之一，下震上兑，象征"随从"。下震为"动"，上兑为"悦"，犹如马牛在下奔驰，乘驾者居上而欣悦，故文中推测黄帝、尧、舜取此象征以发明"服牛乘马"之事。⑭柝：音拓 tuò，古代巡夜者用来敲击报更的木梆。⑮盖取诸《豫》：《豫》，六十四卦之一，下坤上震，象征"愉乐"。⑯盖取诸《小过》：《小过》，六十四卦之一，下艮上震，象征"小有过越"。⑰盖取诸《睽》：《睽》，六十四卦之一，下兑上离，象征"乖背睽违"。⑱盖取诸《大壮》：《大壮》，六十四卦之一，下乾上震，象征"大为强盛"。⑲不封不树：封，堆土为坟；树，植树。此句说明上古葬俗既不堆坟墓，也不植树为标记。⑳盖取诸《大过》：《大过》，六十四卦之一，下巽上兑，象征"大为过甚"。㉑盖取诸《夬》：《夬》，六十四卦之一，下乾上兑，象征"决断"。由于《夬》卦有"断事明决"的象征意义，而“书契”文字的兴起正为了明于治事，故文中推测黄帝、尧、舜取此象征以制“书契”，使“百官以治、万民以察”。

神农像，出自明·天然撰《历代古人像赞》。神农是我国古代传说中的人物。相传他可能受到《周易》的启发，创造了一些劳动工具，教人从事农业生产，又亲尝百草，发明了医药

【译文】古时候伏羲氏治理天下，他抬头观察天上的表象，俯身观察大地的形状，观察飞禽走兽身上的纹理，以及合宜存在于地上的种种事物，从近处拟取人体自身作象征，从远处拟取各类物形作象征，于是创作了八卦，用来贯通大自然神奇光明的德性，用来类比天下万物的情态。伏羲氏发明编结绳子的方法以制造罗网，用来围猎捕鱼，大概是接受了《离》卦网目相连而物能附着的象征启迪吧。伏羲氏去世，神农氏继起，他砍削树木制成耒耜的头，揉弯木杆制成耒耜的曲柄，这种翻土农具的好处在于可用来教导天下百姓耕作，这大概是接受了《益》卦木体能入而下动的象征启迪吧。他又规定中午作为墟市时间，以便招致天下的百姓，聚集天下的货物，进行交换贸易然后归去，各人都获得所需的物品，这大概是接受了《噬嗑》卦上光明下兴动而交往相合的象征启迪吧。神农氏去世，黄帝、尧、舜先后继起，他们会改变前代的器物、制度，使百姓进取不懈；在实践中神奇地更革优化，使百姓应用适宜。《周易》之理在于阐明事物发展穷极就出现变化，变化就能开拓畅通，畅通就可以长久生存，所以能够导致《大有》卦上九爻辞所说的“从上天降下祐助，吉祥而无所不利。”黄帝、尧、舜改革服装让人们穿着长垂的衣裳而天下大治，这大概是接受了《乾》、《坤》两卦上衣下裳的象征启迪吧。他们挖空树身成为船只，削制木板成为桨楫，船只和桨楫的好处在于可用来济渡难以通行的江河，可以使人直达远方而便利天下，这大概是接受了《涣》卦木在水上而流行如风的象征启迪吧。他们发明驾牛乘马的器具，用来拖运重物而驰向远处，以施利于天下百姓，这大概是接受了《随》卦下能运动而上者欣悦的象征启迪吧。他们设置多重屋门而夜间敲梆警戒，以防暴徒强寇，这大概是接受了《豫》卦设双门、敲小木而为预备的象征启迪吧。他们斫断木头作为捣杵，挖掘地面作为捣臼，捣臼和捣杵的好处，在于使万民用来舂米为食，这大概是接受了《小过》卦上动下止的象征启迪吧。他们弯曲木条并在两端安上弦绳作为弓弧，削尖木枝作为箭矢，弓箭的好处，在于可用来威服天下，这大概是接受了《睽》卦事物乖睽而用威制伏的象征启迪吧。远

古的人居住在洞穴而散处在野外,后代圣人建造房屋改变了过去的居住方式,于是上有栋梁下有檐宇,可以用为防备风雨侵袭,这大概是接受了《大壮》卦上动下健而大为壮固的象征启迪吧。古时候丧葬的办法,只用柴草层层裹缠死者的遗体,埋在荒野之间,不堆坟墓也不植树木,没有限定的居丧期数,后代圣人发明棺椁改变了过去的丧葬习俗,这大概是接受了《大过》卦处事不妨过于厚盛的象征启迪吧。远古的人们系结绳子做标记来处理各种事务,后代圣人发明契刻文字改变了过去的结绳方式,百官可以用它治理政务,万民可以用它稽查琐事,这大概是接受了《夬》卦断事明决的象征启迪吧。

第三章

是故《易》者,象也;象也者,像也。彖者,材也[①];爻也者,效天下之动[②]者也。是故吉凶生而悔吝著也。

【注释】①彖者,材也:彖,卦辞;材,材德。此指卦辞总说一卦之材德。②动:发动,即发生与变动。

【译文】所以《周易》一书,就是象征之作;象征,就是模拟外物以喻义。彖辞,是总说一卦的材德;六爻,是仿效天下万物的变动情状。因此行动有得有失就产生"吉"、"凶"而行动小有疵病就出现"悔"、"吝"。

第四章

阳卦多阴,阴卦多阳。其故何也?阳卦奇,阴卦耦[①]。其德行何也?阳一君而二民[②],君子之道也;阴二君而一民[③],小人之道也。

【注释】①阳卦奇,阴卦耦:谓阳卦一阳为"君主",故"奇";阴卦二阳为"君主",故"耦"。②阳一君而二民:君,指阳画;民,指阴画。此谓阳卦一阳二阴,犹如一君为二民拥戴,上下协心,故为"君子之道"。③阴二君而一民:此谓阴卦二阳一阴,犹如二君争一民、一臣兼侍二主,故为"小人之道"。

【译文】八卦的阳卦中阴画居多,阴卦中阳画居多。那是什么缘故呢?因为阳卦以一阳为主所以阳少阴多,阴卦以二阳为主所以阴少阳多。两者各自说明什么德行品行呢?阳卦一个君主两个百姓说明君主受到百姓拥戴而上下协心,这是君子之道;阴卦两个君主一个百姓说明君主相互倾轧而百姓二心其主,这是小人之道。

第五章

《易》曰:"憧憧往来,朋从尔思。"[①]

子曰:"天下何思何虑?天下同归而殊涂,一致而百虑,天下何思何虑![②]

"日往则月来,月往则日来,日月相推而明生焉。寒往则暑来,暑往则寒来,寒暑相推而岁成焉。[3]往者屈也,来者信也,屈信相感而利生焉。

"尺蠖之屈,以求信也;龙蛇之蛰,以存身也。[4]精义入神,以致用也;利用安身,以崇德也。[5]过此以往,未之或知也;穷神知化,德之盛也。"

《易》曰:"困于石,据于蒺藜,入于其宫,不见其妻,凶。"[6]

子曰:"非所困而困焉,名必辱;非所据而据焉,身必危。既辱且危,死期将至,妻其可得见邪?"

《易》曰:"公用射隼,于高墉之上,获之,无不利。"[7]

子曰:"隼者禽也,弓矢者器也,射之者人也。君子藏器于身,待时而动,何不利之有?动而不括,是以出而有获,语成器而动者也。"[8]

子曰:"小人不耻不仁,不畏不义,不见利不劝,不威不惩。[9]小惩而大诫,此小人之福也。[10]《易》曰'履校灭趾,无咎',此之谓也。[11]"

"善不积,不足以成名;恶不积,不足以灭身。小人以小善为无益,而弗为也,故恶积而不可掩,罪大而不可解。《易》曰:'何校灭耳,凶。'"

子曰:"'危者,安其位者也;亡者,保其存者也;乱者,有其治者也。[12]是故君子安而不忘危,存而不忘亡,治而不忘乱。是以身安而国家可保也。《易》曰:'其亡其亡,系于苞桑。'[13]"

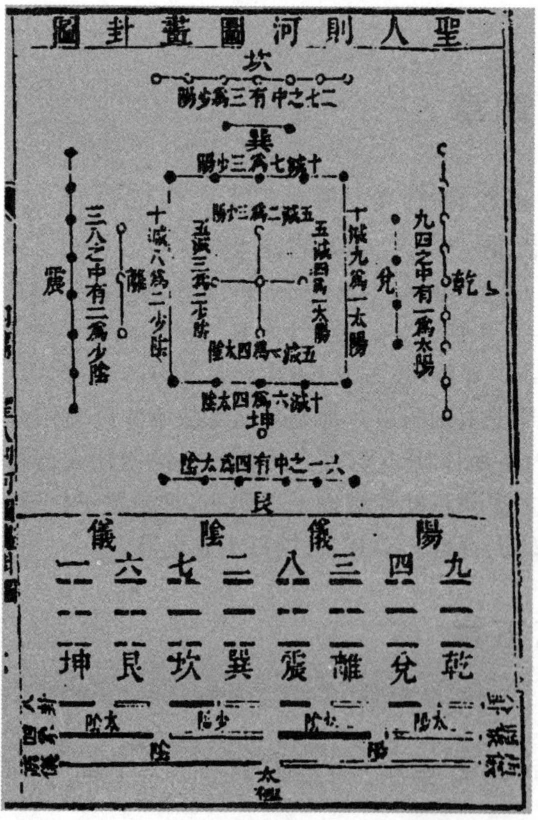

子曰:"德薄而位尊,知小而谋大,力小而任重,鲜不及矣。[14]《易》曰'鼎折足,覆公餗,其形渥,凶',[15]言不胜其任也。"

子曰:"知几其神乎[16]?君子上交不谄,下交不渎。[17]其知几乎?几者,动之微,吉之先见者也。君子见几而作,不俟终日。[18]《易》曰'介于石,不终日,贞吉',[19]介如石焉,宁用终日?[20]断可识矣!君子知微知彰,知柔知刚,万夫之望。[21]"

子曰:"颜氏之子,其殆庶几乎?[22]有不善,未尝不知;知之,未尝复行也。"《易》曰'不远复,无祇悔,元吉。'[23]

圣人则河图画卦图,出自清·江永《河洛精蕴》

“天地絪缊，万物化醇；男女构精，万物化生。[24]《易》曰‘三人行，则损一人；一人行，则得其友’，[25]言致一也。”

子曰：“君子安其身而后动，易其心而后语，定其交而后求；君子修此三者，故全也。[26]危以动，则民不与也；惧以语，则民不应也；无交而求，则民不与也：莫之与，则伤之者至矣。[27]《易》曰‘莫益之，或击之，立心勿恒，凶。’[28]”

【注释】①憧憧往来，朋从尔思：这是咸卦九四爻爻辞。②涂：通“途”。③岁：年。④迟蠖(huò)：昆虫名，即中国北方所谓的步曲。信：通“伸”。蛰(zhé)：动物冬眠时潜伏土中或藏于穴中不食不动的状态。⑤精义：精研道义。⑥困于石，据于蒺藜，入于其宫，不见其妻，凶：这是困卦六三爻爻辞。⑦公用射隼，于高墉之上，获之无不利：这是解卦上六爻爻辞。⑧括：阻塞。语：说。成器：具备现成的器物。⑨不畏：不畏正理。不义：不行道义。劝：勤勉。惩：戒惕。⑩小惩而大诫：受到轻微的惩罚而获得重大的训诫。惩，罚。⑪履校灭趾，无咎：这是噬嗑卦上九爻爻辞。⑫危者，安其位者：今日之倾危，来自往日之安乐于位。这是讲今“危”与昔“安”的关系。⑬其亡其亡，系于苞桑：这是否卦九五爻爻辞。⑭鲜不及：指很少有不及祸的。鲜，少。⑮鼎折足，覆公餗，其形渥，凶：这是鼎卦九四爻爻辞。⑯知几：看事物变化的苗头。⑰谄：谄媚。渎：轻慢。⑱俟：等待。⑲介于石，不终日，贞吉：这是豫卦六二爻爻辞。⑳宁：岂。㉑断：断然。望：仰望，景慕。㉒颜氏之子：即颜渊，名回，字子渊，孔子的学生。殆：大概。庶几：接近于，差不多。㉓不远复，无祇悔，元吉：这是复卦初九爻爻辞。㉔天地絪缊(yīn yùn)，万物化醇：天地阴阳二气交融密结，化成万物的形体，絪缊，又作氤氲，烟或气很盛的样子。醇，凝厚。男女：阴阳两性。构：交合。精：精气。㉕三人行，则损一人；一人行，则得其友：这是损卦六三爻爻辞。㉖易：平和。交：交谊。求：求助。全：人己两全。㉗与：协同；给予。“危以动，则民不与也”中的“与”是协同的意思，“无交而求，则民不与也”中的“与”是给予的意思，“莫之与”中的“与”兼以上二义。伤：伤害。㉘莫益之，或击之，立心勿恒，凶：这是益卦上九爻爻辞。

【译文】《易》书咸卦“九四”爻说：“心意不定，思绪不绝，友朋最终会顺依你的想法。”

孔子认为：“天下的事物何须如此深入思考，何须如此多方谋虑呢？天下的事物虽然千千万万，沿着不同道路运动变化，但是最终都会归向于一个共同的目标；人们的思考谋虑虽然千条万条，但是最终都要归结为一个统一的观念。天下的事物何须如此深入思考，何须如此多方谋虑啊！

“举例说吧：有太阳向西方落下就有月亮从东方升起，有月亮向西落下就有太阳从东方升起，正是由于太阳和月亮如此交互推移光明才得以产生；有寒冷季节归去就有炎热季节前来，有炎热季节归去就有寒冷季节前来，正是由于寒冷季节和炎热季节如此交互推移而年岁才得以形成。它们之间的关系是有一往就有一来，有一来就有一往。而所谓“往”，就是屈而退缩；所谓“来”，就是伸而进展。正是由于有退缩和进展的交互感应，万事万物的惠泽才得以常生。

“尺蠖小虫的退缩其体，是为了求得进展；巨龙长蛇的冬眠潜伏，是为了保存其自身。众人精研事物的义理而进到神妙的境地，是为了践行运用；便利施用，安处身心，是为了增益美德。超过这种境界再向前发展，或许就不知道该为何行动了；但是却知道穷极神妙的义理,通晓奇异的变化,是美德的最为隆盛的境界。”

《易》书困卦“六三”爻说:“被乱石阻挡而道路困穷不通,居外在蒺藜之上;而退回自己家里又不能见婚配之日,会有凶险。”

孔子认为:“在不当困穷的地方遭遇困穷,其名声必然遭到危害。名声既蒙受耻辱,人身又遭到危害,死亡便即将到来,还哪有可能见到婚配之日呢?”

《易》书解卦“上六”爻说:“王公用利箭射杀高城上的大雕,一箭射中,无所不利。”

孔子认为:“大雕,是飞禽;弓箭,是兵器;用箭射杀大雕的,是人。君子身上预先藏着利器,等到一有合适时机就采取行动,哪会有什么不利呢?采取行动而灵便自如,所以外出必有所获。这说明,无论干什么,都是预先置备好工具然后再采取行动。”

孔子曾说:“小人不知羞耻、不讲仁义,不畏真理、不行道义,不看到实际利益就不勤勉做事,不看到刑威就不戒惕过失。对于小人来说,给点轻微的惩罚就是告诫他不要犯重大过失,这等于是赐福给他。因此,《易》书噬嗑卦‘初九’爻才说‘脚上戴上木枷伤了脚趾,没有灾祸’,这番话说的就是这个意思。”

孔子曾说:“不积累善行,就不足以成就美名,同理,不积累恶行,也不足以断送其身。小人认为行小善得不到什么好处因而不屑于去做,认为行小恶无伤大体而不愿意戒除,因此,恶行越积越多而无法掩盖,罪过越积越重而难以解救。因此,《易》书噬嗑卦‘上九’爻才说:‘肩上戴上木枷枷伤了耳朵,会有凶险。’”

孔子曾说:“凡是出现倾危之象的,都曾经无所事事安居其位;凡是招致灭亡的,都曾经自以为能永保长存;凡是产生祸乱的,都曾经自觉得万事太平。因此,君子安居而不忘倾危,生存而不忘灭亡,太平而不忘祸乱,这样,自身才能够久安而国家才可以永存。因此《易》书否卦‘九五’爻才说,‘将要灭亡啊,将要灭亡!但是如果把自己拴在根扎得很深的桑树上,则会安然无恙。’”

孔子曾说:“才德粗疏而居高位,见识短浅而谋大事,力量微弱而当大任,这样很少有不招致祸乱的。因此《易》书鼎卦‘九四’爻才说:‘大鼎难承重荷而折断了足,王公的美食都倒了出来,鼎身沾满污物,必有凶险。’这里说的正是力不胜任的情状。”

孔子曾说:“察觉事物出现的某种苗头,就能预知神妙的变化啊!君子与尊上者交往不阿谀奉承,与卑下者交往不高傲轻慢,就可以预知事物出现的苗头了吧?所谓苗头,乃是事物变化的微小征候,吉凶祸福隐约显现出来的先兆。君子发现事物出现的苗头就立即行动,决不等到明天。因此《易》书豫卦‘六二’才说:‘德行坚贞超过磐石,不等一天终了就悟出过分欢乐之患,占问可获吉祥。’既然具有超过磐石的坚贞德行,何须等一天终了才能悟出事理呢!当时就能立即悟出。君子察觉隐微的苗头就能预测明显的结局,知道阴柔的功能也知道阳刚的效用,这才是万人所仰望的杰出人物啊!”

孔子曾说:“颜渊这位贤弟子,他的德行大概接近完美了吧?一有不善的先兆,没有不察觉的；一旦察觉不善，就不曾再次重犯。这就是《易》书复卦‘初九’爻所说的：‘行而不远就适时复返，没有造成大的悔恨，大吉大利。’

“天地的阴阳二气缠绵交密，万物化育淳厚；男女两性交合精华，万物化育出生。因此，《易》书损卦‘六三’爻才说：‘三人同行，由于难于同心协力必将有一人离去；一人出行，由于专一求合，则可得到友朋。’这里说的正是阴阳相求必须专注致一。”

孔子曾说：“君子先安定自身然后才有所行动，先平和内心然后才发表言论，先确定交往对象然后才求益于人；君子由于能够修养成这三种美德，因此才会于人于己都有补益。自身危乱而急于行动，百姓就不追随他；内心疑惧而发表言论，百姓就不响应他；没有交往对象而有求于人，百姓就不援助他，而一旦没有人援助他，那么伤害他的人就来了。因此《易》书益卦‘上九’爻才说：‘没有人增益他，就会有人攻击他，再加自己立身不恒，会有凶险。’”

颜回像，选自明·吕维祺编《圣贤像赞》。颜回，字子渊，孔子最得意的学生。孔子认为他做到了《易经》中的“不远复，无祇悔，元吉。”即能及时察觉不善，一旦察觉，就不再重犯

第六章

子曰：“乾坤，其《易》之门邪？[①]”乾，阳物也；坤，阴物也。阴阳合德，而刚柔有体[②]。以体天地之撰，以通神明之德。其称名也，杂而不越[③]。于稽其类，其衰世之意邪[④]？夫《易》彰往而察来，而微显阐幽，开而当名，辨物正言，断辞则备矣[⑤]。其称名也小，其取类也大。其旨远，其辞文，其言曲而中，其事肆而隐。因贰以济民行[⑥]，以明失得之报。

【注释】①乾坤其《易》之门：《易经》把乾坤两卦比为《易经》的门户，门户一开一关为一昼一夜，象征阴阳一往来，运动变化永无止境，从而产生八卦，六十四卦。②德：指事物本身的属性，乾坤的德即阴和阳。刚柔有体：阳为刚，阴为柔，刚柔成为乾坤的本体。③称名：指六十四卦名。杂而不越：复杂而不相逾越，各有界限。④稽：考。类：事类。考六十四卦所指的事类，大概有衰世之意。⑤微显阐幽：显现细微之事，阐明幽深之理。开而当名：开卷而事物与卦名相当。辨物正言：辨别事

物而正确发言。断辞则备:判断的辞备有吉凶。⑥贰:指乾坤两卦所蕴涵的阴阳转化之理。报:应,应验,显应。

【译文】孔子说:“乾卦坤卦,大概是《易经》的门户吧。”乾卦代表阳性事物,坤卦,是代表阴性事物。阴性和阳性的本性互相配合,而阳刚阴柔各有本体。通过阴爻阳爻可体现天地运动的作为,用来会通神妙明显的万物的属性。《易经》称各卦的名称,复杂而不可逾越。在考察它的事类,岂有衰世的意味吗?《易经》明显过去,考察未来,使微细之事,阐发幽深之理。它开列各卦卦名,所命名无不恰当,从而辨别它们所代各类事物,而且语言准确周正,措辞果断,吉凶分明,如此天下万物万理都具备了。它的标举名称是小的,它用来指同类事物是大的。它的用意是深运的,它的词语是有文采的,它的言语是曲折委婉而切中义理的,它叙事无边无际,而且所蕴涵着哲理,可以用来济助民众的行为,并能显示得或失的报应。

第七章

《易》之兴也,其于中古乎?作《易》者,其有忧患乎?是故,《履》德之基也。《谦》,德之柄也。《复》,德之本也。《恒》,德之固也。《损》,德之修也。《益》,德之裕也。《困》,德之辩也。《井》,德之地也[①]。《巽》,德之制也。《履》,和而至。《谦》,尊而光[②]、《复》,小而辨于物。《恒》,杂而不厌[③]。《损》,先难而后易。《益》,长裕而不设[④]。《困》,穷而通。《井》,居其所而迁[⑤]。《巽》,称而隐[⑥]。《履》以和行。《谦》以制礼。《复》以自知。《恒》以一德。《损》以远害。《益》以兴利。《困》以寡怨。《井》以辩义。《巽》以行权。

【注释】①地:高亨说:“地,疑当作施。形似而误。”②尊:王引之说:“尊读为撙,自贬损也。”③杂:王引之说:“杂,当读为帀。帀,周也。一终之谓也。《恒》之为道,终始相巡,而无已时,故曰:‘帀而不厌。’”④设:高亨说:“设字殊不易解,疑当读为蛰,困顿也。”⑤居其所而迁:水井不移永处其所,但井水以汲取而传播,喻人居于合适的地位,施德于人。⑥称而隐:称,恰当。隐,退让而不夸耀。

【译文】《易经》的产生,也许在中古时期吧?创作《易经》的人,也许有忧患吧?所以《履卦》(《系辞》的作者认为讲行为修养)是道德的基础。《谦卦》是道德的枢纽。《复卦》是道德的根本。《恒卦》有利于道德的稳固。《损卦》有利于道德的修养。《益卦》有利于道德的充实。《困卦》有利于辨明道德的厚薄。《井卦》有利于道德的传播。《巽卦》有利于道德的制约。《履卦》表示用礼来调和关系接人待物。《谦卦》表示自谦自贬反而带来光荣。《复卦》表示谨于细小之事则可以辨明大是大非。《恒卦》表示始终如一而不怠倦。《损卦》表示道德修养初期是困苦的,既自己惯则成自然。《益卦》表示增益德行,就可以长久宽裕而不困难。《困卦》表示处境艰难而志向坚定。终究会实现愿望。《井卦》表示和在合适的地位而且能施德于人。《巽卦》表示处事恰当用心谦让。用《履卦》的原则来制约行动。用《谦卦》的姿态来折中礼节。

用《履卦》的道理来回顾反省。用《恒卦》的精神来专一道德。用《复卦》的道理来回顾反省。用《恒卦》的精神来专一道德。用《损卦》的方式来避开灾祸。用《益卦》的方法来收取善果。用《困卦》的思想来减少怨恨。用《井卦》的义理来辨别是非。用《巽卦》的智慧来实行权衡。

第八章

《易》之为书也,不可远,[①]为道也屡迁,变动不居,周流六虚,上下无常,刚柔相易,不可为典要,唯变所适。

其出入以度,外内使知惧。[②]又明于忧患之故,无有师保,如临父母。[③]

初率其辞,而揆其方,既有典常。[④]苟非其人,道不虚行。[⑤]

【注释】①远:离。迁:变迁,变化。周流:普遍流动。六虚:指六爻。一卦六位,虽有阴阳之分,但无标记,所以称六虚。为:当成。典要:常法。典,常。适:从,往。②出入:即下文的"外内",二者互文。度:法度。③师保:古代负责教育贵族子弟的师长。④率:循。辞:卦辞爻辞。揆:揣度。方:方向。典常:规律。⑤苟:假若。其人:指贤人,即深明《易经》之道之人。道:指《易经》的道。虚行:凭空推行或流行。

【译文】《易》书作为一部蕴涵着人生哲学的著作,一时一刻也不能背离,它所体现的规律,在于屡经推移,而变动不止,这种变动遍及卦体周身,畅流于六爻之间,上下往来没有定则,刚柔变化相互更易,不可从中求取常法加以遵循,只有变化是其未来走向。

《易》书之道教人当出入行藏之际遵守出入的法度而无所逾越,使人处于内外隐现之时知晓内外之得失而有所戒惧。又可教人深明忧患产生的缘由,使人即使没有师长的教诲,也如同有父母在身边而能受到保护。

这样,行事之初遵循《易》书卦辞爻辞的命意,考虑行动的方式,就把握住行事的规律。假若不是深明阴阳变化规律的贤人,《易》书之道对他来说也只不过是一派空言而已。

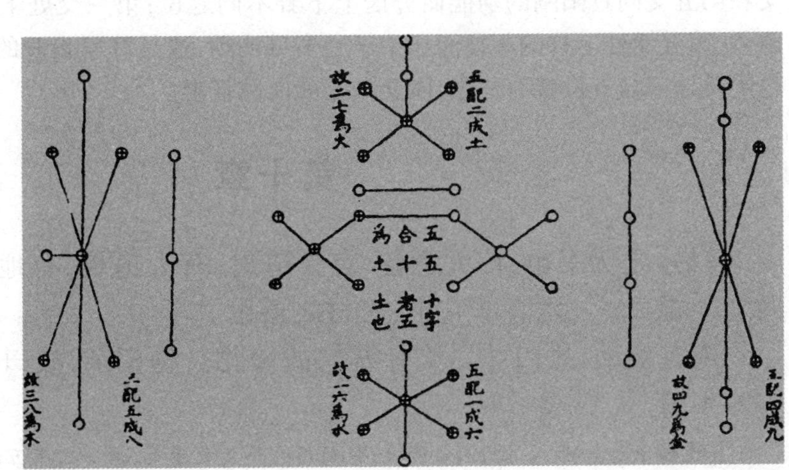

大衍之数图,出自宋·佚名《周易图》

第九章

《易》之为书也，原始要终以为质[①]也。六爻相杂，唯其时物也。其初难知，其上易知：本末也，初辞拟之，卒成之终。若夫杂物撰德，辨是与非，则非其中爻不备[②]。噫！亦要存亡吉凶，则居可知矣。知者观其彖辞[③]，则思过半矣。二与四同功而异位，其善不同：二多誉，四多惧，近也[④]。柔之为道，不利远者；其要无咎，其用柔中也。三与五同功而异位：三多凶，五多功，贵贱之等也[⑤]。其柔危，其刚胜邪[⑥]？

【注释】①质：体也，指卦体大义。②若夫，发语词，犹"至于"、"至如"；杂物，即刚柔物象错杂；撰德，指撰述阴阳德行；辨，通"辨"；中爻，指卦中二至五爻。③彖辞：指卦辞。④二多誉，四多惧，近也：近，指第四爻接近五爻"君位"。此言二处下持中故"多誉"，四居上近君故"多惧"。⑤三多凶，五多功，贵贱之等也：等，等级差别，指五贵三贱。此言三处"贱"位，又居下卦之极，故"多凶"；五处尊位，又居上卦之中，故"多功"。⑥其柔危，其刚胜邪：胜，胜任。这是并举三、五爻位为说，谓阴柔居此阳位则有危患，阳刚居之则可胜任。

【译文】《周易》这部书，以推原事物的初始而归纳事物的结局形成卦体大义。各卦六爻相互错杂，在于反映特定的时宜和阴阳物象。六爻之中初爻的意义较难理解，上爻的意义容易明白：因为前者是本始而后者是末端；初爻的爻辞拟议事物产生的苗头，到了上爻事物发展完结而卦义最终形成。至于错杂各种物象而撰述阴阳德行，辨识事物发展过程的是非得失，要是撇开中间四爻那就无法全面领会。是啊！明白了中间四爻的意义也就大体把握了存亡吉凶的规律，即使平居无为也能知晓事理。明智的人只要观察分析卦辞，就可以把全卦大义多半领悟了。第二爻和第四爻同具阴柔的功能而分居上下卦不同之位，两者象征的善恶得失也不相同：第二爻处下卦的中位于是多获美誉；第四爻处上卦的下位于是多含惕惧，因为逼近第五爻君主之位。阴柔的道理，不利于有远大抱负；其要旨在于慎求"无咎"，其效用在于柔和守中。第三爻和第五爻同具阳刚的功能而分居上下卦不同之位；第三爻处下卦的极位于是多有凶危，第五爻处上卦的尊位而居中于是多见功勋，这是尊卑贵贱的等差所致。大略言之柔爻处三与五位就有危患，刚爻处之就能胜任吧？

第十章

《易》之为书也，广大悉备，有天道焉，有人道焉，有地道焉。兼三材而两之[①]，故六[②]。六者非它也，三材之道也。

道有变动，故曰爻。爻有等[③]，故曰物。物相杂，故曰文。文不当[④]，故吉凶生焉。

【注释】①三材：天、地、人。两之：分别用两个爻表示天、地、人，上五两爻表示天、四三两爻表示人,二初两爻表示地。②六:指上五、四三、二初六个爻。③等:类,类别。④当(dàng):恰当。

【译文】《周易》作为一本书,广阔和伟大都具备了,里面有关于天的道理,有关于人的道理,有关于地的道理,把天、地、人统摄起来各用两个爻表示,所以一共要六个爻。这六个爻不是别的,就是讲的天、地、人的道理。

道理有变动,所以叫做爻。爻有类别,所以叫做物。物相错杂,所以叫做文,文不恰当,所以吉凶就产生了。

第十一章

《易》之兴也,其当殷之末世,周之盛德邪?当文王与纣王之事邪?是故其辞危[①]。危者使平,易者使倾[②]。其道甚大,百物不废。惧以终始,其要无咎,此之谓《易》之道也。

【注释】①危:指周文王被纣王囚禁,所以怕危亡。②危者使平,易者使倾:知危则戒惧,才能平安,知平易则偷安,才遭倾危。

【译文】《易经》的兴起,大概在殷的末代,周的德教兴盛吧?当是文王臣事纣王期间,所以其卦辞多含危惧警戒之义。知倾危戒惕可获得平易安稳,知平易能使它倾危。它的道很广大,一切事物都不能除外。警惧于事物的始终,它的主要是无害,这是说《易经》的道啊。

第十二章

夫乾,天下之至健也,德行恒易以知险[①]。夫坤,天下之至顺也,德行恒简以知阻[②]。能说诸心,能研诸虑,定天下之吉凶,成天下之亹亹者[③]。是故变化云为,吉事有详。象事知器,占事知来[④]。天地设位,圣人成能。人谋鬼谋,百姓与能。八卦以象告,爻彖以情言,刚柔杂居,而吉凶可见矣[⑤]。变动以利言,吉凶以情迁。是故爱恶相攻而吉凶生,远近相取而悔吝生,情伪相感而利害生[⑥]。凡《易》之情,近而不相得则凶,或害之,悔且吝[⑦]。将叛者其辞惭,中心疑者其辞枝,吉人之辞寡,躁人之辞多,诬善之人其辞游,失其守者其辞屈。

【注释】①德行:指天地的化生万物说。恒易:永恒运动变化。以知险:可以知道艰险,如天有大雨大旱等。②以知阻:可以知道险阻,如地有高山、大川。③说:借作阅,查阅。心、虑:指占筮者的内心世界。"能研诸虑":有些本中曾衍出"侯之",成"能研诸侯之虑"。语意不通,今删。④云为:言语及行为。象事知器:即上文说的观卦象来制造工具。⑤刚柔杂居:指阳爻与阴爻混杂,分出吉凶来。⑥利:含"利"与"不利"之义。攻:矛盾,冲突。情伪:真情假意。⑦不相得:指爻与爻之间应相应相比的而未相应相比。或害之:偶或"凶"得以免,最终也必遭祸害。

【译文】乾,是天下最刚健的象征,它的德行是永恒运动变化着的,可以知道天下事物的艰难险阻。坤,是天下最柔顺地象征,它的德行是永恒简静的,却可知道天下事物的险阻而能戒惧。能够在心里查阅天地之道,能够研究诸多思虑,决定天下之事的吉凶,成就天下人的奋勉。所以变化的称说和作为,照吉事去做有祥瑞。因此,人们根据《易经》的阴阳变化之道说话做事,可以得到吉祥,视卦象能知道制造器具,通过占问知道未来。天地定位上下,圣人则仿效天地上下对立统一设爻立卦,以成就天地所不能成就之事。通过人的谋划,占问鬼神的谋划,民众赞助能者。八卦用象告诉人,爻辞照变化的情态来说话,刚柔杂处,吉凶可见了。六爻的变化运动可以说不所不利,变化运动具体的情态而转移。所以,阴爻遇阳爻或阳爻遇阴爻相求相爱而产生吉利,而阳爻遇阳爻或阴爻遇阴爻则相敌相恶而产生凶险。刚柔应相求却不能求而彼此疏远而产生困祸,刚柔不相求却有求而产生彼此亲近而产生艰难。爻与爻之间真诚相互感应必有利,虚伪感应则有害。总之,《易经》表达事物的情态,人与人相亲近而未相亲近就有凶险,否则就受到外来的伤害,产生悔恨和憾惜。以人说话的情态为例:将说背叛行骗的话必然内愧,有疑虑的人,说话必然散乱无序。善良的人话少,急躁的人话多,诬蔑善人的人说话游移不定,失去真操的人说话支吾其词。

说卦传①

第一章

昔者,圣人之作《易》也,幽赞于神明而生蓍。②

参天两地而倚数。③

观变于阴阳而立卦,发挥于刚柔而生爻,和顺于道德而理于义,穷理尽性以至于命。④

【注释】①《说卦传》:《易传》之一。②圣人:这里指伏羲、文王。幽:隐,深。赞:助。神明:神妙而显明的变化,这里指大自然的造化。蓍:筮法。因为筮法以蓍草为工具,所以行筮成卦也称蓍或揲蓍。③参天两地:即天地两参。倚数:立数。倚,立。天地两参而立数,即天数和地数两相掺杂而确立"大衍之数"。④观变于阴阳而定卦:此句是说"蓍"、"数"出现之后,就可以观察阴阳之变而画爻,定卦。发挥于刚柔而生爻:此句是说七、八、九、六之数已得,阴阳老少既明,从而就可以发挥爻画的作用了。

【译文】从前,圣人创作《易经》的时候,凭借着精深的思虑并求助于神明的造化,从而创造出了用蓍草占筮的方法。

其法是把天数一三五七九和地数二四六八十两相掺杂,确定五十五这个大衍之数,再用大衍之数来揲箸求卦。

并且观察天地阴阳的变化情状而运演推算,构成卦形,发挥卦中刚爻柔爻的作用而产生变迁，和谐顺从天理人道，运用合宜的方法治理天下，并且进而穷极万事的道理，尽究万物的本性，以至于通晓天命。

第二章

昔者圣人之作《易》也，将以顺性命之理。是以立天之道，曰阴与阳；立地之道，曰柔与刚；立人之道，曰仁与义。[①]兼三才而两之，故《易》六画而成卦。[②]分阴分阳，迭用柔刚，故《易》六位而成章。[③]

【注释】①立人之道，曰仁与义：仁，即爱人之德，主于柔。义，即正大，主于刚。②兼三才而两之，故《易》六画而成卦。③分阴分阳，迭用柔刚，故《易》六位而成章。分阴分阳，指天地人三才之道又各分一阴一阳：初位为地之阳，二位为地之阴，三位为人之阳，四位为人之阴，五位为天之阳，上位为天之阴，两两构成对立统一，固定不变。迭用柔刚，指六爻刚柔在六位上是运动变化的，而不是固定不变的，所以称迭用。章，章法，文理。

【译文】从前，圣人创作《易经》的目的，是要用它来协调万物的特性和命运生成、变化的规律。因此，就确定了如下的法则：天划分为阴与阳两个方面，地划分为刚与柔两个方面，人划分为仁与义两个方面，又兼合三画的八卦中的天地人三才而两两相重，所以《易经》就产生了六十四个六画的卦体。六画又分阴位和阳位，交替运用刚爻和柔爻，这样，《易经》的六十四个卦体都具备六个卦位从而蔚然成章。

第三章

天地定位，山泽通气，雷风相薄[①]，水火不相射[②]，八卦相错。数往者顺，知来者逆，是故《易》逆数也[③]。

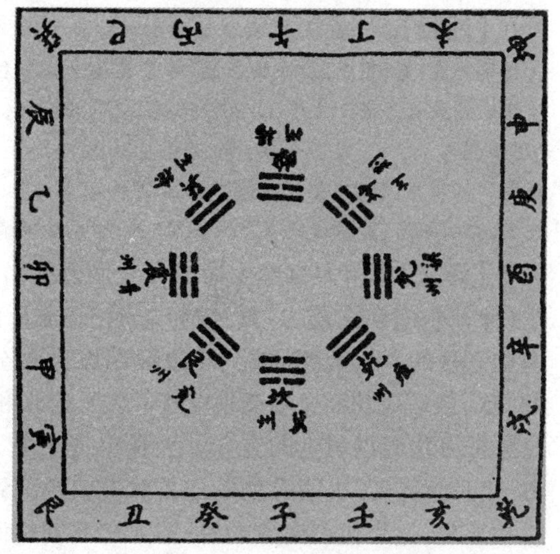

俯察地理图，出自元·张理《大易象数钩深图》

【注释】①薄：入也。此言雷、风兴动虽各异方，却能交相潜入应和。②水火不相射：射，音亦 yì，厌也。此言水火虽异性，却不相厌弃而相资助，即“相通”之义。③是故《易》逆数也：此句并前两句，说明依据阴阳八卦变化之道，可顺推往事，逆知来事，而《易》之功用主于“知来”，故谓“《易》逆数也”。

【译文】天地设定上下配合的位置，山泽一高一低而沟通气息，雷风各自兴动以交相潜入应和，水火异性不相厌弃而相资助：八卦就是这样对立而又统一地互相错杂。（掌握了

《周易》的变化哲理，于是）要明白过去的事理可以顺着推求，要懂得将来的事理可以逆着推知，而将来的事理隐奥宏深，所以《周易》的主要功用是逆推来事。

第四章

雷以动之，风以散之；雨以润之，日以烜之[1]；艮以止之，兑以说之；乾以君之，坤以藏之。

【注释】①雨以润之，日以烜之：雨，即水，坎象；日，离象；烜，音宣 xuān，晒干，又作"暅"。这两句说明坎、离两卦的不同功用。

【译文】雷用来振奋鼓动万物，风用来散布流通万物；雨用来滋润万物，太阳用来晒干万物；艮为山用来抑止万物，兑为泽用来欣悦万物；乾为天用来君临万物，坤为地用来储藏万物。

第五章

帝出乎震[1]，齐乎巽[2]，相见乎离[3]，致役乎坤[4]，说言乎兑[5]，战乎乾[6]，劳乎坎[7]，成言乎艮[8]。万物出乎震，震东方也。齐乎巽，巽东南也；齐也者，言万物之洁齐[9]也。离也者，明也，万物皆相见，南方之卦也；圣人南面而听天下，向明而治，盖取诸此也[10]。坤也者，地也，万物皆致养焉，故曰致役乎神。兑，正秋也，万物之所说也，故曰说言乎兑。战乎乾，乾西北之卦也，言阴阳相薄也。坎者，水也，正北方之卦也，劳卦也，万物之所归也，故曰劳乎坎。艮东北之卦也，万物之所成终而所成始也，故曰成言乎艮。

【注释】①帝出乎震：大自然的生机初萌于此。②齐乎巽：齐，整齐，指众物齐生并长的状态。③相见乎离：见，显现，指众物旺盛、纷呈其体。④致役乎坤：役，事也，"致役"犹言"努力用事"，指万物继续成长。⑤说言乎兑：说，即"悦"；言，语助词。⑥战乎乾：战，接也，指阴阳交配结合，即后文"阴阳相薄"之义。⑦劳乎坎：劳，劳倦。⑧成言乎艮：成，成功，含有前功已成、后功复萌之义；言，语助词。⑨洁齐：犹言"整洁一致"，形容万物萌生之后顺畅生长的清新整洁状态。⑩圣人南面而听天下，向明而治，盖取诸此也：听，犹言"听政"；向，面向。

【译文】主宰大自然生命的元气使万物出生于（象征东方和春分的）震，生长整齐于（象征东南和立夏的）巽，纷相显现于（象征南方和夏至的）离，致力用事于（象征西南和立秋的）坤，成熟欣悦于（象征西方和秋分的）兑，交配结合于（象征北方和冬至的）坎，最后成功而又重新萌生于（象征东北和立春的）艮。万物出生于震，因为震卦是象征万物由以萌生的东方。生长整齐于巽，因为巽卦是象征万物和顺生长的东南方；生长整齐，正表明万物的成长状况整洁一致。离卦，是光明的象征，万物都旺盛而纷相显现，这是代表南方的卦；圣人坐北朝南而听政于天下，面向光明而治理事务，大概是接受了此卦象征的启迪吧。坤卦，是地的象征，万物都致力养育于大地，所以说致力用事于坤。兑卦，象征正秋时节，万物成熟欣悦于此，所以说成熟欣悦于兑。交配结合于乾，乾卦是象征西北阴方的卦，表明阴阳于此交相潜入应和。坎卦，是水的象征，是代表正北方的卦，又是喻示勤劬劳倦的卦，万物劳倦必当归藏休息，所以说勤劬劳倦于坎。艮卦是象征东北（终而复始之位）的卦，万物于此成就其终而重发其始，所以说最后成功而又重新萌生于艮。

第六章

神也者，妙万物而为言者也[①]。动万物者，莫疾乎雷；挠万物者，莫疾乎风；燥万物者，莫熯乎火；说万物者，莫说乎泽；润万物者，莫润乎水；终万物始万物者，莫盛乎艮。[②]故水火相逮，雷风不相悖，山泽通气，然后能变化，既成万物也。[③]

【注释】①妙万物：即妙育万物。②挠：吹拂长养。熯（hàn）：燥热。③逮：及。悖：背逆。

【译文】所谓的大自然的神奇造化，是就它能够奇妙地化育万物而言的。鼓动万物者，以雷最为迅猛；吹拂万物者，以风最为疾速；干燥万物者，以火最为炽热；愉悦万物者，以泽最为和乐；滋润万物者，以水最为湿润；使万物最终完成的生长过程而又重新萌生者，以艮最为隆盛。所以水火性质虽然迥异却能够相互济成，雷风动态虽然迥异却不会相互违逆，山泽高低虽然迥异却能够相互沟通气息，然后大自然才能变动运化而创造出万物。

第七章

乾，健也[①]，坤，顺也[②]。震，动也[③]，巽，入也[④]。坎，陷也[⑤]，离，丽也[⑥]。艮，止也[⑦]，兑，说也[⑧]。

【注释】①乾，健也：乾为六龙循环不停，所以是健。②坤，顺也：坤“利牝马之贞”，所以是顺。③震，动也：震为巨雷，震动四方，所以是动。④巽，入也：巽为长风，无孔不入，所以是入。⑤坎，陷也：坎为水泽，物进则陷，所以是陷。⑥离，丽也：离为炬火，火必附丽于物，所以是丽。⑦艮，止也：艮为高山，岿然不动，所以是止。⑧兑，说也：兑为大泽，能供养水族和人，使之欢悦，所以是悦。

【译文】乾卦是刚健的，坤卦是柔顺的。震卦是震动万物的，巽卦是进入万物的。坎卦意味陷没，离卦意味附丽。艮卦表示静止，兑卦表示和悦。

以上第七章。本章所指出八经卦的性质或情况，求之六十四卦而皆合，为历来治《易》者所遵奉。

第八章

乾为马，坤为牛，震为龙，巽为鸡，坎为豕，离为雉，艮为狗，兑为羊。[①]

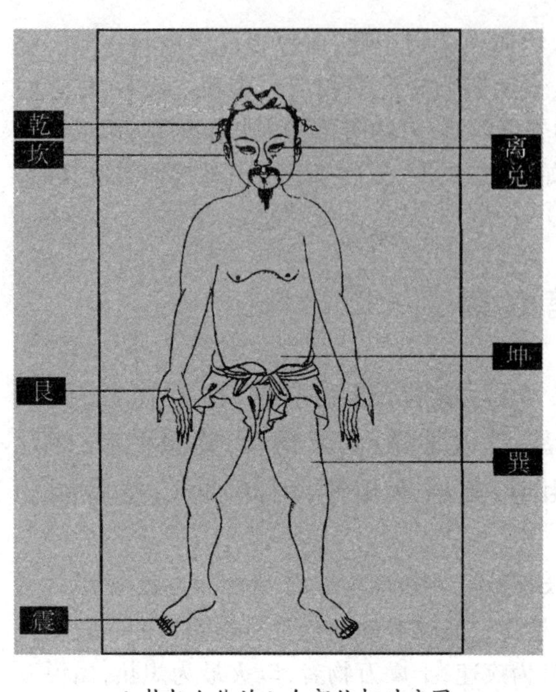

八卦与人体的八个部位相对应图

【注释】①乾为马：以下八句是举八种动物说明八卦拟物取象之例。雉，野鸡。

【译文】乾为马象，坤为牛象，震为龙象，巽为鸡象，坎为猪象，离为雉象，艮为狗象，兑为羊象。

第九章

乾为首，坤为腹，震为足，巽为股，坎为耳，离为目，艮为手，兑为口。①

【注释】①乾为首：以下八句是举人体八种器官讲明八卦拟物取象之例。

【译文】乾为头象，坤为腹象，震为足象，巽为腿象，坎为耳象，离为目象，艮为手象，兑为口象。

第十章

乾天也，故称乎父；坤地也，故称乎母；震一索而得男，故谓之长男；巽一索而得女，故谓之长女；坎再索而得男，故谓之中男；离再索而得女，故谓之中女；艮三索而得男，故谓之少男；兑三索而得女，故谓之少女。①

【注释】①乾天也，故称乎父：以下诸句是以人的家庭组成为喻，说明八卦含有父母及其所生三男三女之象。

【译文】乾，是天的象征，所以称为父；坤，是地的象征，所以称为母。父母阴阳互求，阳求合于阴而得男，阴求合于阳而得女：震是初次求合所得的男性，所以称为长男；巽是初次求合所得的女性，所以称为长女。坎是再次求合所得的男性，所以称为中男；离是再次求合所得的女性，所以称为中女。艮是三次求合所得的男性，所以称为少男；兑是三次求合所得的女性，所以成为少女。

第十一章

乾为天，为圜①，为君，为父，为玉，为金，为寒，为冰，为大赤②，为良马，为老马，为瘠马，为驳马③，为木果④。

坤为地，为母，为布⑤，为釜，为吝啬，为均，为子母牛，为大舆，为文⑥，为众，为柄，其于地也为黑。

震为雷，为龙，为玄黄，为旉[⑦]，为大塗，为长子，为决躁，为苍筤竹[⑧]，为萑苇[⑨]，其于马也为善鸣，为馵足[⑩]，为作足[⑪]，为的颡[⑫]，其于稼也为反生[⑬]，其究为健，为蕃鲜[⑭]。

巽为木，为风，为长女，为绳直，为工，为白，为长，为高，为进退，为不果，为臭[⑮]，其于人也为寡发，为广颡，为多白眼，为近利市三倍，其究为躁卦。

坎为水，为沟渎，为隐伏，为矫𫐓，为弓轮，其于人也为加忧，为心病，为耳痛，为血卦，为赤，其于马也为美脊，为亟心[⑯]，为下首，为薄蹄[⑰]，为曳，其于舆也为多眚，为通，为月，为盗，其于木也为坚多心[⑱]。

离为火，为日，为电，为中女，为甲胄，为戈兵，其于人也为大腹，为乾卦[⑲]，为鳖，为蟹，为蠃，为蚌，为龟，其于木也为科上槁[⑳]。

艮为山，为径路，为小石，为门阙，为果蓏㉑，为阍寺[㉒]，为指，为狗，为鼠，为黔喙之属[㉓]，其于木也为坚多节。

兑为泽，为少女，为巫，为口舌，为毁折，为附决，其于地也为刚卤，为妾，为羊。

【注释】①圜：圆环，此处含周转之义。②大赤：即大红色。③驳马：健猛之马，旧称此马有牙如锯，能食虎豹。④木果：谓树木果实。⑤布：古代货币名。⑥文：文饰，含章理畅顺之义。⑦旉：音孚 fū，花朵。花开必欣欣上动，故被取为"震"象。⑧苍筤竹：筤，音郎 láng，"苍筤"指竹初生而色青嫩。⑨萑苇：萑，音环 huán，"萑苇"为两种芦类植物，即"蒹葭"。⑩馵足：馵，音注 zhù，谓马的后足为白色。⑪作足：作，起也，谓马足腾起好动。⑫的颡：的，白也；颡，额颠。指额头白色之马。⑬反生：指顶着种子的甲壳破土萌生。⑭蕃鲜：蕃，犹"繁"，指草木繁育之盛；鲜，鲜明。谓春季草木茂盛鲜明。⑮臭：音嗅 xiù，气味。⑯亟心：犹言"焦心"。⑰薄蹄：谓马蹄迫地，即言以蹄踢地。⑱坚多心：指坚硬而多小刺之木，含物触则险之义。⑲乾卦：乾，音干 gān，谓干燥之卦。⑳科上槁：科，木中空，指中空而上截枯槁之木。㉑果蓏：蓏，音裸 luǒ，指瓜类植物的果实。㉒阍寺：阍，音昏 hūn，宫门，又指"阍人"，即守宫门者；寺，谓"寺人"，古代执守宫中的小臣，犹后世的宦官。㉓黔喙之属：鸟嘴黑色的猛禽。

【译文】乾为天象，为圆环象，为君主象，为父象，为玉象，为金象，为寒象，为冰象，为大红颜色象，为良马象，为老马象，为瘦马象，为驳马象，为树木果实象。

坤为地象，为母象，为钱币流布之象，为锅斧象，为吝啬象，为平均象，为育子牛的母牛象，为大车象，为文彩章理象，为众多象，为柯柄象，对于地来说为黑色土壤之象。

震为雷象，为龙象，为青黄颜色交杂之象，为花朵象，为宽阔大路象，为长子象，为刚决躁动象，为青嫩幼竹象，为萑苇象；对于马来说为擅长鸣啸的马象，为左后足长有白毛的马象，为前两足腾举的马象，为额首斑白的马象；对于禾稼来说为戴着种子胚壳萌生之象；此卦发展至极则化为刚健之象；为草木繁育鲜明之象。

巽为树木象，为风象，为长女象，为笔直的准绳象，为工巧象，为白色象，为细长象，为高象，为抉择进退之象，为迟疑不决之象，为气味象；对于人来说为头发稀少象，为额首宽广象，为眼白偏多者之象，为好利而交易必获三倍利益者之象；此卦发展至极则化为急躁卦之象。

坎为水象，为沟洼渎泊象，为隐伏象，为矫揉屈曲象，为弯弓转轮象；对于人来说为频生忧虑象，为常患心病象，为耳内疾痛象；为鲜血卦之象，为红色象；对于马来说为脊背美丽的马象，为内心焦急的马象，为头部下垂的马象，为脚蹄频频踢地的马象，为艰难地拖曳着行走的马象；对于车辆来说为行驶多灾的车象；为贯通象，为月亮象，为盗贼象；对于树木来说为坚硬多生小刺之象。

离为火象，为太阳象，为闪电象，为中女象，为护身甲胄象，为戈矛兵器象；对于人来说为妇女大腹怀孕象；为干燥卦之象，为鳖象，为蟹象，为螺象，为龟象；对于树木来说为柯杆中空而上部枯槁之象。

艮为山象，为斜径小路象，为小石象，为门阙象，为果瓜象，为阍人寺人象，为手指象，为狗象，为鼠象，为黑喙刚猛的禽鸟象；对于树木来说为坚硬而多生节纽之象。

兑为泽象，为少女象，为巫师象，为口舌象，为毁灭摧折象，为附从他人的决断之象；对于地来说为土壤刚硬不生植物之象；为妾象，为羊象。

序卦传①

上　经

有天地，然后万物生焉②。盈天地之间者唯万物，故受之以《屯》③。屯者，盈也④。屯者，物之始生也。物生必蒙⑤，故受之以《蒙》。蒙者，蒙也，物之稚也。物稚不可不养也，故受之以《需》。需者，饮食之道也。饮食必有讼⑥，故受之以《讼》。讼必有众起，故受之以《师》。师者，众也。众必有所比⑦，故受之以《比》。比者，比也。比必有所畜⑧，故受之以《小畜》。物畜然后有礼，故受之以《履》。履者，礼也⑨。履而泰然后安，故受之以《泰》。泰者，通也。物不可以终通，故受之以《否》。物不可以终否，故受之以《同人》⑩。与人同者，物必归焉，故受之以《大有》⑪。有大者不可以盈，故受之以《谦》。有大而能谦必豫，故受之以《豫》⑫。豫必有随，故受之以《随》。以喜随人者必有事⑬，故受之以《蛊》。蛊者，事也。有事而后可大，故受之以《临》。临者，大也。物大然后可观，故受之以《观》。可观而后有所合，故受之以《噬嗑》⑭。嗑者，合也。物不可以苟合而已，故受之以

《贲》。贲者，饰也。致饰然后亨则尽矣，故受之以《剥》⑮。剥者，剥也。物不可以终尽剥，穷上反下，故受之以《复》⑯。复则不妄矣，故受之以《无妄》。有无妄，物然后可畜。故受之以《大畜》。物畜然后可养，故受之以《颐》。颐者，养也。不养则不可动，故受之以《大过》。物不可以终过，故受之以《坎》。坎者，陷也。陷必有所丽，故受之以离者，丽也。

【注释】①《序卦传》:《易传》之一。分析、解说《易经》六十四卦的编排次序，主旨在于揭示诸卦前后相承的意义。②有天地：这里包含着《乾》、《坤》两卦，所以未提《乾》《坤》两卦的名称，译文中补上。③受:《广雅·释诂》:"受也，继也。"承接。④同上:"屯，满也。"这个解释是承上的"盈"来的，转入下文的"物之始生"。与《屯》卦传释屯为难不同，是各有取义。⑤蒙：指蒙昧，知识未开通。"物之初生"，比孩童，故蒙昧。⑥讼：争讼。饮食不足，容易发生争讼。⑦比：亲附。众人中一定有互相亲附的，就不争讼了。⑧畜：积蓄。⑨物畜然后有礼：把积蓄的物分给大家，要不争，就要规定各人所得的多少，这个规定就是礼。⑩同人：与人同心同行。⑪大有：所有者大，所有者多。⑫豫：安乐。⑬有事：为人干事。⑭有所合：与人意相合。噬嗑：吃物而合其口，这里光取合意。⑮致饰：文饰到极点，即文饰过头。致：极。亨尽：美尽。文饰过头，转而为丑。剥：剥落去掉过头的文饰。⑯穷上反下：把过头的文饰剥落完了，这是穷上。再回到恰当的文饰上来，这是反下。反同返。复是回复。

【译文】乾为天，坤为地，有了天地然后化生万物。充满天地间的是万物，所以承接万物初生和充满天地的是《屯》卦。屯，表示充满。屯又是物的开始生长。物初生之时必然蒙昧幼稚，所以承接象征蒙昧幼稚的是《蒙》卦。蒙就是蒙昧的意思。物的幼稚不可不养育，所以承接象征它的是《需》卦。需是表示饮食之道的，面临饮食不足，必然发生争讼，所以承接象征它的是《讼》卦。争讼必然引起众多人的奋起，所以承接象征它的是《师》卦。师是士卒众多之地，人事众多，必然有所亲比，所以承接象征它的是《比》卦。比是亲密比辅之意，亲比必然有所蓄积，所以承接象征它的是《小畜》卦。有所蓄积之后，需要礼仪规范行为，所以承接象征它的是《履》卦。履是象征循礼而行致安泰，所以承接象征它的是《泰》卦。泰是通泰，但事物的发展不可能永远通泰，所以承接象征它的是《否》卦。否是闭塞

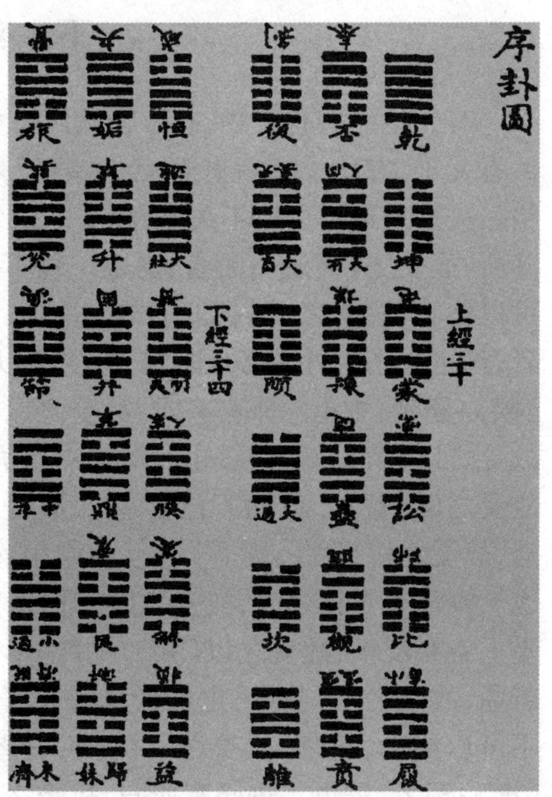

序卦图，出自杨甲《六经图》

不通，但事物不可能永远闭塞，所以承接象征它的是《同人》卦。跟人相同的，事物一定有所归属，所以承接象征它的是《大有》。大有所获者是不可以志得意满的，所以承接象征它的是《谦》卦。大有所获而又能谦虚者，必然安乐，所以承接象征它的是《豫》卦，大有所获而能谦虚及一定有人追随，所以承接象征它的是《随》卦。以喜悦之心追随于人者，必然有所用事，所以承接象征它的是《蛊》卦。蛊是事，有事而能治理可以光大，所以承接象征居高临下的《临》卦。临是光大，事物光大然后可观，所以承接象征它的是《观》卦。可观而后有所结合，所以承接象征它的是《噬嗑》卦。嗑是相合，事物不可以苟且结合，所以承接象征它的《贲》卦。贲是文饰的意思，如若文饰过分了，那么事物美就完了，所以承接象征它的是《剥》卦。剥是剥落，事物不可能永远剥落，上面剥落完了回到下面再上升，所以承接象征它的是《复》卦。一旦回复正道就不会再胡作非为，所以承接象征它的是《无妄》卦。有了不胡作妄为的德行之后，就可以大有蓄积外物，所以承接象征它的是《大畜》卦。事物有大蓄而后方可以养育，所以承接象征它的是《颐》卦。颐就是养育，不养育就不可以有作为，所以承接象征它的是《大过》卦。事物不可能永远过错，因过极必险，所以承接象征它的是《坎》卦。坎是险陷，遭遇险陷必然是要有所附丽。目的在于获援除险，所以承接象征它的是《离》卦。离就是附丽。

下　经

有天地然后有万物，有万物然后有男女，有男女然后有夫妇，有夫妇然后有父子，有父子然后有君臣，有君臣然后有上下，有上下然后礼义有所错。夫妇之道不可以不久也，故受之以《恒》[①]；恒者，久也。物不可以久居其所，故受之以《遯》；遯者，退也。物不可以终遯，故受之以《大壮》。物不可以终壮，故受之以《晋》；晋者，进也。进必有所伤，故受之以《明夷》；夷者，伤也。伤于外者必反其家，故受之以《家人》。家道穷必乖[②]，故受之以《睽》；睽者，乖也。乖必有难，故受之以《蹇》；蹇者，难也。物不可以终难，故受之以《解》；解者，缓也。缓必有所失，故受之以《损》。损而不已必益，故受之以《益》。益而不已必决[③]，故受之以《夬》；夬者，决也。决必有所遇，故受之以《姤》；姤者，遇也。物相遇而后聚，故受之以《萃》；萃者，聚也。聚而上者谓之升，故受之以《升》。升而不已必困，故受之以《困》。困乎上者必反下，故受之以《井》。井道不可不革，故受之以《革》。革物者莫若鼎，故受之以《鼎》。主器者莫若长子，故受之以《震》[④]；震者，动也。物不可以终动，止之，故受之以《艮》；艮者，止也。物不可以终止，故受之以《渐》；渐者，进也。进必有所归，故受之以《归妹》。得其所归者必大，故受之以《丰》；丰者，大也。穷大者必失其居，故受之以《旅》。旅而无所容，故受之以《巽》；巽者，入也。入而后说之，故受之以《兑》；兑者，说也。说而后散之，故受之以《涣》；涣者，离也。物不可以终离，故受之以《节》。节而信之，故受之以《中孚》。有其信者必行之，故受之以《小过》[5]。有过物者必济，故受之以《既济》。物不可穷也，故受之以《未济》终焉[6]。

【注释】①夫妇之道不可以不久也，故受之以《恒》：这是兼合《咸》、《恒》两卦而言。《咸》卦明"交感"，即"夫妇之道"；《恒》卦谓恒久，则此道永恒不可易。②家道穷必乖：此谓家道失节，则至穷乖。③益而不已必决：决，兼含溃决与决除之义；夬，即决断清除。此言增益不已必致盈溢流溃而被决除。④主器者莫若长子，故受之以《震》："鼎"义有二，既为烹饪之器，又为象征权力的法器，前文"革物"取烹饪义，此处"主器"则取法器义。"震"又有"长男"象，故此处专明长子主权，亦取卦义一端之例。⑤有其信者必行之，故受之以《小过》：此言履行诚信，不妨小有过越，即"言必信，行必果"之意。⑥物不可以穷也，故受之以《未济》终焉：这是说明事物虽有"既济"之时，但以发展的眼光看，"既济"中必含有"未济"的因素，因此《周易》最后一卦以《未济》告终。

【译文】有了天地然后万物才开始产生。最初充盈天地之间的只有万物初生之际的混沌气息，所以（《周易》先有象征天地的《乾》、《坤》两卦，）接着是象征事物"初生"的《屯》卦；屯表示阴阳初交时的孕育之气充塞满盈，屯的意思又指事物刚开始萌生。事物初生必然蒙昧无知，所以接着是象征"蒙稚"的《蒙》卦；蒙，表示蒙昧，就是物体幼稚的意思。物既幼稚不可不加以养育，所以接着是象征"需待"的《需》卦；需，含有需待饮食的道理。面临饮食问题必然有所争讼，所以接着是象征"象讼"的《讼》卦。争讼必然导致众多力量的兴起，所以接着是象征"兵众"的《师》卦；师，是兵士众多的意思。物既众多必然有所比辅，所以接着是象征"亲密比辅"的《比》卦；比，是比辅的意思。相互比辅必然有所畜聚，所以接着是象征"小有畜聚"的《小畜》卦。物既相畜聚然后就必须用礼节规范行为，所以接着是象征循礼"小心行走"的《履》卦。循礼小心行走而导致通泰，然后万事均安，所以接着是象征"通泰"的《泰》卦；泰，就是安泰亨通的意思。事物不可能终久通泰，所以接着是象征"否闭"的《否》卦。事物不可能终久否闭，所以接着是象征"和同于人"的《同人》卦。与人和同，外物必然纷纷归附，所以接着是象征"大获所有"的《大有》卦。大获所有的人不应当盈满自傲，所以接着是象征"谦虚"的《谦》卦。所获既大又能谦虚的人必然愉乐，所以接着是象征"愉乐"的《豫》卦。与人共相愉乐必然有人随从，所以接着是象征"随从"的《随》卦。以喜愉之心随从于人必然要有所用事，所以接着是象征"拯弊治乱"的《蛊》卦；蛊，含有治理事务的意思。能够整治事务而后功业可以盛大，所以接着是象征"监临"于众人的《临》卦；临，含有功业盛大而居高治下的意思。物既尊高盛大然后可以受人观仰，所以接着是象征"观仰"的《观》卦。既可受人观仰而后上下有所沟通融合，所以接着是象征"啮合"的《噬嗑》卦；嗑，是相合的意思。物不可草率交合，所以接着是象征"文饰"的《贲》卦；贲，是文饰的意思。过分致力于文饰然后亨通的路途就穷尽了，所以接着是象征"剥落"的《剥》卦；剥，是侵蚀剥落的意思。事物不可能终久穷尽，剥落穷极于上就导致回复于下，所以接着是象征"回复"的《复》卦。能回复正道就不至于胡作妄为，所以接着是象征"不妄为"的《无妄》卦。能够不妄为然后可以畜聚外

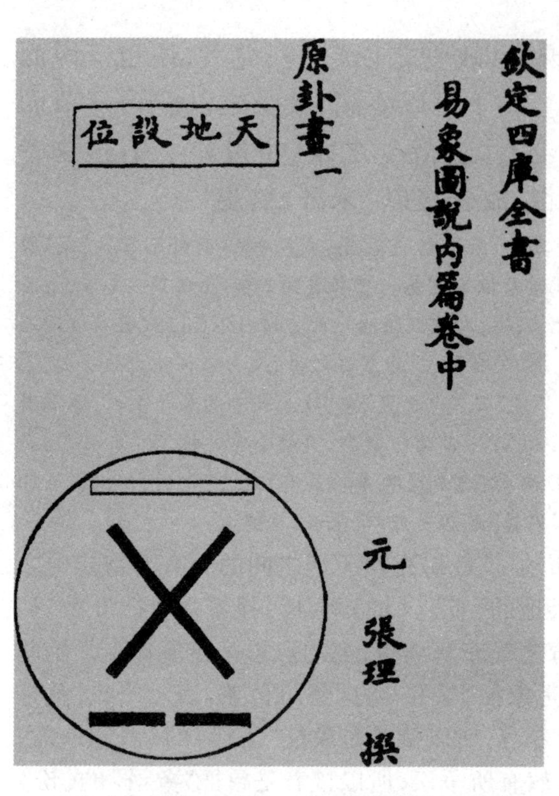

天地设位图,出自元·张理《易象图说内篇》

物,所以接着是象征“大为畜聚”的《大畜》卦。物既畜聚至多然后可以施用于颐养,所以接着是象征“颐养”的《颐》卦;颐,是颐养的意思。没有充裕有余的颐养就不可能振作兴动,所以接着是象征“大为过甚”的《大过》卦。事物不能终久过甚,过极必险所以接着是象征“重重险陷”的《坎》卦;坎,是险陷的意思。遭罹险陷必然要有所附着才能获援脱险,所以接着是象征“附着”的《离》卦;离,是附着的意思。

有了天地然后才有万物,有了万物然后才有男女,有了男女然后才能配成夫妇,有了夫妇以繁衍后代然后才产生父子,有了父子然后人类发展渐多而需加强治理才出现了君臣,有了君臣然后才形成上下尊卑的名分,有了上下尊卑的名分然后礼义才有所措置。于是象征“交感”的《咸》卦所揭示的夫妇道理不能不恒久永存,所以《咸》卦之后接着是象征“恒久”的《恒》卦;恒,是恒久的意思。物不可能长久安居于一个处所,所以接着是象征“退避”的《遯》卦;遯,是退避远去的意思。凡物不可能终久退避(必将重新振兴盛大),所以接着是象征“大为强盛”的《大壮》卦。物不可能终久安守壮盛而无所进取,所以接着是象征“晋长”的《晋》卦;晋,是进长的意思。往前进长必然会有所损伤,所以接着是象征“光明殒伤”的《明夷》卦;夷,是损伤的意思。在外遭受损伤的人必然要返回家中以求家人的慰藉,所以接着是象征“一家人”的《家人》卦。家道失于节制必致困穷而产生种种乖睽事端,所以接着是象征“乖背睽违”的《睽》卦;睽,是乖睽的意思。物既乖睽必然导致蹇难,所以接着是象征“蹇难”的《蹇》卦;蹇,是蹇难的意思。物不可能终久蹇难,所以接着是象征“舒解”的《解》卦;解,是舒展缓解的意思。过于舒缓必然有所损失,所以接着是象征“减损”的《损》卦。不停地自我减损以施益他人必然也受人增益,所以接着是象征“增益”的《益》卦。增益不止必致盈满流溃而被断然决除,所以接着是象征“决断”的《夬》卦;夬,是坚决果断以清除邪恶的意思。决除邪恶必然会有喜遇,所以接着是象征“相遇”的《姤》卦;姤,是相遇的意思。物相遇合而后会聚,所以接着是象征“会聚”的《萃》卦;萃,是会聚的意思。会聚而能上进者便称之为升迁,所以接着是象征“上升”的《升》卦。上升不止必然导致困穷,所以接着是象征“困穷”的《困》卦。困穷于上的必然要返归于下以求安居,所以接着是象征“水井”的《井》卦。水井的发展规律是历久必秽而不能不适时加以变革整治,所以接着是象征“变革”的《革》卦。变革事物没有比鼎器化生为熟更显著的,所以接着是象征“鼎器”的《鼎》卦。主持鼎器以示掌握权力的人没有比长子更有威望的,所以接着是象征权威“雷动”的《震》卦;震,有长子之象又是雷震奋动的意思。事物不能终久处于奋动状态,应当适当抑止,所以接着是象征“抑止”的《艮》卦;艮是静止的意思。事物不可能终久静止而必将逐渐前进,所以接着是象征“渐进”的《渐》卦;渐,是渐进的意思。渐进必将有所依归,所以接着是象征“嫁出少女”以获归宿的《归妹》卦。物既获得依归必然趋向丰大,所以接着是象征“丰大”的《丰》卦;丰,是丰大的意思。穷极丰大的人必将丧失安居的处所,所以接着是象征“行旅”的《旅》卦。行旅而无处容身务必顺从于人才能进入客居之所,所以接着是象征“顺从”的《巽》卦;巽含有顺从则能入的意思。进入适宜的处所而后心中欣悦,所以接着是象征“欣悦”的《兑》卦;兑,是欣悦的意思。心中欣悦然后能推散其所悦,所以接着是象征“涣散”的《涣》卦;涣,是涣发离散的意思。事物不能终久无节制地涣发离散,所以接着是象征“节制”的《节》卦。有所节制就应当用诚信来守持,所以接着是象征“中心诚信”的《中孚》卦。坚守诚心的人必然要过为果决地履行职责,所以接着是象征“小有过越”的《小过》卦。美善的行为有所遇越者办事必能成功,所以接着是象征“事已成”的《既济》卦。事物的发展不可能穷尽而成功之后又将带来新的未成功的因素,所以接着是象征“事未成”的《未济》卦以作为《周易》六十四卦的终结。

杂卦传①

乾刚坤柔,比乐师忧;临、观之义,或与或求。②屯见而不失其居,蒙杂而著。③震起也,艮止也;损、益盛衰之始也。④大畜时也,无妄灾也。⑤萃聚而升不来也,谦轻而豫怠也。噬嗑食也,贲无色也;兑见而巽伏也。随无故也,蛊则饬也。⑥剥烂也,复反也。晋昼也,明夷诛也;井通而困相遇也。咸速也,恒久也;涣离也,节止也⑦解缓也,蹇难也。⑧睽外也,家人内也;否、泰反其类也。⑨大壮则止,遯者退也。大有众也,同人亲也;革去故也,鼎取新也;小过过也,中孚信也。丰多故也,亲寡旅也;离上而坎下也。⑩小畜寡也,履不处也。⑪需不进也,讼不亲也。⑫大过颠也;姤遇也,柔遇刚也。⑬渐女归待男行也。颐养正也,既济定也。归妹女之终也,未济男之穷也。⑭夬决也,刚决柔也,君子道长,小人道忧也。

【**注释**】①《杂卦传》:《易传》之一。其取名为“杂”,乃是“杂糅众卦,错综其义”,即打乱《序卦传》所揭明的卦序,把六十四卦重新加以划分、编排,分成两两对举的三十二组,以精要的语言概括各卦卦旨。②刚:乾卦为天,为健,具有阳刚之美,故称刚。③见:通“现”,指生机呈现,如屯卦中一阳动于震下。④起：震卦由阳爻起始。上：艮卦以阳爻终止。⑤时：因时而畜，故能大畜。灾：即使“不妄为”有时也会飞来灾祸。⑥无故：随卦为追随，而追随则不能心怀成见，故称无故。故，故旧，这里指成见。饬：蛊卦为整饬弊乱，故称饬。⑦速：咸卦为感应，而感应瞬间即可实现，故称速。久：恒卦为久长，故称久。离：涣散必离，故涣卦为离散。止：节卦为节制，故称止。止，制约的意思。⑧缓：解卦为松懈舒缓，故称缓。蹇卦为坎坷艰难，故称难。⑨外：睽卦为乖违于外，故称外。内：家人卦为和睦于内，故称内。反其类：否卦和泰卦的爻均为三阳三阴，但是阴阳颠倒，故否卦为阴塞而泰卦为畅通，恰反其类。⑩多故：丰卦为丰至极点而多事，故称多故。亲寡：旅卦为旅行在外亲朋稀少，故称亲寡。上：离卦为火焰炎上，故称上。下：坎卦为水势流下，故称下。⑪寡：小畜为畜积甚少，故称寡。不处：履卦为阴爻居阳位而未安处中道，故称不处。⑫不进：需卦为险坎而不能躁进，故称不进。不亲：讼卦为争斗纷纭难以相亲，故称不亲。⑬颠：大过卦为颠殒常理，故称颠。柔遇刚：姤卦为一阴遇五阳，故称柔遇刚。⑭女之终：归妹卦为女子终得依归之时，故称女之终。男之穷：未济卦为男子穷极行事之际，故称男之穷。

【译文】乾卦与坤卦是阴阳爻相反的“错卦”。乾卦六爻皆阳，充满阳刚之气；坤卦六爻皆阴，具有阴柔之德。比卦与观卦是卦形上下反对的“综卦”。比卦亲密比附，所以欣乐；师卦兵众兴动，战事将起，所以堪忧。临卦与观卦是“综卦”。临、观两卦，一者上临下是给予，一者下观上为营求。屯卦与蒙卦是“综卦”。屯卦生机初现，虽然艰难，但是却不会失去安居之所；蒙卦启发愚昧虽然事物繁杂，但是却效果昭著。震卦和艮卦是“综卦”。震卦由阳爻起始，象征奋动振起；艮卦以阳爻终止，象征稳静安止。损卦和益卦是“综卦”。损极必益，益极而损，所以损卦和益卦都是事物盛衰互转的起点。大畜卦和无妄卦是“综卦”。大畜卦象征意欲大量蓄积，必须善于把握时机；无妄卦象征即使“不妄为”有时也会飞来灾难，蕴涵谨防横祸之诫。萃卦与升卦是“综卦”。萃卦会聚共同相处，而升卦上升却不返还。谦卦和豫卦是“综卦”。谦卦象征重人必然轻己，而豫卦象征欣悦过度必然导致怠惰。噬嗑卦和贲卦是“综卦”。噬嗑卦是咬合如口进食；贲卦是修饰而不加色彩，以免掩去本质。兑卦和巽卦是“综卦”。兑卦阴爻在上，为欣悦外现；巽卦是阴爻在下，如顺从内伏。随卦和蛊卦既是“综卦”又是“错卦”。随卦象征处事毫无成见，蛊卦象征拯弊治乱。剥卦和复卦是“综卦”。剥卦象征烂熟必然剥落，复卦象征重新复返正本。晋卦和明夷卦是“综卦”。晋卦卦形上卦为离

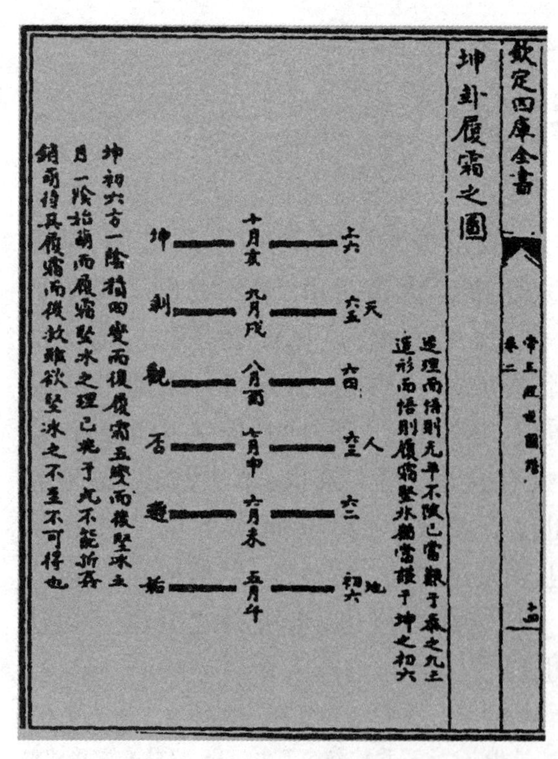

坤卦履霜之图

卦而离为日，下卦为坤卦而坤为地，日在地上象征白昼光明；明夷则恰好与晋卦相反，日入地下，象征光明消灭。井卦与困卦是“综卦”。井卦象征水取不尽而滋养广通，困卦象征上阴遮下阳而前途受阻。咸卦和恒卦是“综卦”。咸卦感应神速，瞬间即通；恒卦恒心永长，历久不衰。涣卦和节卦是“综卦”。涣卦象征涣散必离，节卦象征节制而止。解卦和蹇卦是“综卦”。解卦松懈舒缓，蹇卦坎坷艰难。睽卦和家人卦是“综卦”。睽卦象征睽违离别在外，家人卦象征家人相聚在内。否卦和泰卦既是“综卦”又是“错卦”。否卦和泰卦都是三阳爻、三阴爻，但是阴阳正相颠倒：否卦三阴在下而三阳在上，泰卦三阴在上而三阳在下，二者象征相反的事类。大壮卦和遯卦是“综卦”。大壮卦喻示强盛时应适可而止，遯卦喻示势穷时应当尽快退避。大有卦和同人卦是“综卦”。大有卦以一阴爻而居君位，有还柔得众之义；同人卦则以一阴爻而居二得中，意为朋友相亲。革卦与鼎卦是“综卦”。革卦是革除故旧，鼎卦是烹食取新。小过卦与中孚卦是“错卦”。小过卦四阴爻、二阳爻，为阴稍多于阳；中孚卦中心虚空，为心怀诚信。丰卦与旅卦是“综卦”。丰卦喻示丰大则多事，旅卦意为旅行在外则亲朋稀少。离卦和坎卦是“错卦”。离卦为火，火焰炎上；坎卦为水，水势流下。小畜卦和履卦是“综卦”。小畜卦一阴在上养众阳而蓄力不足，所以称寡；履卦一阴在下居阳位而未居中道，所以称不足处。需卦和讼卦是“综卦”。需卦上卦为险坎，所以不能躁进；讼卦下卦为水，上卦为天，水向下流，天水分离，象征争斗纷纭难以相亲。大过卦颠殒常理；姤卦一遇五阳，为阴柔不期而遇阳刚之象。渐卦如女子出嫁，等待男子礼备而成双。颐卦象征养身持正，既济卦象征事成安定。归妹卦象征女子终得归宿，未济卦象征男子走入穷途。夬卦五阳共决上爻一阴，处事决断，象征君子之道盛长，小人之道困窘。